***ACCESO GRATIS** a la Lectura en la Nube*

Para visualizar el libro electrónico en la nube de lectura envíe junto a su nombre y apellidos una fotografía del código de barras situado en la contraportada del libro y otra del ticket de compra a la dirección:

ebooktirant@tirant.com

En un máximo de 72 horas laborales le enviaremos el código de acceso con sus instrucciones.

LA CULTURA DE LOS DERECHOS HUMANOS

Procedimiento de selección de originales, ver página web:
www.tirant.net/index.php/editorial/procedimiento-de-seleccion-de-originales

LA CULTURA DE LOS DERECHOS HUMANOS

Un Estudio sobre la Historia y el Contexto por
Lawrence M. Friedman
Stanford University

Co-traductores:
MANUEL A. GÓMEZ
NURIA GONZÁLEZ MARTÍN
LISBETH D'LIMA

tirant lo blanch
Valencia, 2025

En caso de erratas y actualizaciones, la Editorial Tirant lo Blanch publicará la pertinente corrección en la página web www.tirant.com.

Publicado en 2011 por Quid Pro Books. QUID PRO, LLC 5860 Citrus Blvd., Suite D-101 Nueva Orleans, Luisiana 70123 www.quidprobooks.com

Director de la colección
CONSUELO RAMÓN CHORNET

EDITA: TIRANT LO BLANCH
C/ Artes Gráficas, 14 - 46010 - Valencia
TELFS.: 96/361 00 48 - 50
FAX: 96/369 41 51
Email: tlb@tirant.com
www.tirant.com
Librería virtual: www.tirant.es
DEPÓSITO LEGAL: V-3611-2025
ISBN: 978-84-1095-683-4
MAQUETA: Dissset Ediciones

Si tiene alguna queja o sugerencia, envíenos un mail a: *atencioncliente@tirant.com*. En caso de no ser atendida su sugerencia, por favor, lea en *www.tirant.net/index.php/empresa/politicas-de-empresa* nuestro procedimiento de quejas.

Responsabilidad Social Corporativa: http://www.tirant.net/Docs/RSCTirant.pdf

Acerca De La Cultura De Los Derechos Humanos...

"Se han escrito un sinnúmero de libros y artículos sobre derechos humanos, pero *La Cultura de los Derechos Humanos* es único". Es el primer estudio sociológico exhaustivo de los derechos humanos en la época contemporánea. Con su característica erudición y estilo elegante, Lawrence Friedman aborda todos los temas centrales: Los derechos de las mujeres, los derechos de las minorías, la privacidad, los derechos sociales, los derechos culturales, la función de los tribunales, también aborda si los derechos humanos son universales, y mucho más. Este libro, sorprendentemente compacto, presenta una discusión equilibrada de cada tema, con muchos ejemplos y detalles fascinantes. El argumento central de Friedman es que el reciente aumento en el discurso sobre los derechos humanos a nivel mundial es producto de la modernidad -en particular de la propagación de la creencia cultural de que las personas son individuos únicos, que tienen derecho al respeto y tienen derecho a prosperar. "Este magnífico libro será útil para los expertos en derechos humanos y para quienes deseen leer una introducción clara y sofisticada a este campo".

- Brian Z. Tamanaha
Profesor de Derecho
Universidad de Washington

Para Leah, Jane, Amy, Sarah,
David, Lucy e Irene

Agradecimientos

Me gustaría agradecer a Scott Shackelford, Andrew Shupanitz, Russ Altman-Merino y David Oyer por su ayuda en la investigación de este libro. También como es habitual, he contado con la enorme ayuda del personal de la Biblioteca de Derecho de Stanford, entre ellos Paul Lomio, Erika Wayne, Kate Wilko, George Wilson, Sergio Stone y Sonia Moss; y de mis asistentes, Mary Tye y Stephanie Basso. Como muestran las notas a pie de página, también he recurrido y dependido de docenas de académicos que han trabajado en este campo, a los que estoy agradecido. Entre ellos, mis colegas Helen Stacy y Jenny Martínez. Jenny Martínez también hizo comentarios extremadamente cuidadosos, extensos y valiosos sobre el manuscrito.

L.M.F.

ÍNDICE

1 Introducción

Vivimos en la era de los derechos humanos. Una época de constituciones, declaraciones, manifiestos que proclaman los derechos del hombre (y de la mujer). Una era de aspiraciones, una era de anhelos: de libertad, de igualdad. País tras país, los derechos humanos ocupan un lugar destacado en la agenda política y social: en qué consisten, cómo defenderlos, y los debates en todas las vertientes de muchos temas en los que figuran. Ningún debate sobre derecho y política internacionales puede ignorar el movimiento de los derechos humanos. En cierto modo, vivimos en una época de los derechos humanos triunfantes. Pero también vivimos en una era de turbulencia y guerra; una época de bombas suicidas y genocidio, una época de buenos y malos gobiernos y gobiernos terribles y gobiernos que son miserables fracasos. Sin embargo, incluso los peores de estos gobiernos *afirman* estar comprometidos con los derechos humanos. El movimiento de los derechos humanos puede ser pisoteado, distorsionado, manipulado; pero (aparentemente) no puede ser ignorado.

Y no es ignorado — en el mundo académico. Hay una enorme y sobrecogedora literatura sobre los derechos humanos, estantes y bibliotecas enteras: libros, libros y más libros. La mayoría de ellos están escritos por personas serias y eruditas. Casi todas ellas están animadas por la pasión por los derechos humanos.

Es un conjunto impresionante de estudios. Y, sin embargo, de alguna manera, falta algo. El problema en general no es la cantidad, sino la calidad. O al menos la calidad en un sentido particular. La bibliografía es vasta, pero sorprendentemente estrecha. Los filósofos, teóricos políticos y abogados escriben la mayoría de los libros y artículos. Esto no es malo en sí mismo; además, la mayoría de ellos se preocupan mucho por los derechos humanos, lo que tampoco es malo en sí mismo. Es innegable que se puede aprender mucho buceando en los océanos de palabras que han escrito estos académicos. Se puede aprender mucho sobre la historia textual de esas declaraciones, tratados, manifiestos y pactos que han brotado como la hierba desde la segunda guerra mundial. La literatura también nos habla de grandes pensadores del pasado y del presente, y lo que han tenido que decir sobre los derechos de la humanidad. Hay debates esclarecedores sobre muchos temas importantes y controvertidos.

Pero lo que falta, en general, o escasea, es lo que podríamos llamar la dimensión sociológica. El movimiento de los derechos humanos -el movimiento social que ha inspirado esta enorme literatura- es un hecho social masivo.

Pero ¿de dónde viene? ¿Por qué ha tenido tanto éxito (en algunos lugares)?

¿Hacia dónde va y por qué? ¿Por qué, en esta época, a diferencia de todas las demás, tenemos un movimiento feminista, un movimiento por los derechos de los homosexuales, un movimiento de indígenas, una revuelta de los discapacitados, ancianos, presos, estudiantes, hablantes de lenguas minoritarias, etcétera?

La pregunta sociológica me atormenta. ¿Qué es lo que ocurre a finales del siglo XX y principios del XXI, que ha llevado a tantos millones de personas, en países desarrollados, pero también en otros lugares, a aceptar ciertas doctrinas o dogmas, que luego se convierten en premisas centrales del movimiento de los derechos humanos? ¿Qué llevó a la gente a decidir que todos los seres humanos son y deben ser iguales ante la ley y en la sociedad, mujeres y hombres por igual; las personas de todas las razas y religiones?; ¿minorías, así como mayorías? Para muchos de nosotros, la igualdad de este tipo parece obvia, parece correcta, parece simplemente justa y apropiada.

Pero ¿alguna sociedad del pasado pensó así? ¿Piensa así alguna sociedad tradicional en el mundo contemporáneo?, ¿Qué tiene, pues, la modernidad que empuja a las mujeres — y a los hombres- hacia la igualdad de género? ¿Qué es lo que da lugar a la lucha —

a menudo con más o menos éxito — por las otras igualdades que son la base de los derechos humanos?

Puede parecer que no hay espacio para más libros; pero espero que este no sea el caso. Espero que haya espacio para un libro que explore la revolución de los derechos humanos — creo que podemos llamarla así — histórica y sociológicamente. Este sería un enfoque minoritario. No sería precisamente algo nuevo y no probado. Aun así, espero poder añadir al menos un matiz o dos.

Podemos empezar con una cuestión de definición. ¿Qué entendemos por derechos humanos? Antes de hablar de derechos humanos o de derechos básicos, o de derechos fundamentales, deberíamos especificar en primer lugar qué entendemos por un derecho.

Sería difícil pensar en términos *jurídicos* más comunes que "derecho" y "derechos". Estos son términos bastante ordinarios. Palabras equivalentes que significan más o menos lo mismo en otros idiomas, son sin duda igual de corrientes. Los sistemas jurídicos modernos están todos organizados en términos de derechos. O bien, por decirlo de otra manera, siempre se pueden describir las normas y doctrinas de los sistemas jurídicos como grupos o redes de derechos. Tengo derecho a demandar a alguien que ha chocado contra mi coche en un estacionamiento. Los adultos tienen derecho a casarse y a descasarse. Los propietarios tienen derecho a vender sus tierras, los inventores tienen derecho a patentar sus inventos, y así sucesivamente. De hecho, podemos reformular cada regla o doctrina en términos de derechos — los derechos de alguien, de un grupo o de una institución, derechos de este o aquel tipo, derechos contra el gobierno, o contra otras personas, derechos a favor y derechos en contra.

Cuando hablamos de "derechos humanos", o de derechos humanos fundamentales, o algo similar, hablamos de un subconjunto del conjunto de derechos jurídicos. Pero exactamente ¿qué subconjunto? Los "Derechos Humanos" es, por desgracia, una expresión vaga y escurridiza. Tiene un núcleo y una periferia. La mayoría de la gente probablemente reconocería los derechos en el núcleo. La libertad de expresión, dirían, es un derecho humano básico. La libertad de votar a favor y en contra de un gobierno es otro. La libertad de elegir su religión o no, también es fundamental. Y la gente de los países modernos probablemente perciban que estos "derechos" son diferentes, de alguna manera, muy diferentes, al derecho de vender un coche usado o al derecho de ejecutar una hipoteca.

La libertad de expresión, o de religión, o el derecho a votar, o el derecho a viajar son sólo algunos de los derechos que la gente podría mencionar si se les pide que elaboren una lista de derechos básicos o fundamentales. Tal vez no haya dos personas que propongan la misma lista. Y la lista típica en, por ejemplo, Francia podría ser diferente a la de Finlandia o Japón. Además, la lista típica de hoy en día sería obviamente muy diferente de la lista que concibieron en su día John Locke o Thomas Jefferson.

Este último comentario es una forma de expresar un hecho bastante banal: los conceptos de "derechos humanos" o "derechos básicos" son hechos sociales — ideas que la gente tiene y expresa. Estos conceptos son cultural e históricamente contingentes. No son el producto de la razón pura, ni son algo transmitido desde tiempos inmemoriales; no son el resultado inevitable de alguna faceta de la naturaleza humana básica. Ciertamente, las personas de sociedades pasadas nunca habrían suscrito nuestros conceptos de derechos humanos. En su mayoría, estas ideas son modernas — son relativamente recientes en la historia de la humanidad.

Recientes y, además definitivamente en marcha, por así decirlo. En el club de los países ricos y desarrollados — en su mayoría occidentales, pero incluyendo a Japón, por ejemplo – la importancia jurídica y social de estos conceptos de derechos básicos y derechos fundamentales ha incrementado significativamente. Y hay una fuerte tendencia a añadir nuevos "derechos" a la lista. Me he referido al club de los países ricos y democráticamente desarrollados. Pero la consciencia de los derechos no se limita a estos países. Es mucho más evidente en estas sociedades. Pero también se encuentra en otros lugares, al menos en algunos estratos de la sociedad, y quizás en cierta medida en todos los países del mundo. Al menos en las últimas décadas, el *movimiento* de los derechos humanos y la *conciencia* de los derechos humanos se han extendido por todo el mundo.

No voy a elaborar una lista o un catálogo de derechos humanos básicos, ni de los de ahora, ni de los del pasado. Mi idea es, en cambio, tratar de explicarlos, discutir dónde encajan en la sociedad contemporánea, de dónde vienen y por qué. La idea de los derechos humanos tiene un enorme poder y alcance. El conjunto de ideas e instituciones que animan el movimiento de los derechos humanos tiene una enorme legitimidad. Hay personas que dedican su vida a la causa; o están incluso dispuestas a morir para promover las libertades humanas. ¿De dónde viene este poder? Puede parecer una pregunta tonta. Tendemos a dar por sentados la legitimidad, el valor, el idealismo del movimiento de los derechos humanos. Pero esto no siempre fue así. Ni mucho menos.

¿Y qué hace que los derechos humanos sean una idea tan seductora? Porque la idea de los derechos humanos es tan seductora que incluso quienes se oponen a ella y la desprecian dudan en hacerlo abiertamente. Los estudiosos han señalado que muchos regímenes horribles, regímenes represivos, regímenes dictatoriales, firman sus nombres en tratados de derechos humanos, sin sonrojarse — tratados que no tienen la menor intención de aplicar o de hacerlos cumplir. Sudán y China, por poner sólo dos ejemplos, han ratificado varios de estos tratados. De hecho, desde los años 80, "los gobiernos represivos en su mayoría han sido quienes a menudo ratifican los tratados en mayor medida que sus contrapartes liberales".[1] La ratificación de los tratados "no sólo... no está asociada a mejores prácticas de derechos humanos de las que se podría esperar", sino que más bien "suele estar asociada a peores prácticas".[2] Como veremos, algunas pruebas apuntan en una dirección diferente. Por ahora, sin embargo, sólo menciono la paradoja de los buenos tratados, firmados por países malos. Y es que también hay países buenos — Estados Unidos, por ejemplo (y lo es, se piense lo que se piense, mucho más respetuoso de los derechos humanos que, por ejemplo, Sudán o Arabia Saudita) — que son extremadamente reacios a firmar esos tratados, y a veces simplemente se niegan a hacerlo.[3]

En efecto, a mucha gente le parecería una especie de broma sádica encontrar la firma del gobierno sudanés en un tratado de derechos humanos. Los ciudadanos de ese país probablemente no encontrarían esta broma muy divertida. Los derechos humanos son extremadamente escasos en Sudán. Muchos de nosotros en Occidente — y no sólo en Occidente — creemos que todos los países deberían *hacer valer* estos derechos. Estos derechos deberían pertenecer al pueblo sudanés, tanto como a cualquier otro; los derechos humanos, como ha dicho Jack Donnelly, son "los derechos que uno tiene por ser un humano".[4] Los derechos que uno tiene — quizás sería más exacto decir, los derechos que la gente cree que uno *debería* tener. Pero, de hecho, como es bien sabido, se violan todo el tiempo en algunos países, y de vez en cuando en casi todos los países.

Un "derecho", incluyendo un "derecho humano", implica algún tipo de ley o norma, y que se pueda hacer cumplir. Estas leyes y normas se expresan en las constituciones y en las cartas de derechos. Cada país tiene su propia versión. ¿Existe algo más — algo más allá del derecho positivo de cada país? ¿La "legislación sobre derechos humanos" forma parte de un cuerpo de derecho internacional? El derecho internacional, supuestamente, es una realidad; un conjunto de costumbres que los países siguen, y que no es el derecho de un país o de algunos países, sino de todos los países; o que debería serlo. El problema es que los países no siguen realmente el "derecho internacional". O, mejor dicho, lo siguen cuando les conviene, y lo ignoran cuando no les conviene. El Consejo de Seguridad de las Naciones Unidas puede hacer cumplir sus decisiones en algunos casos. Pero en general, no hay manera de hacer cumplir el "derecho internacional". Es, en su mayor parte, "una retórica impotente frente a intereses nacionales".[5]

Ciertamente, los derechos humanos no son un derecho rígido y efectivo, en la medida de que este país o aquel otro carece del marco de aplicación, o se niega a aplicar estos derechos. En este caso, es poco más que "promesas vacías".[6] Pero incluso las "promesas vacías" a veces tienen un impacto. Una creciente literatura parte de la premisa de que incluso las promesas no ejecutables pueden marcar la diferencia. Algunos estudiosos han tratado de medir este impacto. La práctica de los derechos humanos es difícil de catalogar o medir. Como hemos dicho, la mayoría de los países — tanto los regímenes podridos como los democráticos por igual —, tienden a firmar, firmar y seguir firmando más (con sus notables excepciones). Cuando un país firma y ratifica, ¿cambia algo? El país ha asumido un compromiso formal, tenga la intención de cumplirlo o no. Tal vez se haya puesto en marcha un proceso. ¿O no? La investigación, en general, llega a resultados mixtos y no concluyentes.[7] La prueba más elaborada, realizada por Beth Simmons, sugiere con cautela un cierto impacto, en algunos países. Los tratados tienen un efecto en la política interna. "Establecen objetivos visibles para las políticas y prácticas públicas que alteran las coaliciones políticas y la fuerza, claridad y legitimidad de sus demandas". Los tratados, sin duda, "no son una bala de plata que atraviesa el corazón de los regímenes dictatoriales del mundo". Sin embargo, "ofrecen cierta ventaja cuando se puede impugnar la propia represión".[8]

Oona Hathaway califica a los tratados y declaraciones de "poderosa herramienta expresiva". Al menos en las democracias liberales, los grupos de interés pueden "movilizarse para presionar a sus gobiernos a cumplir."[9] Y otro estudio encontró "un fuerte apoyo empírico al efecto limitado del derecho internacional de los derechos humanos en la práctica de los Estados", incluso después de considerar una serie de factores — como la democracia y riqueza, los que sin duda marcan la diferencia.[10]

Así pues, la "retórica impotente" de todos los tratados, declaraciones y convenciones no es siempre palabrería vacía. La retórica, en cualquier caso, está ampliamente difundida y cada vez lo está más. Los gobiernos pueden intentar esconderse detrás del escudo de los tratados, o manipular estos acuerdos cínicamente para sus propios fines, o simplemente ignorarlos. Pero a menudo la población, como señala Simmons, puede tomarse los tratados y las declaraciones más en serio. Inspiran a la gente y refuerzan la mano de las ONG y otros grupos de interés que luchan por los derechos humanos. Esta es, en cualquier caso, una hipótesis plausible,[11] y como veremos más adelante, una cierta cantidad de pruebas la respaldan.

Pero quizá nos estemos equivocando de pregunta o haciéndola al revés.

El impacto de los tratados es casi imposible de medir, ya que ocurren muchas otras cosas en todos los países. Sí, los tratados y convenios no se pueden hacer cumplir desde fuera; sí, el derecho internacional es una caña hueca (aunque hay signos de cambio). Pero la cuestión más básica es ésta: ¿De dónde vienen los tratados y declaraciones? ¿Por qué los tenemos? Han brotado como hongos a finales del siglo XX. ¿A qué se debe esto? ¿Y por qué son tan seductores, no sólo para los gobiernos, sino también para los ciudadanos de a pie? ¿Cuáles son las fuerzas sociales, las normas, las ideas y los hábitos culturales que animan el movimiento de los derechos humanos? ¿Qué es lo que da al público, y a sus organizaciones, tantas esperanzas, sueños y pasiones? Los textos son, en cierto modo, como hojas secas y sin vida propia. ¿Y cuánta gente los ha leído realmente? Parecen tener un gran poder; pero eso podría ser una ilusión. Algo más tiene el poder; y ese algo más es lo que ha creado el movimiento y también ha dado lugar a sus textos.

Sea cual sea el sentido de la flecha de la causalidad, la idea de los derechos humanos ha demostrado una enorme capacidad de crecimiento — como ideal social y como parte del bagaje normativo de la gente común de nuestro tiempo. El resultado ha sido una tendencia — y más que una tendencia — a que los ideales de los derechos humanos se extiendan al derecho positivo y en las instituciones formales. Las constituciones han crecido como las malas hierbas del verano. Los tribunales constitucionales deliberan y deciden casos que habrían sido impensables en generaciones pasadas.

¿Cómo y por qué las palabras se han vuelto tan potentes? ¿Cómo es que lo que parece fantasmal, irreal, un producto de la imaginación se convierte en algo concreto e influyente? Tomando prestada la frase de Shakespeare, ¿qué es lo que da a esta etérea nada, no sólo un lugar de residencia y un nombre, sino una forma, un cuerpo, un ser vivo que respira?

La literatura sobre derechos humanos es enorme. Cada año salen más libros de las imprentas. Las grandes librerías tienen paredes enteras de estanterías sobre el tema. Hay miles de artículos en revistas, muchos de ellos en revistas totalmente dedicadas a los derechos humanos. Hay programas, institutos, centros de investigación. A la luz de todo esto, ¿hay algo nuevo o diferente que decir? Tímidamente creo que sí. La literatura es un vasto océano en tamaño; pero como he dicho antes, está sesgada en determinadas direcciones. Gran parte de ella es muy teórica y filosófica. Los expertos que escriben los libros suelen ser profesores de filosofía o teoría política o especialistas en ética. También los juristas han vertido océanos de tinta sobre el tema. Estos dos campos — la filosofía (en sentido amplio) y el derecho han dominado la literatura.[12] Los abogados, al igual que los filósofos, se centran en los textos y los procedimientos; y tienden a ser muy normativos. Tienen fuertes ideas sobre lo que debería ser la realidad social y la realidad jurídica. Ambas literaturas son útiles. Los abogados, en particular, tienen que hacer el trabajo arduo de redactar los documentos, las declaraciones y los tratados. Llevan y gestionan los casos sobre derechos humanos, siempre que haya casos que presentar. Pero también han desempeñado, como sostiene Michael Freeman, un papel dominante (y distorsionador) en el estudio académico de los derechos humanos.[13]

Lo que tenemos, como resultado, es mucha teoría, mucha filosofía, muchas propuestas políticas, mucha exhortación. Gran parte de ellas son nobles, buenas y edificantes. Buenas personas con buenos motivos escriben la mayoría de los libros. Están luchando una buena y necesaria lucha. Después de todo, el mundo está lleno de enemigos de los derechos humanos. Estos enemigos dirigen gran parte del mundo. Tienen prisiones y escuadrones de la muerte y ejércitos. Hitler escribió *Mein Kampf*, pero la mayoría de nuestros dictadores contemporáneos ni siquiera se molestan en escribir libros.[14] Eso es probablemente lo mejor. Los libros están escritos, en general, por hombres y mujeres de gran altura; hombres y mujeres humanizados.

Sin embargo, parece que falta algo. La obra, en general, carece de la dura fibra de la realidad sociológica. La investigación sobre cómo funcionan los derechos, y por qué adoptan determinadas formas, es relativamente escasa. Hay algunas honrosas excepciones: mencionamos, por ejemplo, los estudios que intentan comprobar el impacto de los documentos de derechos humanos. También hay ensayos sobre las raíces históricas de los derechos humanos; de hecho, existe una literatura bastante importante sobre este tema.[15] También existe cierta literatura sobre la sociología de los derechos, aunque sorprendentemente escasa. Pero en general, el material normativo empequeñece la escasa estantería de libros que no tratan de exhortar o condenar, sino de explicar.[16]

Estoy dispuesto a ser tan normativo como cualquier otra persona; y confieso que tengo fuertes sentimientos sobre los derechos humanos. Pero este libro no trata de lo que está bien o mal en el movimiento de los derechos humanos. Se trata más bien de los conceptos y prácticas de los derechos fundamentales como hechos sociales. Es decir, los derechos fundamentales como nociones e ideales en la mente de la gente; y lo que la gente y lo que las personas y las instituciones hacen de ellos. Dicho de otro modo, me preocupa lo que la gente ordinaria y no tan ordinaria, en diversos lugares, piensa sobre el tema. También me interesa la práctica, el comportamiento hacia los derechos humanos. Y también cómo los tribunales y otras instituciones tratan el tema; y cómo el lenguaje de la ley y de los abogados, y el lenguaje de los textos normativos, reflejan las normas que yacen bajo la superficie.

Estas concepciones de que los derechos cambian con el tiempo son tan obvias como pueden serlo. Hoy en día, en los países occidentales, la ley da por sentado que los hombres y las mujeres tienen los mismos derechos; la igualdad de los sexos es también (hasta cierto punto) el ideal en la vida social. Pero esta noción de igualdad de género estuvo ausente casi toda la historia de la humanidad. La Declaración de Independencia de los Estados Unidos de Norteamérica anunciaba que "todos los hombres" habían sido creados iguales. No "todos los hombres y todas las mujeres", sino "todos los hombres"; y esto no fue casual. Lo mismo ocurre básicamente con los "derechos del hombre" en su versión francesa revolucionaria. Por no mencionar que, en los Estados Unidos, "todos los hombres" significaba realmente todos los hombres *blancos*.

Ha habido, sin duda, derechos que pertenecían tanto a los hombres como a las mujeres. Una mujer detenida en Estados Unidos o Francia, o en Inglaterra, y acusada de un delito, tenía el mismo acceso a un juicio justo, probablemente, que un hombre. Ella tenía derecho a la libertad de culto, el derecho a expresarse por escrito y a pronunciar discursos (aunque indudablemente la sociedad fruncía el ceño ante tal comportamiento). Pero las mujeres no podían votar, ni ocupar cargos, y casi nadie pensaba si debían o podían hacerlo. En el sistema de derecho consuetudinario, una mujer perdía la mayor parte de su poder para controlar su propiedad en el momento en que se casaba. El poder pasaba a su marido. Los afroamericanos tenían aún menos derechos que las mujeres. La mayoría de ellos, hasta el momento de la Guerra Civil, eran esclavos. Los negros libres, en el sur y en el norte, no eran en absoluto legalmente iguales a los blancos, y socialmente aún menos. Sin embargo, De Tocqueville consideraba a los Estados Unidos como un experimento radical de democracia. Y lo era, comparado con países sin elecciones democráticas, o que castigaban o perseguían a las minorías religiosas; o donde sólo la nobleza era verdaderamente libre.

De ahí que incluso en Estados Unidos, donde la ley, digamos en 1800, reconocía claramente algunas libertades humanas básicas como la libertad de expresión y de religión — por ejemplo — los derechos humanos significaban algo muy diferente a lo que significan hoy en día. Incluso los pensadores más avanzados de la era de la Ilustración, o de la época de la Revolución Americana, estarían bastante sorprendidos por el catálogo actual de derechos humanos. El alcance de estos derechos es incomparablemente más amplio que cualquier otro en el pasado. Thomas Jefferson ciertamente creía fuerte y firmemente en la libertad de expresión. Pero seguramente se asombraría, y se horrorizaría, ante la idea de que el derecho a la libertad de expresión cubriera los arrebatos emocionales, o palabras sucias, o, en su caso, los libros sobre diversas posiciones de las relaciones sexuales.

Básicamente, los padres de la patrian pensaban en el discurso político y los debates sobre religión (sin llegar a la blasfemia). No sólo se han ampliado los derechos clásicos, sino que también hay derechos claramente modernos, con los que Jefferson nunca soñó, como, por ejemplo, la privacidad. Muchas de las nuevas constituciones también contienen un listado de los llamados derechos sociales — el derecho a la educación, a la vivienda, a la salud, etcétera. También se reconocen cada vez más los derechos lingüísticos, los derechos culturales en general y los derechos de los pueblos indígenas.

Toda esta tremenda variación, a lo largo del tiempo y del espacio, hace posible que la idea de los derechos fundamentales carezca de sentido lógico o filosófico.[17] Pero las personas que caminan por las calles de Nueva York, Tokio o Estocolmo no son filósofas ni lógicas, y las ideas sobre los derechos humanos están firmemente arraigadas en sus mentes. La gente tiende a creer firmemente que *existen* derechos fundamentales, derechos básicos — derechos sagrados, derechos intocables e inalienables. Sin duda, la opinión popular sobre el tema es incoherente, variable y a veces ilógica. Sin embargo, creo que una única premisa básica subyace en la mayoría de los elementos básicos del menú de los derechos modernos. (La palabra "moderno" aquí es bastante crucial). Se trata del dogma de que todos los seres humanos son o deberían ser absolutamente iguales en las políticas y leyes públicas: hombres y mujeres, blancos y negros, jóvenes y viejos, cristianos y no cristianos, etcétera. Cada individuo debe valer lo mismo que cualquier otro. Jack Donnelly lo ha expresado de forma sucinta. Los derechos humanos son "los derechos que uno tiene simplemente como ser humano. Como tales, los derechos humanos son derechos iguales, porque todos somos igualmente seres humanos". Y estos derechos son "inalienables", porque, hagamos lo que hagamos y nos hagan lo que nos hagan, "no podemos ser más que seres humanos".[18] En general, el "derecho a la igualdad" se considera ahora "una característica esencial tanto de la legislación nacional como de los instrumentos internacionales de derechos humanos".[19]

En la vida, por supuesto, este tipo de igualdad está muy lejos de la realidad. Pero es la base sobre la que, creo, la gente construye su estructura mental de los derechos humanos. En el mundo real hay mayorías y minorías, en cuanto a raza, religión, idioma, creencias políticas, orientación sexual, etcétera. Esto es un hecho. Pero los derechos humanos en el sentido de Donnelly no dependen de la condición de mayoría; en todo caso, *se supone* que no dependen de la condición de mayoría. Las mayorías y las minorías se encuentran hombro con hombro en la igualdad, en igualdad jurídica y en igualdad de dignidad y respeto. Ya sea por su humanidad común o por alguna otra razón, la tendencia general es inequívoca. Yo llamo al concepto subyacente *igualdad plural.*

Desde hace más de un siglo, y probablemente desde hace más tiempo, el concepto de derechos humanos se mueve en esta dirección, es decir, hacia la igualdad plural. O, dicho de otro modo, las doctrinas de los derechos humanos se han ampliado enormemente. En Estados Unidos, esto significa, en primer lugar, llegar a incluir a todos los hombres blancos adultos como ciudadanos de pleno derecho, con derecho a voto y demás. Después, la plena ciudadanía — y no sólo en el sentido técnico — se amplió para incluir a las mujeres, los afroamericanos y otras minorías raciales, y la igualdad de derechos se extendió también a otros grupos étnicos, y a los extranjeros, los ancianos, los hijos ilegítimos, las personas ciegas o sordas o en silla de ruedas, las llamadas minorías sexuales y muchas otras categorías, todas las cuales se suponía que compartían la cosecha general de dignidad; y para quienes la discriminación en el empleo, y en la vida, estaba social o legalmente prohibida, o ambas cosas.

Por supuesto, la igualdad plural nunca llega a cubrir a todo el mundo. Ciertamente, no a las personas que se definen como delincuentes. Quizás tampoco a las religiones muy desviadas, que la gente considera "sectas", o tampoco a aquellas personas que todavía se consideran verdaderamente inmorales — los pedófilos o polígamos — y quizás tampoco a "terroristas" o personas que tienen opiniones excéntricas y radicales que se alejan demasiado de la corriente principal. Y los países siguen distinguiendo claramente entre ciudadanos y no ciudadanos. Los no ciudadanos no votan y no pueden cruzar las fronteras a voluntad. Y aunque existen los derechos de los niños, y de hecho hay pactos internacionales sobre los derechos de los niños, los niños nunca tienen los mismos derechos — el derecho a votar, por ejemplo — que los adultos.

La historia de Estados Unidos no es única. Cada país tiene su propia historia; y las diferencias son significativas. Por ejemplo, los derechos de las mujeres. *Todos* los países desarrollados han concedido el voto a las mujeres, y todos ellos tienen algún tipo de principio que prohíbe la discriminación por razón de sexo. Pero estos avances se produjeron en diferentes momentos, a diferentes ritmos y con diferentes entornos políticos. Y la situación actual de las mujeres no es la misma en todos los países desarrollados, diga lo que diga la ley.

Lo que es o debería ser un derecho fundamental no sólo ha cambiado — y se ha extendido — con el paso del tiempo, sino que sigue cambiando. En el siglo XIX, hubo un movimiento incipiente en favor de los derechos de las mujeres, pero no hubo señales de un movimiento en favor de los derechos de los homosexuales — esto es claramente contemporáneo. En Estados Unidos, el movimiento por los derechos civiles de los años 50 y 60 tuvo un fuerte impacto en la sociedad. También hubo un movimiento feminista contemporáneo. Los movimientos para empoderar a los pueblos indígenas, los ancianos y los discapacitados, llegaron más tarde. Cada uno tiene sus equivalentes en otros países. Algunos de los sucesos más recientes habrían sorprendido no sólo a Jefferson, sino incluso a héroes de la libertad como Martin Luther King, Jr. Un fuerte sentido del derecho es difícil de limitar; y la noción de que algunos derechos son "fundamentales" muestra claros signos de engullir grandes áreas del derecho "ordinario". El derecho a la privacidad, por ejemplo, ha dejado de lado aspectos del derecho penal y del derecho de la difamación; ha sido definitivamente expansivo en los Estados Unidos, y aún más en Europa.

Si se hiciera una encuesta o un sondeo entre el público de varios países y se pidiera una lista de derechos fundamentales, algunos puntos — la libertad de expresión es un ejemplo práctico — estarían más o menos en las listas de todos. Otros serían propios de un país o de un grupo de países. Algunos serían bastante controvertidos. Millones de personas en los Estados Unidos piensan que el derecho a poseer un arma es el derecho más valioso que existe; se remiten a la Segunda Enmienda de la Constitución (sobre el derecho del pueblo a portar armas). La Corte Suprema, en una decisión reciente, ha aceptado interpretar esta Enmienda de forma bastante amplia.[20]

Millones de personas (incluso en los Estados Unidos) no estarían de acuerdo; y muchas de las personas, por ejemplo, en Finlandia o Gran Bretaña, probablemente piensen que la pasión estadounidense por las armas es algo bastante extraño y patológico. Para los estadounidenses, el derecho a un juicio con jurado es muy valioso; sin embargo, la mayoría de los sistemas jurídicos del mundo carecen de un sistema de jurado, y parecen capaces de hacer justicia a pesar de este hecho (o incluso gracias a él). La mayoría de los estados americanos permiten la pena de muerte;

y Texas parece ser un estado inusualmente apegado a ella. Todos los miembros de la Unión Europea han abolido la pena de muerte. De hecho, deshacerse de la pena de muerte es un requisito para ser miembro. Algunos países reconocen los derechos de las minorías sexuales e incluso permiten que los homosexuales se casen.[21] Otros países no lo hacen, y en todos los países, un gran número de personas considera que el matrimonio homosexual es una abominación; también es posible que un gran número de personas desapruebe los derechos de los homosexuales en general. Los franceses dijeron a las niñas musulmanas que no pueden llevar pañuelos en la cabeza en las escuelas. Esto probablemente desconcierte a la mayoría de los estadounidenses. ¿No interfiere esta norma con la libertad de religión? ¿Y qué daño puede hacer un pañuelo en la cabeza? Al fin y al cabo, ¿a quién molesta después de todo?

En resumen, nadie puede elaborar una lista definitiva de derechos "básicos" o "fundamentales". Hay demasiada variabilidad. Esto no contrae la *idea* de derechos fundamentales; ni siquiera la pasión que rodea a esa idea. Los límites probablemente siempre estarán en disputa. Formal y jurídicamente hablando, las listas de derechos fundamentales aparecen en las constituciones escritas, o en las cartas de los derechos fundamentales, aunque, por supuesto, la visión *popular,* la visión formal y jurídica de lo que debe ser, no tienen por qué coincidir. Poner alguna norma en la Constitución le confiere una cierta seriedad. Los derechos humanos básicos no son como los derechos ordinarios, como el derecho a demandar a un conductor descuidado que ha chocado con tu coche. Tienen un sabor normativo diferente. Se supone que son inherentes e intocables. Esto significa que se encuentran en alguna región exaltada, más allá del gobierno de la mayoría y más allá de la política normal. Pero esto no sería más que teoría, a menos que tengan un estatus jurídico especial. Esto se hace poniéndolos en las constituciones o en las cartas de derechos fundamentales. Sólo así puede ser encerrados y protegidos, vallados fuera del alcance de los parlamentos, los reyes, los presidentes, los primeros ministros y los gobiernos en general; o fuera del alcance del público en general. El gobierno debe ser debe ser impotente para invadir estos derechos, salvo en condiciones extraordinarias, como en los tiempos de guerra (y quizás ni siquiera entonces). Además, debe haber algún poder que pueda hacer valer los derechos y protegerlos de la invasión. Este hecho está detrás del tremendo desarrollo de las constituciones, las cartas de derechos, los tribunales constitucionales y el control jurisdiccional durante el período de la Segunda Guerra Mundial. En Alemania y en muchos otros países, existe un Tribunal Constitucional independiente. En Estados Unidos, la Corte Suprema tiene esta función (el poder de control jurisdiccional), pero la Corte tiene también otras funciones. El estatus especial de los derechos fundamentales no es sólo una cuestión de teoría jurídica o política.

Si el estatus especial de las cartas de derechos y de las declaraciones de derechos significa algo, debe reflejar una verdadera norma social. Debe corresponder, al menos de manera aproximada, a lo que los ciudadanos de las sociedades modernas quieren y aspiran. O al menos a las personas que cuentan, las personas cuyas voces se escuchan.

La Carta de Derechos y el control judicial eran una novedad cuando los Estados Unidos era un país joven, a finales del siglo XVIII. En algún momento de su carrera, todos los estudiantes de Estados Unidos aprenden sobre *Marbury* vs. *Madison* (1803).[22] Esta famosa decisión, redactada por el entonces Presidente de la Corte Suprema, John Marshall, afirmó por primera vez el poder de la Corte Suprema para anular un acto formal del Congreso. En su momento, esta decisión tuvo su cuota de críticas. Pero la Corte Suprema nunca se echó para atrás. La Corte también hizo valer el poder (menos controvertido) de revisar las leyes estadales, y sopesarlas con la Constitución federal.[23] Parece, pues, que Estados Unidos ha reconocido el poder de control jurisdiccional por más de 200 años. Pero esta afirmación es, en cierto modo, engañosa. La Corte Suprema de los Estados Unidos hizo muy poco uso de este poder durante gran parte del siglo XIX. La historia del control jurisdiccional en los Estados Unidos es de hecho, extremadamente complicada. A finales del siglo XIX, la Corte Suprema hizo un uso bastante intensivo del control jurisdiccional. Pero la Corte no actuó para proteger a las minorías ni garantizar sus derechos básicos (a menos que se considere a las empresas como minorías). Los casos que, por ejemplo, anularon la segregación racial en las escuelas, o anularon las leyes que discriminaban a las mujeres o a las minorías sexuales — estos casos dramáticos fueron totalmente un producto de la segunda mitad del siglo XX, el mismo período en el que el control jurisdiccional se extendió como un reguero de pólvora en Europa y América Latina.

En la actualidad, el control jurisdiccional es casi universal en el mundo desarrollado; ciertamente, en las democracias, y hasta cierto punto, al menos formalmente, en otros gobiernos. En Alemania, al final de la Segunda Guerra mundial, los Aliados impusieron más o menos el control jurisdiccional en la República Federal. Lo mismo ocurrió en Japón bajo la ocupación norteamericana.[24] Estos son dos ejemplos importantes de alimentación constitucional por la fuerza; pero apenas explican por qué hay un tribunal constitucional y un control judicial en Portugal y en Corea del Sur; o por qué Hungría y Estonia adoptaron el control jurisdiccional cuando terminó la Guerra Fría.

La propagación del control jurisdiccional ha llamado la atención, por supuesto, de los estudiosos del derecho y, especialmente, los politólogos. Existe una rica literatura sobre el movimiento constitucional y el auge del control jurisdiccional. Los estudiosos han elaborado varias teorías para explicar este importante desarrollo social. Es fácil ver en esta tendencia una sana reacción contra las dictaduras fascistas, nazis y comunistas. Neal Tate relaciona el movimiento con "el principio de que los individuos o minorías tienen derechos que se pueden hacer valer contra la voluntad de...las mayorías"; y este principio aumenta la importancia de los jueces "cuya ubicación institucional suele facilitarles la elaboración de normas que favorezcan a las minorías".[25] Ran Hirschl, sin embargo, tiene una visión algo más crítica. Ha sugerido que "el empoderamiento judicial a través de la constitucionalización se entiende mejor como el subproducto de una interacción estratégica entre tres grupos" — las élites políticas, que intentan preservar su poder; las élites económicas, que quieren poner "ciertas libertades económicas" fuera del alcance de las mayorías; y las "élites judiciales y los altos tribunales nacionales", que quieren "aumentar su influencia política y su reputación internacional".[26] Así, en Sudáfrica, cuando el *apartheid* se derrumbó, la mayoría blanca se interesó de repente por la protección de los derechos de las minorías, incluidos los derechos de propiedad. El relato de Hirschl parece plausible, hasta donde llega. En cada país, el control jurisdiccional tiene su propia historia especial; y una historia puramente Whig sería extremadamente ingenua. Pero en un sentido, la teoría va demasiado lejos, y en otro sentido, en mi opinión, no lo suficiente. En muchos sentidos, la narrativa general de Hirschl se adapta mejor a finales del siglo XIX que al mundo moderno.

Los tribunales constitucionales de hoy en día son sorprendentemente enérgicos a la hora de proteger a los desvalidos — los marginados, los romaníes, los presos, los extranjeros, los oprimidos, las minorías raciales y religiosas. Los intereses económicos y políticos de tipo convencional, no cabe duda, de que se encuentran detrás de *algunos* aspectos del movimiento para crear un sistema de control jurisdiccional. Las actitudes de los jueces también son importantes. La judicialización, según Neal Tate, se desarrolla cuando los jueces deciden que "*deben*...participar en la elaboración de políticas" y tienen la voluntad de hacerlo. La democracia es otro requisito previo. Como dice, es "difícil imaginar a un dictador, independientemente de su...ideología", que permita a los jueces alterar sus planes y sus arreglos.[27] Por lo tanto, las estructuras son importantes, así como la mentalidad de los jueces. Pero más allá de todo esto, hay unas raíces *culturales* y *normativas* muy fuertes en el movimiento de los derechos humanos. Fuerzas desde abajo, así como desde arriba. O, si no desde abajo, al menos desde fuera de los pasillos del gobierno, los pasillos del poder judicial y las salas de juntas de las grandes empresas. Un movimiento social masivo se encuentra en el corazón de la revolución constitucional.

La Carta de Derechos de los Estados Unidos es una de las listas más antiguas de derechos fundamentales. También es una de las más cortas. Menciona la libertad de expresión, libertad de religión, libertad de prensa. Hay disposiciones destinadas para garantizar juicios penales y procedimientos policiales justos: normas contra los registros e incautaciones irrazonables, normas sobre el derecho a guardar silencio, el derecho a un abogado, normas que prohíben la doble incriminación. Las constituciones más recientes tienen listas más largas de derechos básicos. La ley fundamental (*Grundgesetz*) de la República Federal de Alemania habla del derecho al "libre desarrollo de la personalidad". Prohíbe la discriminación por razón de sexo, raza u origen nacional; añade, además, que nadie debe estar en desventaja por razón de una discapacidad.[28] Estos derechos son mucho menos explícitos en la Constitución estadounidense. La Constitución sudafricana es un claro ejemplo de una tendencia reciente en las constituciones.[29] El capítulo II, la Carta de Derechos, contiene una larga lista de estos derechos. Por ejemplo, establece que todas las personas tienen "el derecho a que se respete y proteja su dignidad". El derecho de las personas a la privacidad incluye el derecho "a que no se registre su persona o su domicilio, ni se vulnere la privacidad de sus comunicaciones". También existe el derecho a la libertad de circulación, el derecho a salir de la república, el derecho a un pasaporte, el derecho a elegir un oficio profesión, el derecho a prácticas laborales justas, el derecho a una "vivienda adecuada" y a los servicios sanitarios, a la alimentación y al agua suficientes, y a la seguridad social. Los niños tienen derecho a una nutrición básica, al refugio y a servicios sociales, y el derecho a ser protegidos contra el abandono o el abuso. La educación básica es un derecho; y también existe el derecho a utilizar el idioma y a vivir la vida cultural que la persona elija. Un largo conjunto de normas refuerza el derecho a un juicio justo.

No todos estos derechos son absolutos y algunos de ellos — los llamados derechos sociales, como el derecho a la vivienda, a la alimentación y a la educación — quizás no son aplicables en un sentido práctico. Sin embargo, hay una tendencia a multiplicar de estos derechos. La Constitución húngara (artículo 70/B) otorga a todos el "derecho a trabajar", y el "derecho al descanso y al tiempo libre para las actividades recreativas, así como a las vacaciones periódicas pagadas". La Constitución de Chile otorga el "derecho a vivir en un ambiente libre de contaminación". Es más fácil decirlo que hacerlo. Sin embargo, estas constituciones expresan de forma muy vívida, al menos, la importancia simbólica de un gran número de derechos "fundamentales" en un sistema de gobierno moderno. Algunos de estos derechos modernos, aunque la Constitución de EE.UU. no los mencione, forman parte del sistema constitucional estadounidense. La Corte Suprema los ha incorporado a la Constitución a lo largo de los años. Es el caso, por ejemplo, para el llamado derecho a la privacidad, y el derecho a viajar.

La mayoría de los estadounidenses conocen la Corte Suprema, y tienen al menos alguna noción de lo que hace. Probablemente, en la mayoría de los países, las élites conocen sus tribunales superiores, y estos tribunales gozan, en general, de un buen apoyo, aunque este apoyo puede no ser muy profundo, y seguramente varía mucho de un país a otro.[30] El apoyo a la institución no es lo mismo que el apoyo a lo que hacen esas instituciones. ¿Qué tan profundo es el apoyo a los propios derechos? Es fácil hacer afirmaciones exageradas; también es fácil subestimar la profundidad de los sentimientos por los derechos humanos.

Más adelante hablaremos sobre la evidencia de ambas cosas. Por ahora, sólo quiero afirmar que hay pruebas sólidas de una tendencia importante en la historia social y política hacia *instituciones* y estructuras de derechos humanos más poderosas. La difusión de las constituciones y los tribunales constitucionales, el aumento de las organizaciones internacionales y de los tribunales internacionales de derechos humanos, el crecimiento de las ONG como Amnistía Internacional y Human Rights Watch — todos estos hechos *estructurales* sugieren un fenómeno social subyacente, un movimiento de derechos humanos genuinamente popular y poderoso; y éste, a su vez, debe apoyarse en una *conciencia* de derechos humanos genuinamente popular y poderosa. Que todos los movimientos, tendencias, ideologías y los hechos sociales sean desiguales y multiformes es importante, e innegable; pero en cierto sentido no es relevante.

¿Podemos ser más explícitos sobre el límite entre un derecho ordinario — por ejemplo, el derecho a demandar a alguien por romper un contrato — y la mayoría de los "derechos humanos", como la libertad de expresión? Tal vez sí. Los derechos ordinarios suelen ser contra una persona o empresa concreta — la empresa que nunca entregó un cargamento de madera, el hombre cuyo coche se estrelló contra el mío, etcétera. Pero el derecho a la libertad de expresión es un derecho contra el gobierno, contra otras personas, y contra todo el mundo, por así decirlo. No es que esta distinción sea tan clara como uno quisiera. Incluso los derechos ordinarios tienen que ser aplicados a través de alguna institución jurídica. Esto hace algo artificial cualquier distinción entre el derecho de A contra B, y el derecho de A contra todo el mundo, incluido el gobierno.[31] A menos que se tenga un derecho legal (para cobrar los daños a un cargamento de madera o los daños del automóvil), y a menos que ese derecho sea exigible en los tribunales, es decir, a través de una institución estatal, difícilmente puede llamarse un verdadero derecho. El derecho del arrendador a cobrar el alquiler también depende del Estado; el arrendador no puede no puede echar al inquilino sin obtener una orden judicial. El propietario tiene un derecho solo contra Joe, su inquilino, pero el derecho a la libertad de expresión es un derecho que todos los miembros de la sociedad deben respetar. El derecho del propietario, después de todo, no es sólo un derecho contra Joe. Puesto que el propietario es "dueño" de la propiedad, esto significa que tiene un derecho no sólo contra

Joe, sino contra Mary, Sam y todos los demás miembros de la sociedad — quienes deben respetar sus derechos de propiedad tanto como Joe.

Pero el derecho a la libertad de expresión, o el derecho al voto, a diferencia de los derechos ordinarios, teóricamente *carece de fronteras* y es ilimitado en cantidad. No se puede racionar. Existe en cantidad infinita. Esto es lo que queremos decir cuando decimos que los adultos tienen el derecho a inscribirse y votar en las elecciones. Si más gente se inscribe, más gente vota. El gobierno no puede decir: lo siento, el registro de votantes está lleno. La libertad de expresión tiene la misma cualidad. Mi derecho a hablar no debe ser limitado o racionado. Si hay más gente que quiere hablar, entonces más gente puede hablar. No hay límite para la libertad de expresión; y el derecho nunca expira ni se extingue. La mayoría de los demás derechos dependen de la oferta de tribunales, jueces y similares; y están limitados en el tiempo — pueden caducar, por ejemplo, si se espera demasiado tiempo.

Estas son observaciones sobre el sentido *subjetivo* de un derecho fundamental. Sin embargo, objetivamente, las cosas son más complicadas. De hecho, todo está racionado. De la misma manera como nada en la vida es gratis, tampoco hay derechos ilimitados. Esto es cierto incluso acerca de la libertad de expresión. Naturalmente, no es ni puede ser absoluta; nadie tiene el derecho, para usar el viejo dicho de gritar fuego en un teatro lleno de gente. O a calumniar a otras personas. O a comercializar un veneno sin etiquetarlo como tal. Pero incluso en lo que respecta a la expresión normal y corriente, ciertos hechos de la vida, ciertas expectativas, siempre limitarán el derecho a expresarse. Supongamos que millones de personas deciden ir a la Plaza Times (Times Square) en la ciudad de Nueva York, y dar un discurso. Cada uno tiene este derecho y suele tenerlo en la práctica. Pero si millones de personas intentaran hacerlo al mismo tiempo, descubrirían rápidamente los límites. Simplemente no cabrían todos en esa plaza. Y los millones de personas crearían problemas de seguridad y sanidad que el gobierno podría y tomaría medidas para resolverlos.

Por supuesto, podríamos decir que en esta situación un derecho — la libertad de expresión — entra en conflicto con otros derechos o con la seguridad pública, por lo tanto, debe haber algún tipo de equilibrio. Cuando un derecho se ejerce de forma que va más allá de lo esperado, entra en conflicto con algún otro derecho, o con alguna norma o hecho jurídico o de índole política; o alguna barrera práctica. Si demasiadas personas deciden votar, los centros de votación pueden verse desbordados y quedarse sin papeletas. Los derechos humanos son subjetivamente absolutos. Objetivamente, difícilmente pueden serlo. Sin embargo, el sentido subjetivo es crucial — un hecho social crucial.

También en la realidad, las reivindicaciones de derechos suelen entrar en conflicto; y, frecuentemente, conducen a un problema social. Cuando muchas más personas de las esperadas hacen valer una reivindicación, el sistema se sobrecarga. Eso es evidente. Si una sociedad avanza hacia la igualdad de género, más mujeres obtendrán puestos de trabajo como médicas, abogadas o empresarias. Esto significa menos puestos de trabajo de este tipo para los hombres, a menos que el mercado se amplíe considerablemente, lo que no suele ocurrir. Esta es una de las razones por las que la política de "acción afirmativa" es, para mucha gente, impopular. Sin duda, a muchas personas que, en abstracto, aprueban los derechos de las minorías y de las mujeres, les resulta incómodo perder sus propios privilegios. Los derechos "básicos" pueden a veces chocar entre sí. Si damos a los grupos indígenas más poder, más autoridad para gestionar sus propios asuntos, más margen para sus tradiciones, estas tradiciones podemos descubrir que entran en conflicto con los derechos de las mujeres o de los extranjeros. Trataremos este problema concreto en un capítulo posterior. En general, la tensión entre la *teoría* de los derechos y los hechos sobre este terreno parece inevitable.

¿Cuáles son los orígenes sociales del movimiento de los derechos humanos — y del concepto de derechos humanos en general? Se trata, por supuesto, de una cuestión enormemente compleja y seguramente no hay una respuesta única. El movimiento de los derechos humanos está firmemente arraigado en la cultura jurídica, social y política moderna. Quizás no sea posible dar una explicación completa y satisfactoria de por qué la sociedad moderna, la cultura moderna y las estructuras de la personalidad moderna conducen al florecimiento de los derechos humanos.

Más adelante, intentaré explorar con algo más de detalle los hechos sociales que se encuentran en la base del movimiento moderno. Por ahora, quiero mencionar sólo algunos puntos principales. El primero es que el movimiento de los derechos humanos depende de una cultura fuertemente individualista. La ley y la sociedad hacen hincapié en los derechos *individuales*, y esto corresponde con la forma en que las personas se sienten respecto a sí mismas: como individuos únicos, con sus vidas como individuos únicos, sus destinos, fortalezas y debilidades, sus deseos y hábitos únicos. Cualquier relato de cultura moderna, más aún, de la cultura en la que el movimiento de los derechos humanos y el individualismo florecen, debe prestar atención a ciertos aspectos de la historia moderna. Estos incluyen la revolución industrial, el auge del capitalismo y esa otra revolución, la revolución científica y tecnológica. También hay que mencionar el crecimiento de la riqueza en el mundo desarrollado y el papel del *ocio*, lo cual hace posible que la gente común persiga sus deseos, gustos y sueños individuales.

Un punto más: hago mucho hincapié en el individualismo moderno. Los derechos humanos básicos son todos derechos *individuales*. Por supuesto, sólo existen en un contexto social. Pero no por ello dejan de ser derechos individuales. Se habla mucho de los derechos de los grupos. Las reivindicaciones de las mujeres, de las minorías y los grupos étnicos parecen ciertamente reivindicaciones que dependen de la pertenencia a un grupo: derechos que se hacen valer en nombre de todas las personas negras, musulmanas, sordas, homosexuales o miembros del pueblo Hopi o de los Maoríes de Nueva Zelanda. Ha habido un sinnúmero de debates y discusiones sobre los derechos de las minorías culturales, étnicas y lingüísticas, y esto también parecieran ser derechos de grupo. Existe una amplia literatura sobre los derechos de grupo, incluyendo notables intentos de aportar algo de claridad conceptual a esta cuestión.[32]

Pero toda la idea de los derechos de grupo me parece engañosa, al menos en ciertos aspectos. Los derechos humanos son casi siempre profundamente *individuales*. El derecho de una mujer a ser policía (o no), o a recibir un salario igual al de un hombre, es un derecho individual. La esencia de los derechos humanos es su calidad individual; pero esta cualidad individual *depende* a menudo del empoderamiento de los grupos, esto es, depende de la eliminación de las barreras y los prejuicios contra los grupos. La eliminación de estas barreras permite a los miembros individuales ejercer la elección. Pero la necesidad de eliminar las discapacidades de los grupos es lo que da la ilusión de los "derechos de grupo". Decir esto, no es negar que a veces la *solución* a un problema de discriminación tiene que ser una solución de grupo. Hay poderosas razones para pensar que éste es el caso. La "acción afirmativa", tan controvertida en Estados Unidos, puede justificarse como una solución de grupo a problemas que atormentan y dificultan el progreso de muchos individuos.[33]

Algo similar puede decirse de las minorías étnicas y religiosas. Como Rory O'Donnell ha señalado la legislación sobre derechos humanos "habla de los derechos de *personas que pertenecen a minorías*" y no de los derechos de las minorías, lo que puede indicar que "sólo los individuos humanos deberían ser titulares de derechos".[34] Esto me parece correcto. El empoderamiento de una minoría es, de nuevo, una solución grupal a problemas individuales. El derecho a que se enseñe euskera en las escuelas primarias, o a profesar una fe determinada, es un derecho individual que sólo puede hacerse realidad mediante la concesión de derechos a las personas que pertenecen a una determinada categoría, y que desean ejercer derechos específicos.[35]

"Individualismo" es una palabra difícil, fácilmente malinterpretada. Es fácil equipararlo con el neoliberalismo, es decir, con una inclinación hacia el libertinaje y el Estado de laissez-faire. Los libertarios piensan que el Estado no tiene por qué interferir con los individuos, diciéndoles lo que tienen que hacer, más allá de lo que es absolutamente básico (los libertarios no están en contra de las leyes de robo). La gente del laissez-faire, o librecambistas, piensan que el gobierno debe regular la economía lo menos posible. Qué tan escasa sería la regulación que esto implica es, por supuesto, un tema debatido.

Este tipo de individualismo es controvertido, y puede parecer fácilmente egoísta e insensible. Va en contra de la forma en que nos gustaría que los seres humanos se comportaran. Parece no encajar con el carácter distintivo dominante de muchas culturas, pasadas y presentes. ¿Encaja con el espíritu del movimiento de los derechos humanos? El "individualismo" de este tipo parece asumir una visión estrecha y deformada de la naturaleza humana, una concepción del "yo primero" de nuestra especie. Es la actitud que hace que los economistas conservadores parezcan tan misántropos. El "comunitarismo" sería más del gusto de la gente que piensa y siente, al menos como ideal.

Lo que estamos discutiendo aquí, sin embargo, es el individualismo no como una teoría o una posición filosófica, o incluso como una ideología. Nos referimos sobre todo al individualismo, como una forma de describir algunos aspectos del mundo actual — describiendo cómo se siente la gente y, hasta cierto punto, cómo se comportan. Es un hecho social que los lazos familiares, de clan y de grupo parecen haberse debilitado. Es un hecho social que la vida moderna se organiza en mayor medida en torno a la idea de la libre elección, y esto es lo que la gente quiere y espera. Ya he introducido algunas advertencias. El individualismo, sea cual sea su limitación como realidad e ideal, es una norma social de nuestro tiempo, lo que significa que en aspectos importantes refleja ideas y valores que tienen millones de personas. Me extenderé sobre este punto en el capítulo final.

Un rasgo del movimiento de los derechos humanos, que se desprende lógicamente de aspectos del movimiento que ya hemos mencionado, es que tiene un carácter internacional. Si la gente siente, y cree, que algunos derechos básicos son inherentes e inalienables, y si estos derechos se aplican a todo el mundo en todas partes y a todos por igual, entonces se deduce que ningún gobierno debería poder menoscabar estos derechos, y ningún estatuto, ley o decreto puede violarlos legítimamente. Un gobierno que tortura a sus ciudadanos, o que niega la libertad de expresión, no puede reclamar la legitimidad de sus acciones. Y la soberanía nacional no debe ser una defensa. En los famosos juicios de Nuremberg, justo después de la Segunda Guerra Mundial, los aliados vencedores juzgaron a los líderes nazis; fueron acusados de librar una guerra agresiva y de cometer "crímenes contra la humanidad". Este fue un paso importante hacia la internacionalización de los derechos humanos. Tales textos como la Declaración de Derechos Humanos de la ONU, y varios tratados regionales también han asumido y difundido esta idea revolucionaria: los derechos humanos trascienden las fronteras nacionales.

Los derechos humanos en general, son derechos que están principalmente contra el propio gobierno del ciudadano. Esto es natural. Pero la propia teoría de los derechos humanos los convierte en globales, o universales. La ley y la práctica se mueven en esta dirección. En los últimos años, esta tendencia se ha hecho más evidente. El destino del general Pinochet, antiguo dictador de Chile, es un ejemplo especialmente llamativo. Pinochet fue detenido mientras visitaba Inglaterra; un juez español había exigido su detención y enjuiciamiento. En el capítulo 10 analizaremos los aspectos internacionales de este caso. Basta con mencionar aquí que ahora hay tribunales internacionales y, de hecho, una nueva Corte Penal Internacional. Los tribunales internacionales reivindican el derecho a juzgar y castigar a hombres y mujeres culpables de cometer atrocidades en sus propios países — atrocidades que técnicamente, pueden no haber estado en contra de la ley. En Nuremberg no fue invocada como defensa la no ilegalidad del genocidio en la Alemania de Hitler; de hecho, era política de estado matar a los judíos, los romaníes y los enfermos mentales.

Este capítulo introductorio ha contenido algunas notas generales aproximadas — notas hacia una sociología de los derechos humanos. He destacado una serie de factores — el individualismo, el capitalismo, la riqueza moderna, el ocio y otros factores similares — que son obviamente comunes a todos los países desarrollados. No son específicos de Occidente. La libertad de expresión no está fuera de lugar en Japón, Tailandia o Corea del Sur.

El movimiento de los derechos humanos es global; y es a la vez causa y efecto de una poderosa tendencia a la *convergencia* de la cultura jurídica en todo el mundo, aunque de forma más evidente en el mundo democrático y desarrollado.

Esta afirmación sobre la convergencia puede parecer un poco extraña o paradójica, en vista del énfasis casi frenético sobre la diversidad, las raíces, las diferencias culturales, los derechos culturales, los derechos de los pueblos indígenas y las minorías étnicas, etcétera, que es tan evidente en la política moderna. "Asimilación" se ha convertido en una palabra sucia. Algunos casi la equipararían con el genocidio cultural. El multiculturalismo, en cambio, está de moda. Muchos países — Canadá es un buen ejemplo — son *oficialmente* multiculturales. Sin embargo, hay buenas razones para ser escépticos sobre la "diversidad" cultural en las sociedades desarrolladas. Como sugieren Boli y Elliott, "gran parte de la diversidad en todo el mundo es la construcción de fachadas que ocultan la similitud y la homogeneidad subyacentes".[36] Desde mi punto de vista Boli y Elliott tienen toda la razón.

Volveré a tratar este tema también en el capítulo 9. Por ahora, sólo digo que el movimiento de los derechos humanos es una especie de evidencia primaria para la tesis general de la convergencia. Pretende ser universal. Pretende superar las reivindicaciones culturales particulares. Por supuesto, este aspecto del movimiento de derechos humanos es muy controvertido. La doctrina de los derechos humanos insiste en la igualdad de hombres y mujeres. La realidad es muy diferente, y esta "igualdad" se opone a muchas tradiciones culturales que insisten en roles radicalmente diferentes para hombres y mujeres. Esto suele significar la dominación masculina. Este conflicto — entre el carácter distintivo de los derechos humanos y la reivindicación de la soberanía cultural — no es fácil de resolver. En la práctica, Arabia Saudita puede hacer lo que quiera en su propio país; puede impedir que las mujeres conduzcan automóviles y ocupen puestos de trabajo masculinos. Pero ¿qué ocurre cuando personas de las sociedades tradicionales se trasladan a Italia o España? ¿Qué sucede cuando sus culturas chocan con la cultura consagrada en la constitución local? En algunos aspectos, ésta es una de las cuestiones más espinosas a las que se enfrenta el movimiento de los derechos humanos. En el capítulo 9 se tratará este tema con más detalle.

2 Sobre el Estado de Derecho y sobre la Conciencia de los Derechos

Existe una conexión obvia y estrecha entre el movimiento de derechos humanos y la democracia; y también con lo que generalmente se llama el estado de derecho. Hay una gran literatura sobre esta frase vaga y problemática. No existe un acuerdo general sobre cómo definir el estado de derecho. El término en sí es, a grandes rasgos, el equivalente en inglés *"rule of law"*, a lo que se llama el *Rechtsstaat* en los países de germano parlantes y "estado del derecho", en los países hispanoparlantes, por mencionar sólo dos versiones de la frase.

Todos estos términos tienen matices ligeramente diferentes, sin duda. Pero con respecto a todos ellos, parece haber dos significados básicos bastante distintos (o conjuntos de significados). Quizás la idea fundamental es la idea de un cuerpo de reglas o leyes que limitan el poder del estado, el gobierno, la administración.[37] Las normas jurídicas son o deben ser muy generales; son o deben aplicarse de manera equitativa e imparcial, y son o deben ser conocidas de antemano. Cuando decimos que un país carece del estado de derecho, o es deficiente en este sentido, a menudo nos referimos a problemas en los sistemas jurídicos y políticos. En algunos países, los jueces son corruptos e incompetentes. O pueden ser criaturas del régimen sin verdadera independencia. Pueden aceptar sobornos. Las decisiones gubernamentales pueden ser arbitrarias o incluso caprichosas. Nadie puede estar seguro de cuáles son las reglas reales, o si la burocracia cumplirá con las reglas. Puede haber una ley para los ricos y otra para los pobres; o una ley para un grupo étnico y una ley diferente (e inferior) para otros grupos étnicos. Un gobierno de este tipo definitivamente no es un "gobierno de leyes ni de hombres".

La ley corrupta y arbitraria es mala para los negocios y particularmente mala para los potenciales inversionistas extranjeros. A los negocios e inversionistas les gusta saber dónde están, les gusta encontrar reglas claras y sentir que pueden obtener una decisión honesta y sin prejuicios por los tribunales y dentro de la administración pública. En particular, les gusta estar seguros de que pueden hacer cumplir sus contratos; y que hay seguridad para su derecho a la propiedad. Un gran cuerpo de estudio, compuesto principalmente por economistas y politólogos, ha intentado (con éxito variable) relacionar al estado de derecho con el crecimiento económico o el desarrollo.[38] Parece de sentido común que las sociedades corruptas e ineficientes tengan menos probabilidades de desarrollarse económicamente, en comparación con las sociedades que mantienen el "estado de derecho". Y, en general, cuanto más rica es la sociedad, menos arbitrario y corrupto es su gobierno y su sistema jurídico. Esta hipótesis parece intuitivamente correcta, aunque la evidencia es mucho más inestable de lo que uno podría pensar. Es particularmente inestable si se equipara el estado de derecho con el concepto de racionalidad formal de Max Weber: un cuerpo de reglas bastante rígido, fijo, mecanicista y predecible. De hecho, Frank Upham ha argumentado que el éxito económico de los llamados tigres asiáticos puede deberse a la *falta* de formalidad; estas economías demuestran "que la estricta aplicación judicial de los derechos de propiedad y contrato no es necesaria para el crecimiento económico."[39]

En cualquier caso, en muchos países, hay fallas y lagunas en el sistema jurídico, y la vida está muy por debajo del típico ideal de *Rechtsstaat*; y, sin embargo, en algunos de esos países, las empresas son extremadamente capaces en encontrar formas de hacer frente. Esto puede incluir sus propias técnicas de soborno y corrupción. Los sistemas jurídicos, al igual que las sociedades, son extremadamente complejos; y la economía informal, con todos sus trucos y sus libertades, desempeña un papel importante en un número de países.

Pero es doctrina oficial, en organizaciones como el Banco Mundial, que los países deben tener "el estado de derecho" si alguna vez han de progresar. Estas organizaciones ponen dinero en esquemas y propuestas para corregir defectos en el estado de derecho. Casi todo el mundo está a favor del estado de derecho, bajo una definición u otra. Incluso países como China hablan incesantemente sobre el fortalecimiento del estado de derecho. Lo que tienen en mente, muy probablemente, es mejorar el clima jurídico para los inversionistas extranjeros, y tal vez también para las empresas locales. Es posible que sociedades bastante autoritarias disfruten del "estado de derecho" en este sentido. El Singapur moderno es quizás un buen ejemplo. Singapur no es una democracia modelo (hay, y ha habido, sociedades mucho peores, sin duda), pero aparentemente no hay mucha corrupción; y el clima en Singapur es extremadamente amigable para los negocios. Los tribunales, además, hacen un trabajo honesto; y el sistema legal tiende a estar a la altura de las expectativas. Y Singapur es una sociedad muy rica, muy exitosa. Uno podría agregar Hong Kong a esta lista; y tal vez incluso (en algunos aspectos) la propia China.

Sin embargo, con frecuencia la gente habla del "estado de derecho" en un sentido muy diferente — que no es en absoluto el sentido de Singapur. La gente se refiere a una sociedad que respeta los derechos fundamentales. No hay estado de derecho en una sociedad donde la policía llama a la puerta por la noche y arrastra a la gente hasta la cárcel; o donde la gente "desaparece" sin dejar rastro; o donde es arriesgado criticar al gobierno. El "estado de derecho" también puede significar que los derechos fundamentales se aplican rigurosamente. Los dos sentidos de la frase son bastante distintos; pero tienen una cosa en común: falta el estado de derecho, si el sistema jurídico opera de manera arbitraria; y hay pocas reglas confiables para guiar la conducta. Y es difícil ver cómo se puede tener seguridad de los derechos de propiedad, si no hay seguridad personal. Al menos en este sentido, el estado de derecho debe implicar algo más que derechos a los contratos y a la propiedad.

La claridad y la previsibilidad implican un "sistema jurídico formal fuerte, garantizado por un conjunto de controles políticos sobre el poder estatal y la corrupción."[40] Pero los académicos que estudian derecho y sociedad, y probablemente muchas otras personas también, saben lo suficiente como para ser escépticos. El derecho viviente siempre está lleno de peros; siempre es, hasta cierto punto, impredecible. Cambia de manera sutil o no tan sutil de un día para otro. El derecho en el papel nunca es el mismo que el derecho en acción. Entre lo ideal y lo real hay enormes brechas. Incluso el más formal y teutónico de los sistemas jurídicos tiene importantes áreas grises. En cualquier sistema, aun las áreas y subáreas del derecho que parecen limpias, claramente marcadas en blanco y negro, pueden cambiar repentinamente a un gris moteado, a medida que cambian los tiempos y surgen nuevos entendimientos.

La previsibilidad es, por lo tanto, una cuestión de más o de menos. Pero es importante no exagerar la indeterminación del sistema jurídico. Las reglas dan mayor capacidad de predicción en Singapur o Finlandia, que, en China continental, o en la Rusia contemporánea, o en los muchos países que, por desgracia, están dirigidos por sátrapas y déspotas, plagados de sobornos y amiguismo; o en estados fallidos sin un gobierno real y funcional y sin un servicio civil del que hablar.

Los "controles políticos sobre el poder del Estado" también son vitales. Se puede presentar un argumento económico, y se ha hecho, para los controles constitucionales de los legisladores; dispositivos para evitar que se vuelvan locos y vuelquen arreglos establecidos.[41] Esto puede haber desempeñado un papel en el enorme crecimiento del control jurisdiccional en las dos últimas generaciones. No es necesariamente un desarrollo progresivo. Ran Hirschl, como hemos visto, es un escéptico; y ha presentado el caso con fuerza: las constituciones y los derechos de control jurisdiccional son importantes para las élites y para el status quo.[42] Uno de sus ejemplos es Sudáfrica donde arguye que la ruptura del apartheid asustó a la minoría blanca rica y los llevó a exigir protección constitucional. Makau Mutua ha puesto de relieve un punto similar: el "estado democrático basado en los derechos irónicamente resultó ser un instrumento para la preservación de los privilegios y las ganancias mal habidas de la minoría blanca."[43] Hay, sin duda, algo de cierto en estos argumentos. Pero creo que hay mucho más en juego que la protección del status quo. La tesis difícilmente aplica a ciertos conversos a la idea del control jurisdiccional como en España o Hungría. Y muchos de los nuevos tribunales constitucionales han hecho un trabajo deslumbrante, no sobre los derechos de propiedad o los contratos o el derecho mercantil en general, sino sobre los derechos humanos y los derechos de las minorías, sobre el "estado de derecho" en el segundo sentido, en lugar del primero. El movimiento para reforzar los derechos humanos a través de estructuras constitucionales ha sido el producto de un movimiento social, así como de un movimiento político y económico. Tal vez el movimiento social merece prioridad.

Las organizaciones mundiales han gastado mucho dinero, tratando de llevar el estado de derecho a países que parecen no tenerlo. Algunos piensan que, en gran medida, ese dinero se ha desperdiciado. Otros se oponen totalmente a la idea, sobre la base de que los conceptos estándar del estado de derecho son incurablemente occidentales, inadecuados para los países del tercer mundo. Imponer el llamado estado de derecho a estos países, entonces, es una forma de neo-imperialismo. Examinaremos esta afirmación en un capítulo posterior. Una objeción más convincente es que realmente no se puede exportar el estado de derecho; y ciertamente no se puede transportar como si fuera una especie de carga, o volando a un grupo de los llamados expertos que preparan documentos redactados con lenguaje prolijo. Poner condiciones a los préstamos del FMI e instituciones similares también es probablemente ineficaz. Un país empobrecido, con bajas tasas de alfabetización, gobernado por señores de la guerra, no se va a convertir en una especie de versión de Suiza a través de alguna táctica o técnica conocida por la humanidad en esta etapa del juego.

El "diseño constitucional" es otra área sobre la que Ran Hirschl ha expresado un saludable escepticismo.[44] Las constituciones, las declaraciones de derechos, las disposiciones para el control jurisdiccional, junto con otros aspectos del "diseño constitucional", no son en sí mismas más que palabras, pedazos de papel, textos y aspiraciones. Y la "ingeniería constitucional" tradicional parece incapaz de abordar los "desafíos centrales" del siglo XXI, como el calentamiento global, porque estos son "de naturaleza global y requieren una acción colectiva a gran escala y una colaboración global."[45] Bajo algunas condiciones, sin duda, un buen diseño hace al menos *alguna* diferencia. Las potencias victoriosas impusieron un diseño constitucional a Alemania Occidental y Japón, al final de la Segunda Guerra Mundial. Muchas personas dudaban de que este tipo de vacunación jurídica contra la autocracia hiciera alguna diferencia. Ambos países seguramente cuentan como historias de éxito: ambos son democracias vibrantes y efectivas. Pero, por supuesto, muchos factores intervinieron en este proceso.

El punto de Hirschl es más válido con respecto al tema del *diseño.* Que haya un movimiento de derechos humanos, que tenga un amplio apoyo *popular,* y tal vez incluso un apoyo más amplio de *la élite* es otro asunto completamente distinto. Existen sistemas constitucionales eficaces y eficientes en el mundo; no dependen, en su mayor parte de la redacción exacta de sus constituciones o de si existe un sistema vigoroso de control jurisdiccional. El control jurisdiccional seguramente ayuda. Pero en última instancia, estos sistemas constitucionales dependen de sus públicos, sus normas y hábitos, sus creencias, su confianza en sus instituciones; en definitiva, de la sociedad civil.

CONCIENCIA SOBRE LOS DERECHOS

He estado describiendo lo que considero una tendencia importante en la historia reciente, importante y abrumadora de alguna manera. Los ancianos pueden recordar una época en la que la mayor parte del mundo estaba bajo un gobierno dictatorial. La mayor parte de África estaba gobernada por los imperios británicos, franceses o portugueses. En la década de 1930, Alemania, Italia y España eran dictaduras fascistas o algo peor. Joseph Stalin mantuvo a Rusia bajo su paranoico y asesino control. Japón era una dictadura militar. Cualquier cosa que fuera China, no era una democracia próspera. Había pocas democracias, si es que había alguna, en Asia, o incluso en Latinoamérica. Está en la memoria viva que la mayor parte de Europa se volvió consistentemente y (esperemos) permanentemente democrática. Es aún mucho más reciente que Chile, Argentina y Uruguay hayan regresado al redil democrático. La democracia es un desarrollo reciente en Corea del Sur y Taiwán. La democracia en Hungría, Estonia o la República Checa tuvo que esperar hasta que la Unión Soviética colapsara. Muchos otros países parecen progresar — a veces con bastante lentitud — en dirección hacia la democracia. Sudáfrica es sólidamente democrática; y también lo son algunos otros países africanos.

Resulta tentador pensar que la democracia y los derechos humanos inevitablemente se convertirán en algo universal. Pero lo que ha ocurrido hasta ahora es el producto de condiciones históricas concretas y coyunturas económicas, políticas, sociales y aún tecnológicas. Las situaciones y fuerzas sociales pueden y de hecho cambian todo el tiempo, en ocasiones con mucha rapidez. Resulta absurdo predecir el futuro. En una barbería de Londres, una mujer inteligente y de mediana edad proveniente de Bulgaria, mientras me cortaba el cabello lamentaba la caída del régimen comunista. Ella no era marxista; y también parecía carecer de alguna ideología real. Ella solo lamentaba la Bulgaria que alguna vez conoció — una Bulgaria que (según dijo) de alguna manera le garantizaba un trabajo y la protección sanitaria; en la que la tasa de criminalidad era baja y las personas eran amables unas con otras. Es obvio que ella estaba describiendo a la Bulgaria comunista color de rosa y viendo a la Bulgaria de hoy con ojos de prejuicio. Quizás su opinión no era del todo típica. Pero la gente cambia de parecer y de opinión. La vida está en constante movimiento. El fin de la historia no existe. No hay lugar de descanso final para las sociedades. Todo lo que sabemos sobre el futuro es que sabemos muy poco sobre él. En algún punto, resulta indudable que emergerán nuevas formas de gobierno y nuevas formas de sociedades. Puede que sean radicalmente diferentes a lo que conocemos hoy. Volveré a este punto en el capítulo final.

La cultura jurídica, uno de los temas principales de este libro, se puede definir como las ideas, actitudes, opiniones y expectativas de las personas sobre el derecho y las estructuras jurídicas.[46] Específicamente, este libro trata sobre la cultura jurídica contemporánea — la cultura de nuestros tiempos. Pero esta no será la cultura de los tiempos venideros. Un torbellino de cambio tecnológico dio forma a muchos aspectos de nuestro mundo. Estamos en el umbral de los nuevos tiempos — la humanidad siempre está en un umbral — y lo que llegará a ser dentro de 50 o 100 años es tan impredecible como la revolución de las computadoras hace cien años. La ciencia ficción imaginó máquinas voladoras individuales (todavía estamos esperando) y visitas de planetas distantes y cosas por el estilo; pero incluso los más atrevidos no soñaron con poderes de comunicación instantánea que cualquier niño con una computadora portátil tiene a su alcance. La era de los derechos humanos puede terminar tan rápido como empezó. Espero que no; pero no se puede estar seguro.

Ya no todo el mundo acepta las premisas del movimiento de los derechos humanos. Mucho depende de cada sociedad en particular. El "individualismo" del tipo que se subraya aquí es una cuestión de más o menos. Y es algo que también varía culturalmente. Un estudio en Alemania, de alemanes nativos, turcos-kurdos, y libaneses, mostró que los alemanes nativos ocuparon un lugar más alto que los demás en una escala de individualismo, lo que no es sorprendente.[47] Uno podría suponer que los propios alemanes tendrían un rango más bajo en tal escala que, por ejemplo, los estadounidenses; pero es difícil estar seguro. Una encuesta reciente preguntó a las personas si estaban de acuerdo con la afirmación de que el "éxito en la vida" está "determinado por fuerzas fuera de nuestro control". El 60% de los estadounidenses no estuvo de acuerdo, y el 59% de los canadienses; pero estos países eran definitivamente valores atípicos. 47% de los británicos, 69% de los germanos y 79% de la gente de la India *estuvo* de acuerdo con esa afirmación.[48] El "individualismo" y esa sensación de impotencia ciertamente pueden coexistir; aunque de una manera incómoda.

Y cuando hablamos de una cultura de los derechos humanos, ciertamente es legítimo preguntarse, ¿qué tan profundamente ha penetrado tal cultura en la sociedad? La investigación basada en encuestas da algunas respuestas; sugiere que la cultura de los derechos humanos es en la actualidad bastante fuerte. Un estudio de estudiantes universitarios turcos, por ejemplo, encontró un alto nivel de apoyo a los derechos humanos básicos.[49] Las preguntas fueron bastante abstractas, y un cínico podría argumentar que los estudiantes turcos estaban dando respuestas que sabían que se esperaban de ellos. Pero incluso esto tendría cierta importancia. Otras encuestas han insinuado hallazgos similares. ¿Deberían los gobiernos "hacer un esfuerzo para prevenir la discriminación contra las mujeres?" 96% en México dijo que sí; 93% en Indonesia, más alto que el 82% en los Estados Unidos y el 88% en Francia.[50] Sobre el derecho a profesar "cualquier religión", hubo más de una división entre los países no musulmanes y los musulmanes más conservadores: 76% sí en México, 67% sí en los Estados Unidos, 59% sí en Gran Bretaña, pero solo 31% en Egipto.[51]

Si la gente sabe mucho sobre cómo funciona el sistema, sobre qué instituciones existen para hacer cumplir los derechos humanos y cómo operan o deberían operar en la práctica, es otra pregunta. En 1995, Gibson y Caldeira publicaron un estudio de las actitudes en Europa hacia el Tribunal de Justicia de la Unión Europea. Sólo unas pocas personas (4,5%) afirmaron "estar muy conscientes" de la existencia de dicho Tribunal. En Portugal, España e Italia, casi la mitad de los encuestados nunca había oído hablar del Tribunal antes de ser entrevistados.[52] Posiblemente, esto es menos cierto hoy en día. El Tribunal Europeo de Derechos Humanos probablemente tenga más publicidad, y tal vez haya un mayor grado de conciencia sobre su existencia; pero seguramente la mayoría de los europeos tendrían problemas para explicar la diferencia entre los dos tribunales. Sin embargo, ambos tribunales están ocupados y activos; y no tienen problemas para llenar sus listas de casos; por el contrario, su sobrecarga de trabajo es uno de sus mayores problemas. No debe quedarnos duda alguna que los tribunales que atienden asuntos relacionados con Yugoslavia, Ruanda y Camboya y la nueva Corte Penal Internacional deberían ser más conocidos en los países afectados.

Sin duda, la mayoría de la gente sabe lo que significa la libertad de expresión, más o menos; y entienden la libertad de viajar (especialmente cuando un régimen intenta restringirla); y son conscientes sobre la libertad de religión, y no les resulta difícil comprender algún tipo de principio contra la discriminación. El aprendizaje social es un factor importante en el proceso. La gente escucha sobre los "derechos" en la escuela, en la prensa y a través de sus compañeros. Algunas personas hacen valer estos derechos. Probablemente sea cierto que una pequeña clase de personas, una clase élite de personas muy probablemente, dentro de una comunidad determinada, es probable que sea más consciente sobre los derechos que el resto; y es la más dispuesta y capaz de hacer algo para hacer cumplir o hacer realidad sus derechos básicos. Lo mismo puede decirse probablemente de los derechos menos básicos; o de las interpretaciones menos básicas de los derechos fundamentales. Esta pequeña clase de personas incluye activistas cuyos casos llenan las listas de casos de los diversos tribunales constitucionales, y también los expedientes de los tribunales transnacionales; o más probablemente, las ONG que representan a estas personas. Pero incluso si este grupo es pequeño, seguramente es más grande de lo que era en el pasado; y este es un hecho significativo por derecho propio.

3 Una Pequeña Dosis de Historia

Como hemos señalado, las ideas sobre los derechos fundamentales y los derechos particulares que se definen como tales, varían en el tiempo y de una cultura a otra. El movimiento de derechos humanos ha tenido una historia compleja. ¿Ha sido una larga historia? En cierto sentido, muy larga; pero argumentaré que, desde finales de la década de 1940 en adelante, esta historia dio un giro nuevo y dramático. Por supuesto, siempre es posible rastrear casi cualquier cosa hasta los antiguos griegos; o, si este salto es muy grande, entonces hasta los intelectuales que crearon el campo del derecho internacional durante el Renacimiento; hombres como Hugo Grocio. En Asia, también es siempre posible rastrear todo hasta Confucio o Buda. Como dice el libro de Eclesiastés, no hay nada nuevo bajo el sol. Y seguramente esto es cierto de alguna manera. Pero en un sentido más importante, está profundamente equivocado. Casi todos los días hay algo completa y únicamente nuevo, bajo el sol, la luna, las estrellas y en la faz del planeta.

Renunciaré a Grocio entonces, junto con la Carta Magna y otros supuestos hitos en la historia de los derechos humanos. Es algo más difícil ignorar los hitos del pasado más reciente, pensadores como Kant o John Locke; y particularmente los eventos y documentos de finales del siglo dieciocho, el período de las revoluciones francesa y estadounidense.[53] Un hito en la historia de los derechos humanos fue sin duda la "Declaración de los Derechos del Hombre y del Ciudadano" de agosto de 1789, escrita en la Francia revolucionaria. El preámbulo habla de "derechos naturales, inalienables y sagrados". Los derechos en sí mismos se establecen en forma de diecisiete artículos breves. El primero de ellos declara que "los hombres nacen libres y permanecen libres e iguales en derechos". La ley, según el artículo 6, es "la expresión de la voluntad general... Debe ser lo mismo para todos, ya sea que proteja o castigue". Toda persona es "presuntamente inocente hasta que haya sido declarada culpable" (artículo 9). Según el artículo 10, nadie debe ser molestado "a causa de sus opiniones, incluso religiosas", a menos que "perturben ... el orden público"; y en el artículo 11, se declara que "todo ciudadano puede... hablar, escribir e publicar libremente", aunque sujeto a "responsabilidad por...abuso de esta libertad". La propiedad (artículo 17) fue declarada como un "derecho sagrado" e "inviolable". Si se toma para uso público, debe haber "una justa...indemnización."

La Revolución Americana tuvo su propio documento fundacional algunos años antes de la Revolución Francesa: la Declaración de Independencia. La Declaración del 4 de julio de 1776 comenzó enunciando que algunas "verdades son evidentes por sí mismas", que todos los hombres "son creados iguales" y "dotados por su Creador con ciertos derechos inalienables [y] que entre éstos se encuentran la Vida, la Libertad y la búsqueda de la Felicidad". Pero por supuesto, esto no podría tomarse en un sentido literal. Las mujeres no votaban ni ocupaban cargos políticos; y nadie pretendía lo contrario. Además, había esclavos africanos en cada una de las colonias. Tampoco, en su caso, las mujeres votaban en Francia, a pesar del lenguaje sonoro de la Declaración de los Derechos del Hombre.

Empero, estas Declaraciones fueron hitos culturales importantes. Algunos estudiosos argumentan que los eventos del siglo diecinueve — movimientos de independencia en América Latina, la revolución en Haití, las luchas de los trabajadores contra sus patrones — son directamente relevantes para el crecimiento de un movimiento de derechos humanos.[54] También se podría señalar, la campaña contra la esclavitud y la trata de esclavos. Curiosamente, esta fue una campaña *internacional*, una campaña que cruzó las fronteras; y eso involucró a personas en, digamos, Inglaterra, quienes trataron de forzar la mano de otros países que todavía traficaban con carne humana. De hecho, en el siglo diecinueve, los británicos firmaron tratados con un número de otros países pidiendo la creación de tribunales internacionales para tratar los problemas que surgían de la prohibición de la trata de esclavos.[55] Estos tribunales nacieron y funcionaron en varios lugares: Freetown (Sierra Leona); La Habana, Río de Janeiro y Surinam. Eran tribunales activos. En Sierra Leona, no menos de 484 barcos fueron condenados por transportar esclavos.[56] La literatura ha descuidado, extraña e indebidamente a estos tribunales; de hecho, pueden considerarse importantes precursores de los tribunales internacionales modernos. Y, como ha señalado la profesora Jenny Martínez, cambian la "narrativa" de la historia del derecho internacional de los derechos humanos. Esto se debe a que, a diferencia de Nuremberg y los otros tribunales internacionales, la historia de estos tribunales es una que "pone un énfasis mucho mayor en los actores no estatales", es decir, los traficantes de esclavos, por un lado, y los "líderes de la sociedad civil de los movimientos abolicionistas" por el otro.[57]

La campaña contra el comercio de esclavos y el movimiento abolicionista en los Estados Unidos son realmente significativos. Pero tienen que entenderse en su contexto. Wiktor Osiatynski ha argumentado que la campaña contra el comercio de esclavos se basó en el "humanitarismo", en lugar de cualquier idea de libertad y derechos universales.[58] Culturalmente, entonces, según su punto de vista, el carácter distintivo que estaba detrás del movimiento contra la esclavitud, en general, era muy diferente al carácter distintivo del movimiento moderno de los derechos humanos. Eran más bien campañas contra el trabajo infantil o las maquiladoras, basadas en la lástima por el sufrimiento humano y la rica empatía, en lugar de una ideología de igualdad de derechos para todos. Esto puede ser un poco exagerado. La campaña contra la esclavitud tal vez se basó en dos pilares: la compasión humanitaria; pero también la sensación de que la esclavitud violaba los derechos básicos del esclavo. Sin embargo, aquellos que se oponían apasionadamente a la trata de esclavos, y pensaban que la esclavitud violaba algún tipo de ley natural, no necesariamente sentían que los esclavos (negros) eran o deberían ser social y legalmente iguales a los blancos.

En los Estados Unidos e Inglaterra, en el siglo diecinueve, se entendía claramente que los "derechos del hombre" incluían la libertad de expresión y la libertad de religión. Pero lo que estas frases *significaban* era bastante diferente de lo que significan hoy. Hasta 1829, un católico no podía formar parte del Parlamento en Inglaterra. Muchos países europeos habían creado iglesias y religiones estatales. La libertad de expresión no se extendía a la "sedición" ni a nada que se considerara obsceno. Las reglas contra la blasfemia fueron abandonándose lentamente. Aun así, el siglo diecinueve no quemó herejes en la hoguera. En cuanto a la libertad de expresión, significaba principalmente libertad para discutir sobre política; libertad para criticar al gobierno, por ejemplo (aunque dentro de ciertos límites). En los Estados Unidos, las constituciones estadales supuestamente protegían la libertad de expresión; pero esto no impidió que los estados esclavistas aprobaran leyes que prohibían la propaganda abolicionista. Los estados del sur sentían que tenían el derecho o un deber tal vez, de impedir cualquier publicación que pudiera fomentar la rebelión entre los esclavos o amenazar la institución de la esclavitud.

Los gobiernos también creían que tenían el derecho y el deber de prohibir la pornografía y mantener los libros e imágenes obscenos fuera del mercado. La Ley Comstock de la década de 1870 convirtió en delito el envío de pornografía por correo en los Estados Unidos; y cualquier información sobre el control de la natalidad o el aborto también era tabú.[59] El gran Diccionario Oxford, científico hasta la médula, simplemente no podía incluir dos muy comúnmente conocidas palabras de cuatro letras. Todos los hombres de habla inglesa y sin duda la mayoría de las mujeres conocían estas palabras; pero fueron prohibidas en las augustas páginas del diccionario. (La segunda edición restauró dichas palabras a su lugar apropiado.) En muchas ciudades estadounidenses a principios del siglo veinte muchas películas fueron censuradas. Lo mismo ocurrió en otros países como, por ejemplo, Alemania. El escenario británico fue objeto de una vigorosa censura; e importantes obras literarias — la obra de Bernard Shaw, "La Profesión de la Señora Warren", por ejemplo — no podían mostrarse en público. En toda esta censura, había una fuerte racha de conciencia de clase: el temor de que la literatura sucia pudiera corromper a las masas. Todavía hay rastros de tal actitud en Europa, pero desapareció casi totalmente en los Estados Unidos (y en gran medida, en otros lugares).[60] La sociedad actual es mucho más permisiva; y las formas de expresión (sobre el sexo, por ejemplo) que estaban prohibidas en el pasado, están ahora bajo el ala protectora del concepto de libertad de expresión. La "libertad de expresión" ahora cubre mucho más terreno que simplemente deshacerse de los tabúes contra obras literarias tan serias como *El Amante de Lady Chatterley* o *Ulysses* de Joyce. Si Jefferson, John Locke o John Milton se sorprenderían por Joyce y D. H. Lawrence; éstos, a su vez, podrían sorprenderse al ver lo que se permite imprimir o se muestra en las películas en el siglo veintiuno. Existe una fuerte división entre las definiciones clásicas de libertad de expresión y la definición operativa actual. Este gran aumento sobre la tolerancia al material sexual no es accidental. Es parte de cambios más básicos en la sociedad: el paso al individualismo expresivo, por ejemplo, y a la libertad personal de elegir.

La libertad religiosa también ha experimentado su propia evolución dramática. En el siglo diecinueve, había libertad religiosa en Inglaterra y Estados Unidos. Nadie podía ser castigado por no unirse a las iglesias establecidas o convencionales; o a cualquier iglesia en general. Todas las religiones conocidas y populares fueron toleradas. Tolerado, por supuesto, no es lo mismo que aceptado. Los ciudadanos de los Estados Unidos tenían plena libertad de religión y las religiones minoritarias tenían derecho a existir, a construir lugares de culto y a prosperar. Había límites, sin duda — la poligamia mormona era demasiado para que la mayoría la soportara. Sin embargo, a pesar de la tolerancia estadounidense hacia las religiones — consagrada en las constituciones — uno no puede imaginar a un presidente del siglo diecinueve enviando saludos a sus conciudadanos con motivo de las fiestas judías, budistas o musulmanas. La Biblia protestante fue leída en muchas escuelas públicas. Los católicos establecieron su propio sistema de escuelas privadas, en parte porque consideraron que las escuelas públicas eran demasiado protestantes para su gusto. En el capítulo 4, vuelvo al tema de la religión contemporánea.

El estado estaba bastante ansioso por proteger los derechos de propiedad en el siglo diecinueve.[61] Hasta más tarde en el mismo siglo, en algunos de los estados americanos, sólo quienes eran terratenientes podían votar. Se consideraba que los derechos de propiedad eran el núcleo mismo de una sociedad libre. La Corte Suprema, a finales del siglo diecinueve y en el siglo siguiente, a veces leyó la Constitución como si, en algún sentido, fuera una carta del capitalismo de laissez-faire, como si su propósito principal fuera proteger las corporaciones y los derechos de propiedad privada. El punto más elevado, en muchos sentidos, fue el notorio caso *Lochner* (1905).[62] Una ley del estado de Nueva York regulaba las condiciones sanitarias en las panaderías y, entre otras cosas, establecía un límite en el número de horas que los panaderos podían trabajar. La Corte Suprema anuló dicha ley por considerarla una violación de la constitución federal. Algunos tribunales estadales fueron aún más lejos al anular la legislación social.

Sin duda, la situación jurídica era bastante complicada. El laissez-faire nunca fue absoluto. La mayor parte de la legislación social escapó a la suerte que tuvo la ley en *Lochner*. Aun así, en un sentido importante, la propiedad fue reina durante el siglo diecinueve.[63] Sin embargo, nunca lo fue sin súbditos rebeldes. El final del siglo diecinueve fue un período turbulento en Europa y América del Norte, un período de lucha laboral, huelgas, boicots y batallas judiciales sobre los derechos laborales. En general, en el mundo occidental, la Revolución Industrial desarregló los pactos sociales consagrados en el tiempo. Masas de trabajadores sin tierra se mudaron del campo para trabajar largas horas en fábricas y minas. Sus trabajos y sus vidas eran precarias. El capital y el trabajo estaban tirándose a degüello. En países como Inglaterra y Estados Unidos, todos los hombres adultos ya tenían o habían logrado el derecho al voto, ricos y pobres por igual; pero esto no significaba que el estado se inclinara hacia la voluntad de la mayoría de la clase trabajadora. No de inmediato, en cualquier caso. Las reivindicaciones políticas y sociales tardaron en llegar. Y el estado benefactor, el triunfo de la socialdemocracia es en gran parte el producto del siglo veinte.

A finales del siglo veinte, sin duda, cada país desarrollado rico tenía su propia forma o dialecto del estado benefactor. Algunos aspectos del estado benefactor son tan antiguos y arraigados que la gente no suele pensar en ellos en términos del estado benefactor: la educación pública gratuita, muy notablemente. Otros son más variables (atención médica, por ejemplo). Había (y hay) grandes diferencias entre, digamos, los sistemas de seguridad social de Suecia y Japón, o entre Francia y Estados Unidos. Pero las pensiones de vejez, el seguro de desempleo y algún tipo de apoyo para los pobres y los discapacitados existen más o menos en todos los países, aunque en formas algo diferentes. Todo el mundo tiene acceso a atención médica gratuita en Gran Bretaña y en Canadá, y en ciertos países europeos; en los Estados Unidos, la atención médica es proporcionada principalmente por el estado para los ancianos (mayores de 65 años) y para los indigentes; y los intentos de instituir un programa de seguro de salud nacional o universal han fracasado hasta ahora. El último intento — el plan de atención médica del presidente Obama — al que se opone amargamente el partido republicano, pende de un hilo al momento de escribir este capítulo. Estados Unidos, en general, es bastante menos un estado benefactor que las democracias europeas; aunque también ha recorrido un largo camino desde el siglo diecinueve.

En general, en todas partes los derechos *políticos* eran lo primero, y hasta cierto punto, la libertad de religión; y un aflojamiento de las riendas que gobernaban el mercado. Luego fueron los derechos de la personalidad (privacidad); y, más tarde, los derechos sociales: vivienda, atención médica, trabajo. Por supuesto, la vivienda patrocinada por el estado, la atención médica y el empleo no son rarezas. Pero aparte de la educación, y el subsidio por desempleo, sólo recientemente, y en un sentido muy limitado, los derechos sociales se han convertido, o tienden a convertirse, en "derechos humanos" en el sentido constitucional, como veremos.

SIGLO 20: LOS TEXTOS FUNDAMENTALES

En el siglo veinte, al final de la Primera Guerra Mundial, se formó la Liga de Naciones sin la participación de Estados Unidos. La Carta de esta organización se ocupaba principalmente de la guerra y la paz. El artículo 22, sin embargo, se refería a las colonias de las que habían sido despojados los perdedores de la guerra, en particular Alemania y el Imperio Otomano.[64] Los habitantes de estas colonias eran, supuestamente, "aún no capaces de mantenerse por sí mismos bajo las condiciones extenuantes del mundo moderno." En consecuencia, en lugar de otorgarles la independencia, estas colonias fueron entregadas a varias "naciones avanzadas" bajo un "mandato" de la Liga de Naciones. Los mandatarios recibieron instrucciones de garantizar "la libertad de conciencia y religión, sujeta únicamente al mantenimiento del orden público y la moral," incluso con respecto a las colonias en África central, que se consideraban menos avanzadas que algunas de las otras.[65]

La Liga de Naciones fue un fracaso. Probablemente ninguna organización, con o sin los Estados Unidos, podría haber sido un éxito en ese momento. La Liga no intentó ni pudo evitar el ascenso del fascismo en Italia. No pudo evitar que Francisco Franco llegara al poder en España, o, lo más importante de todo, impedir que Adolfo Hitler tomara el control de Alemania y lanzara una Segunda Guerra Mundial en 1939 — una guerra que fue inusualmente sangrienta, salvaje, prolongada y desastrosa. En 1941, el presidente Franklin Delano Roosevelt y el primer ministro británico, Winston Churchill, se reunieron y se pusieron de acuerdo sobre un conjunto de principios, los cuales se han dado a conocer como la Carta del Atlántico. Muy notablemente, uno de estos principios era un compromiso con la paz y un "aseguramiento de que todos los hombres en todos los territorios puedan vivir sus vidas libres del miedo y la miseria".[66]

Roosevelt soñaba con un nuevo organismo internacional, las Naciones Unidas, para reemplazar a la extinta Liga de Naciones, y tener éxito donde la Liga había fracasado. Los "tres grandes" (Estados Unidos, Gran Bretaña y la Unión Soviética), reunidos en Yalta, en febrero de 1945, cuando la guerra estaba terminando, acordaron crear esta organización. El 26 de junio de 1945, 51 naciones firmaron la Carta de las Naciones Unidas en San Francisco. Desde entonces, la membresía ha crecido dramáticamente; ahora es de 192. La Carta de las Naciones Unidas se ocupa principalmente de la estructura de la organización; y la primera y más prominente función de la ONU fue "mantener la paz y la seguridad internacionales"(Capítulo 1, Artículo 1, sección 1). Pero la Carta también afirma, como un propósito (sección 3 del mismo artículo) "promover y alentar el respeto de los derechos humanos y de las libertades fundamentales para todos, sin distinción de raza, sexo, idioma o religión".

La Carta de las Naciones Unidas, a pesar de esta frase, tiene poco más que decir sobre los derechos humanos. En 1948, sin embargo, la ONU dirigió su atención a este tema y promulgó una Declaración Universal de Derechos Humanos.[67] En muchos sentidos, este fue un documento notable, adelantado a su tiempo y bastante prometedor. El proceso de redacción fue largo y doloroso: la Guerra Fría había comenzado y las tensiones internacionales eran elevadas. Al final, la Declaración fue respaldada por casi todos los miembros (se abstuvo la Unión Soviética, algunos de sus satélites y Arabia Saudita). El preámbulo de la Declaración comenzó afirmando que "el reconocimiento de la dignidad inherente y los derechos inalienables de todos los miembros de la familia humana es el fundamento de la libertad, la justicia y la paz en el mundo". Según el primer artículo, "todos los seres humanos" "nacen libres e iguales en dignidad y derechos". El segundo artículo dispone que todas las personas tienen "derecho a todos los derechos y libertades" de la Declaración, independientemente de su "raza, color, sexo, idioma, religión, opinión política o de otra índole, origen nacional o social, posición económica, nacimiento u otra condición". La Declaración también prohibió la tortura y la esclavitud, expresó su oposición al "arresto, detención o exilio arbitrarios" y contenía una serie de disposiciones destinadas a garantizar juicios justos; en general (Artículo 7), todos debían ser "iguales ante la ley y.... garantía... a igual protección de la ley". La Declaración enumera muchos otros derechos: la libertad de circulación, el derecho a contraer matrimonio y tener una familia (pero el matrimonio "se celebrará sólo con el consentimiento libre y pleno de los futuros cónyuges"), el derecho a la propiedad, el derecho a la libertad de expresión. La Declaración también incluía algunos de los llamados derechos sociales, en particular el derecho a un nivel de vida "adecuado", incluidos "alimentos, ropa, vivienda y atención médica y servicios sociales necesarios" (artículo 25). Toda persona tiene un "derecho a la educación", que "debe ser gratuita, al menos en las etapas elemental y fundamental" (artículo 26). Y la educación, según el mismo artículo, debía estar "dirigida al pleno desarrollo de la personalidad humana".[68] La DUDH, en resumen, equilibró los derechos políticos y civiles con los llamados "derechos sociales".

La Declaración fue un documento valioso. Pero también fue audaz y notable, en parte, porque nadie estaba obligado a tomarlo en serio. No había (y no hay) algún mecanismo real de cumplimiento. Los planes de un tratado real para proveer de tal mecanismo, y para la creación de algún tribunal u organismo que pudiese ocuparse de las violaciones, nunca rindieron frutos, al menos en ese momento. Como Paul Lauren ha dicho, cualquier intento de insertar verbos de acción, como "proteger", "garantizar", "implementar" o "asegurar" los derechos humanos, "sufrió una muerte poco ceremoniosa a nivel de comité".[69] Los soviéticos, por supuesto, no tenían ningún interés en hacer cumplir la ley; pero tampoco los Estados Unidos.[70] Al final, sólo existía la Declaración: una declaración de ideales.

Pero los ideales no carecían de importancia; y el texto es revelador. La Declaración expresó lo que hemos descrito como la premisa fundamental del movimiento de derechos humanos: la igualdad de hasta la última alma humana. Hablaba el lenguaje del individualismo expresivo. El "pleno desarrollo de la personalidad humana" no es algo que, hace siglos, se le hubiese ocurrido a alguien en Europa, Asia, África, o de cualquier lugar, como un objetivo principal para los seres humanos. La Declaración presentó, en palabras de Mary Ann Glendon, una "visión de la libertad vinculada a la seguridad social...basada en el respeto de la igual dignidad humana y protegida por el imperio de la ley". Afirmó que sus "derechos pertenecen a todos" y, por lo tanto, "tenía como objetivo poner fin a la idea de que el trato de una nación a sus propios ciudadanos o súbditos era inmune al escrutinio externo".[71]

Esta Declaración fue seguida por otros dos documentos internacionales importantes, ambos promulgados por las Naciones Unidas en 1976, después de largas demoras y complejas maniobras. Uno de ellos era un "Pacto Internacional de Derechos Económicos, Sociales y Culturales". También en su preámbulo habló de la "dignidad inherente de la persona humana" y de los "derechos iguales e inalienables de todos los miembros de la familia humana". Este "pacto", como su nombre indica, incluía los llamados "derechos sociales". Toda persona debería tener derecho a trabajar y a disfrutar de "la seguridad social, incluida la protección social". El Pacto llamó a la familia la "unidad grupal natural y fundamental de la sociedad". Los matrimonios deben ser consensuados. Las madres trabajadoras deben obtener una licencia remunerada. También debería haber derechos a prestaciones de salud y educación.

El mismo año, las Naciones Unidas también produjeron un "Pacto Internacional de Derechos Civiles y Políticos". El preámbulo es muy similar al preámbulo del Pacto Internacional de

Derechos Económicos, Sociales y Culturales. El primer artículo mencionaba el derecho de "todos los pueblos" a la "autodeterminación". Hay disposiciones contra la discriminación. Los Estados que firmaron el Pacto se comprometieron a "garantizar la igualdad de derechos de hombres y mujeres al disfrute de todos los derechos civiles y políticos enunciados en el...Pacto". Todo ser humano tiene "el derecho inherente a la vida", y este derecho debería ser "protegido por la ley". Nadie debería ser "privado arbitrariamente de su vida". La esclavitud quedó prohibida. Los prisioneros deberían ser "tratados con humanidad y con respeto por [su]...dignidad inherente". Era el deber de la ley proteger contra las invasiones de la privacidad y los ataques al "honor y la reputación". Otro artículo del Pacto se refiere a la libertad de pensamiento, conciencia y religión. El Pacto ha sido descrito como una "una ampliación en forma de ley dura" de la Declaración Universal de Derechos Humanos de 1948. El primer "Protocolo Facultativo" estableció un sistema que permite a las personas presentar denuncias por violaciones al Pacto ante el Comité de Derechos Humanos. Muchos países han suscrito el Protocolo. Estados Unidos no lo ha hecho. En muchos países — por supuesto sin incluir a los Estados Unidos — el Pacto Internacional de Derechos Civiles y Políticos ha sido absorbido o incorporado en la legislación nacional; y en algunos estados, se clasifican como una fuente de derecho a la par con la constitución del país, o incluso más (en España, por ejemplo).[72]

También son importantes las diversas convenciones y tratados especializados. En 1965, la ONU adoptó una Convención sobre la Eliminación de todas las Formas de Discriminación Racial; y en 1981, una Convención sobre la Eliminación de todas las Formas de Discriminación contra la Mujer (CEFDM). CEFDM incorporó el "principio de la igualdad entre hombres y mujeres" y exhortó a todos los Estados firmantes del tratado a poner fin a la discriminación por motivos de género; y a tomar "todas las medidas apropiadas... para garantizar el pleno desarrollo y progreso de las mujeres" (artículos 2 y 3). El artículo 5 insta a los estados a "modificar... patrones sociales y culturales de comportamiento de hombres y mujeres", con el fin de deshacerse de los prejuicios, y de "todas las demás prácticas que se basan en la idea de la inferioridad o la superioridad de cualquiera de los sexos o en roles estereotipados para hombres y mujeres". Los siguientes artículos eran más específicos: las mujeres debían gozar de igualdad en el derecho al voto, a un salario igual por su trabajo y el mismo derecho que los hombres a "escoger libremente...a un cónyuge y a contraer matrimonio sólo con su libre y pleno consentimiento" (artículo 16). La mayoría de los países del mundo han firmado y ratificado la CEFDM (Estados Unidos no lo ha hecho); pero algunos de ellos (particularmente los países musulmanes) han expresado "reservas" a varios artículos.[73]

A la CEFDM la siguió una Convención sobre los Derechos del Niño, aprobada por la Asamblea General en 1989. Este documento repite muchos de los puntos planteados en las otras convenciones de derechos humanos. El preámbulo "reconoce" que el niño necesita un "ambiente familiar, en un entorno de felicidad, amor y comprensión" para lograr un "desarrollo pleno y armonioso de su personalidad". El niño "debe estar completamente preparado para vivir una vida individual en sociedad". De conformidad con el artículo 16, ningún niño debía ser "objeto de injerencias arbitrarias o ilegales en su vida privada, familia, domicilio o correspondencia, ni de ataques ilícitos contra su honor y reputación". La Convención incluía muchos artículos que trataban de las obligaciones activas de los gobiernos — estados quienes, por ejemplo, deberían tomar medidas para "disminuir... mortalidad infantil", combatir las enfermedades y proporcionar "alimentos nutritivos adecuados y agua potable" (artículo 24). En general, todo niño debería tener derecho "a un nivel de vida adecuado para su desarrollo físico, mental, espiritual, moral y social" (Artículo 27).

En forma amplia, la Convención refleja las normas básicas y el espíritu del movimiento de los derechos humanos: la igualdad y el individualismo expresivo. El artículo 29 establece, por ejemplo, que la "educación del niño" se dirigirá al "desarrollo de la personalidad, los talentos y las capacidades mentales y físicas del niño en todo su potencial". La marcha de las convenciones internacionales continuó. Existe un Convenio contra la Tortura y Otros Tratos o Penas Crueles, Inhumanos o Degradantes, y una Convención contra el Genocidio. En 1993 se celebró una "Conferencia Mundial de Derechos Humanos".[74] Los participantes adoptaron la "Declaración y Programa de Acción de Viena". En esta Declaración de Viena se reafirmó que los derechos humanos y las "libertades fundamentales" son un "derecho innato de todos los seres humanos; su protección y promoción es la primera responsabilidad de los Gobiernos".

Este documento contenía una gran cantidad de material similar a los otros textos: democracia, derechos de las mujeres (y los derechos de las "niñas"); no discriminación racial; derechos de los pueblos indígenas. Pero también contenía otras disposiciones: exhortaba a "todos los Estados" a cooperar en el problema del "vertimiento de productos y desechos tóxicos y peligrosos"; subrayaba los derechos de "las personas con discapacidad, incluida su participación en todos los aspectos de la sociedad"; y pedía que se realizaren esfuerzos para "ayudar a aliviar la carga de la deuda externa de los países en vías de desarrollo". Todo el documento tiene el mismo aire del movimiento moderno de derechos humanos. Constantemente hace hincapié en la universalidad; los derechos que menciona pertenecen a absolutamente todas las personas. Y presupone una forma de individualismo expresivo. Así, haciéndose eco de la Convención sobre los Derechos del Niño, declara que el niño necesita un entorno familiar protegido "para el desarrollo pleno y armonioso de su personalidad". En 2006, la ONU adoptó una Convención sobre los Derechos de las Personas con Discapacidad. Su propósito era promover y garantizar "el disfrute pleno y en condiciones de igualdad de todos los derechos humanos" por las personas con discapacidad, y "promover el respeto de su dignidad inherente" (artículo 1). Otra sección menciona "la autonomía individual que incluye la libertad de tomar sus propias decisiones". Se supone que los Estados deberían "tomar medidas apropiadas" para garantizar "el acceso...al entorno físico", y al transporte y otras instalaciones, entre otras cosas.

Las Naciones Unidas han tenido una Comisión de Derechos Humanos desde 1947 (ahora llamada el Consejo de los Derechos Humanos); y en 1993, una Resolución de la Asamblea General creó el cargo de Alto Comisionado para los Derechos Humanos. Si estos documentos e instituciones, o cualquiera de ellos, han afectado a los países, es otra cuestión muy diferente. Huelga decir que la CEFDM, por ejemplo, no ha revolucionado el derecho y la sociedad en el Medio Oriente. Con respecto a los derechos de las mujeres, la realidad sigue siendo la misma en Arabia Saudita, ya sea que el país firme, no firme o firme con reservas. Las mujeres en Arabia Saudita no tienen voz en la política; y ni siquiera puede obtener una licencia de conducir. Dictaduras, guerras, genocidios han ocurrido en varias partes del mundo, a pesar de todo el lenguaje altisonante, de las nobles Convenciones, las altas y bajas comisiones, y los esfuerzos heroicos por parte de organizaciones como Amnistía Internacional y Human Rights Watch.

¿Quiere decir entonces que deberíamos descartar estos documentos, cartas y tratados? ¿Debemos desecharlos como inútiles; cómo pedazos de papel sin impacto alguno en el mundo real? La historia está llena de cúmulos de leyes, constituciones y tratados que fueron violados, burlados, ignorados, pisoteados, manipulados. ¿Es posible que los documentos hayan tenido alguna influencia en la conducta humana o en la forma de gobernar? Algunos dirían que al menos tienen un significado "simbólico". A esto debería añadirle una fuerte dosis de escepticismo. Cuando nos cuesta identificar si existe alguna verdadera, real y concreta influencia en el comportamiento, a menudo recurrimos al argumento de que la importancia del texto o declaración es solo "simbólica". Pero esa importancia "simbólica" significa a menudo que el texto en cuestión no tiene importancia en absoluto. Un símbolo que no hace más que figurar pronto pierde cualquier poder que tenía como símbolo.

¿Cuál es el valor entonces, si es que lo hay, de expresar ideales, metas por las que luchar, esperanzas para el futuro, declaraciones de lo que está bien y lo que está mal? No tengo respuesta a esta pregunta. Los documentos son interesantes, no tanto porque provocaron que sucediera algo que no habría ocurrido sin ellos, sino porque ellos mismos reflejan lo que está sucediendo en el mundo, algo de enorme importancia; algo que los hizo cobrar vida. Ellos han sido, en otras palabras, efectos de normas sociales, hábitos e ideas que con el tiempo se hicieron cada vez más poderosos. La modernidad en todas sus formas; la economía moderna; el individualismo expresivo: estas normas, a medida que se desarrollaban, escribieron el guion, por así decirlo.

Sobre el tema de la influencia concreta, la clave está en la implementación. Básicamente, hay poca o ninguna aplicación de los diversos tratados y documentos. Como hemos visto, las dictaduras se suman a muchas de ellas, sin un ápice de vergüenza. Afganistán, de todos los lugares, ha ratificado la Convención sobre la Eliminación de Todas las Formas de Discriminación contra la Mujer, y sin reservas. La Constitución del Afganistán dispone (artículo 22) que "los ciudadanos del Afganistán ya sean hombres o mujeres, tienen los mismos derechos y deberes ante la ley"; y "la discriminación...entre los ciudadanos" está "prohibida". Eso sería una buena noticia para las mujeres de Afganistán. Como la mayoría son analfabetas y muchas prisioneras virtuales de sus maridos, es poco probable que la noticia llegue a su audiencia. Como dijo Michael Ignatieff, los estados que firmaron la Declaración Universal "nunca creyeron realmente que restringiría su comportamiento. Después de todo, carecía de cualquier mecanismo de aplicación". Los redactores no se hacían ilusiones sobre este hecho. Pero estaban dispuestos a aceptar una "mera declaración", porque esperaban y creían que podría "elevar la conciencia de los derechos humanos".[75] No está claro cómo se suponía que debía hacerse esto. Después de todo, los textos no fueron exactamente *best sellers*. Es más lógico, entonces, como sugerimos, ver la situación al revés. El desarrollo de las normas sobre derechos humanos dentro de las sociedades modernas condujo, estimuló y moldeó los textos de estas declaraciones. Y en la medida en que la ley y la sociedad se acercan a los ideales expresados, es debido a los cambios en la sociedad y al poder masivo de los desarrollos políticos, culturales y sociales, y no la influencia de los documentos mismos.

Además, algunos países (como los Estados Unidos) que en general respetan los derechos de sus propios ciudadanos, resultaron ser peores que desinteresados en implementar las nobles ideas de las declaraciones. La seguridad nacional, o lo que se supone que es seguridad nacional, siempre ha sido un enemigo de los derechos humanos. En nombre de la seguridad nacional, los Estados Unidos pusieron a los estadounidenses de origen japonés que vivían en su Costa Oeste, en campamentos en el desierto occidental; una grave violación de los derechos de estos ciudadanos por la que el país se disculpó más tarde. Canadá, con aún menos razón, expulsó a los japoneses (la mayoría de ellos ciudadanos canadienses) de la Columbia Británica, muchos de ellos también a campos de internamiento. Más tarde, ambos países se disculparon y pagaron reparaciones. Durante la Guerra Fría, Estados Unidos ayudó, instigó y aprobó regímenes horrendos, incluso regímenes asesinos como Guatemala bajo Ríos Montt y el Chile de Pinochet, siempre y cuando mataran a personas en nombre de una cruzada contra el comunismo y la Unión Soviética. Presidente tras presidente, se denunció a Cuba por violar los derechos humanos, y se instituyó y mantiene un severo embargo contra el comercio con Cuba. Guatemala y el Chile de Pinochet, por otro lado, eran nuestros amigos. Esto fue peor que un doble estándar. Pero Estados Unidos no estaba solo. La Unión Soviética también era un estado transgresor; y, por supuesto, a diferencia de los Estados Unidos, no rehuyó asesinar a multitudes de sus propios ciudadanos. Los países árabes estaban demasiado ansiosos por denunciar a Israel por violar los derechos humanos de los palestinos, pero, por supuesto, cualquier crítica a sus propios registros de derechos humanos (uniformemente pobres) era resentida y repelida, como una violación de su sagrada soberanía o contraria a sus ricas tradiciones culturales. Y, según un estudio, el respeto de los derechos humanos era, en el mejor de los casos, un factor trivial en las decisiones nacionales para conceder ayuda extranjera, a quién y en qué cantidades.[76]

Es fácil, tal vez demasiado fácil, volverse cínico y pesimista sobre el futuro de los derechos humanos. Después del colapso de la Unión Soviética, ya nadie podía tomar en serio la amenaza del mundo; pero el terrorismo islámico entró convenientemente en el cuadrilátero y proporcionó una excusa importante para medidas duras que erosionan los derechos civiles. Es difícil argumentar que los terroristas suicidas presentan el mismo tipo de amenaza que una potencia nuclear masiva como la Unión Soviética. Por otro lado, el terrorismo es aleatorio, insidioso, y el peligro está en todas partes; se parece más a la *Invasión de los Ladrones de Cuerpos* que a la invasión de un ejército.

Pero a pesar de las diversas incursiones en pro de la "seguridad nacional", la conciencia de los derechos humanos ha crecido constantemente a lo largo de los años. Por ejemplo, ha estimulado la formación de una multitud de organizaciones (ONG) que asumen la batalla por los derechos humanos. Amnistía Internacional es una de las más destacadas de estas ONG.[77] Su causa son los presos políticos y su principal arma es la publicidad. Amnistía Internacional intenta llamar la atención sobre los "presos de conciencia", donde quiera que se encuentren. Sus miembros, en capítulos de Amnistía en todo el mundo, inundan el país ofensor con cartas de protesta. La soberanía no es una defensa contra la indignación que expresan estas cartas. Amnistía y sus miembros rechazan claramente el derecho divino de los gobiernos; sus miembros creen claramente que *no* es puramente un asunto interno torturar a un miembro de la oposición, o que no es asunto de nadie si el Estado arresta a un disidente y lo pone en una celda sin ventanas. Para Amnistía, los derechos de conciencia son globales y la soberanía tiene que pasar a un segundo plano.

Las tácticas de Amnistía algunas veces marcan la diferencia. La publicidad es a menudo lo último que quieren los dictadores. Es una especie de tributo a Amnistía, aunque no el tipo de tributo que les gustaría, que los gobiernos en la década de 1970 empezaron a cambiar sus tácticas. Acertaron con el diabólico esquema de simplemente hacer desaparecer a sus críticos. Si un régimen arrestaba a algún disidente y lo metía en la cárcel, corrían el riesgo de exponerse a un torrente de cartas de protesta. Mejor simplemente era hacer arreglos para que alguien desapareciera de la faz de la tierra, a menudo después de que hombres de aspecto siniestro aparecieran por la noche y se lo llevaran. El gobierno negaría entonces que tuvieran algo que hacer con el asunto. No, el hombre no estaba bajo su custodia en absoluto. Simplemente había desaparecido.[78]

Hay otras organizaciones activas de derechos humanos, Human Rights Watch, por ejemplo. Otras ONG se centran en esta o aquélla causa en particular: los derechos de las mujeres o la libertad política en general. Según una estimación, en 1953 había 33 ONG internacionales de derechos humanos y 168 en 1993.[79] En prácticamente todos los países hay ONG que luchan por algún tipo de mejora de los derechos humanos. Pueden y efectivamente citan las diversas cartas, declaraciones y manifiestos. O hacen uso de constituciones y otros documentos nacionales de derechos fundamentales. No es fácil saber si estos grupos y sus tácticas logran mucho. Sus tácticas varían: cabildeo, movilización de la opinión pública, campañas publicitarias, litigios.

La evidencia sólida del impacto no es fácil de ensamblar. El impacto es a menudo difícil de medir. Más cerca de casa, podemos mirar el movimiento de derechos civiles en los Estados Unidos y preguntar qué impacto tuvo su estrategia de litigio. O, por ejemplo, ¿qué impacto tuvo *Brown v. Board of Education* en la segregación o la desegregación?[80] No mucho, según algunos estudiosos.[81] Ciertamente no creó el movimiento de derechos civiles que comenzó mucho antes. Tal vez ayudó a que ese movimiento se fortaleciera. La decisión *de Brown* prohibió la segregación en las escuelas públicas y basó esa prohibición en la 14ª Enmienda a la Constitución de los Estados Unidos. Le siguieron casos que dejaron claro que la segregación era ilegal en todas partes, no solo en las escuelas. Los líderes de los derechos civiles pudieron citar estos casos, lo que fortaleció el argumento de su lado y alentó a sus tropas. El movimiento reclamó un derecho a la igualdad racial, constitucional, un derecho fundamental; garantizado por la ley más alta y sagrada de la tierra. Esta afirmación, muy posiblemente, podría haber elevado la conciencia de algunos afroamericanos, del norte y del sur. Puede haberlos estimulado a una acción más militante. Puede haber tenido un impacto en bastantes personas blancas también. Pero gran parte de esto es pura especulación.

Sally Merry ha estudiado la campaña contra la violencia de género en varios países. Las mujeres elitistas a menudo actúan como líderes en el movimiento para hacer algo que ponga fin al maltrato de las mujeres. Las propias mujeres maltratadas, especialmente en las comunidades tradicionales, a menudo se sienten indefensas e impotentes (no sin razón). Como resultado, tienden a ser políticamente inertes: pasivas, fatalistas. Pero las mujeres elitistas han adoptado ideas de derechos humanos básicos; y estas ideas entonces "permean en las comunidades locales". Los activistas "traducen el lenguaje global a términos localmente relevantes". Alientan a las mujeres maltratadas a "pensar que tienen derechos humanos"; ayudan a "construir conciencia de derechos."[82] Para estas mujeres locales, lo que comenzó como la simple y natural esperanza de escapar de las palizas y agresiones termina como una conciencia de los derechos fundamentales. Cadenas de causalidad muy similares pueden documentarse, sin duda, para otros movimientos de derechos en muchos países. Entre los países que Merry estudió estaba Fiji. El movimiento para poner fin a la violencia doméstica en Fiji "se inspiró en los movimientos internacionales y la expansión de los derechos humanos de las mujeres." Las mujeres líderes locales formaron un Centro de Crisis de la Mujer y un Movimiento por los Derechos de las Mujeres. Estos movimientos trabajaron para cambiar las leyes de Fiji, así como para asesorar y ayudar a las mujeres que fueron víctimas o posibles víctimas de la violencia.[83]

Cada país, por supuesto, tiene su propia historia, su propia trayectoria en materia de derechos humanos. Pero hay características comunes a grupos enteros de naciones. Una constitución y un tribunal constitucional. ONG dedicadas a promover la libertad civil. Aumento de la conciencia de los derechos. Igualdad plural. Movimientos que tienen afiliaciones globales. Redes transnacionales. En todas partes, los activistas de derechos humanos citarán y se referirán a los diversos tratados, declaraciones y manifiestos; y a sus propias cartas nacionales. Las ideas de estos activistas parecen contagiosas. Caen en suelo fértil; y crecen. Sin lugar a duda, la conciencia de los derechos *humanos* es un aspecto de la cultura moderna, y el movimiento de derechos humanos es tanto causa como efecto.

También en los países más o menos democráticos existen instituciones que se supone que deben garantizar que las leyes de derechos humanos no sean solo palabras vacías. En muchos de estos países, las constituciones y las declaraciones de derechos en realidad significan algo, verdaderamente tienen poder, lo cual que no siempre fue cierto en las constituciones del siglo diecinueve. En algunos países, los tribunales ordinarios tienen el poder de hacer cumplir los derechos constitucionales con una Corte Suprema en la cima. Este es el modelo de los Estados Unidos. Un acuerdo cada vez más común es crear un tribunal constitucional especial que pueda ejercer el control jurisdiccional. Así, por ejemplo, la Constitución de la República Checa (1992) prevé un Tribunal Constitucional, que puede "anular leyes... en conflicto con el orden constitucional" (artículo 87, apartado 1); el Tribunal Constitucional de Portugal puede hacer lo mismo (artículo 277). El ejemplo alemán ha sido particularmente influyente. Su influencia en la Constitución española ha llevado, a su vez, a la popularidad de este dispositivo en particular en América Latina.[84]

En resumen, el control jurisdiccional ahora está floreciendo en lugares donde el suelo alguna vez fue muy inhóspito. El Reino Unido fue una vez un terreno extremadamente estéril. El Reino

Unido nunca ha tenido una constitución escrita. La doctrina oficial es la supremacía parlamentaria. En teoría, el Parlamento podría aprobar una ley que exija el asesinato de todos los mayores de 75 años; y ningún tribunal británico podría decir que no. Por supuesto, el Parlamento nunca aprobó ninguna ley de este tipo, ni nada remotamente similar. Pero, en cualquier caso, no existía nada parecido al control jurisdiccional; y el Parlamento, de hecho, tenía más margen de maniobra que, por ejemplo, el Congreso estadounidense. Hoy, sin embargo, Gran Bretaña tiene una especie de constitución de puerta trasera: la Convención Europea de los Derechos Humanos (CEDH). Y esto le da una especie de tribunal constitucional, el Tribunal Europeo de Derechos Humanos, que discutiré a continuación. Los Países Bajos tampoco tienen algo semejante a un tribunal constitucional y nunca han tenido control jurisdiccional. Este país también está sujeto a la Convención Europea y a la Corte Europea de los Derechos Humanos (CtEDH). Y ambos países son miembros de la Unión Europea, que tiene su propio tribunal, al que están sujetos.

Canadá, además, nunca tuvo una Constitución escrita. Ahora, sin embargo, tiene una Declaración de Derechos "arraigada", que los tribunales pueden y efectivamente hacen cumplir. Nueva Zelanda, otro país con una tradicional "desconfianza en el estilo judicial estadounidense de la revisión", promulgó una Declaración de Derechos en 1990. Se trataba, en cierto modo, de una ley ordinaria que no preveía el control jurisdiccional;[85] pero la ley establecía que los "derechos y libertades" de esa ley estaban "sujetos únicamente a los límites razonables prescritos por la ley que puedan justificarse demostrablemente en una sociedad libre y democrática" (parte l, sección 5). Además, se exigió a los tribunales que dieran a las leyes "un significado que sea compatible con los derechos y libertades" mencionados, y "ese significado se preferirá a cualquier otro significado" (Parte 1, sección 6).[86] Por último, Israel, que también carece de una constitución escrita, ahora en cierto sentido tiene una a través de decisiones de sus tribunales superiores, ya sea por medio de una "interpretación" creativa de la declaración de independencia del país, o mediante referencias a los principios básicos de las sociedades democráticas, o simplemente extraídos de la nada.

El control jurisdiccional, sin duda, es débil o inexistente en los países autocráticos. Independientemente de lo que diga una constitución o su equivalente, uno no puede imaginar un tribunal en Myanmar o Corea del Norte desafiando al régimen o anulando algún acto de los líderes exaltados, sobre la base de que violan la constitución o son inconsistentes con el derecho de los derechos humanos. Sin embargo, incluso en Pakistán, difícilmente un modelo de democracia moderna, los ataques de Musharraf el dictador militar, contra la Corte Suprema, llevaron a una crisis, movimientos de protesta entre los abogados paquistaníes, y probablemente aceleraron el fin de ese régimen en particular. Todo esto refuerza un punto general: la cultura moderna de los derechos humanos tiene un poder considerable. Todos, excepto los estados más cerrados, represivos y tiránicos, tienen que prestar al menos atención de boquilla a los derechos humanos.

DOCUMENTOS REGIONALES DE DERECHOS HUMANOS

Las Naciones Unidas, desde el principio, han tenido un órgano judicial, la Corte Internacional de Justicia ("CIJ"), a menudo llamada la Corte Mundial. Este tribunal se ocupa únicamente de los asuntos internacionales, en el sentido de que sólo las naciones pueden invocar su jurisdicción (y sólo si acuerdan someterse a la jurisdicción de la Corte). Por lo tanto, el tribunal tiene poco o nada que ver con las cartas de derechos humanos. No tiene una abultada lista de casos. Sin embargo, cuando actúa, el tribunal parece algo sensible a las cuestiones de derechos humanos. En el caso del *Canal de* Corfú, el primer caso decidido por la Corte, Gran Bretaña demandó a la República Popular de Albania. En 1946, dos destructores británicos, que pasaban por el estrecho de Corfú, en lo que consideraban aguas internacionales, fueron dañados por las minas; cuarenta y cinco oficiales y marineros británicos murieron. Gran Bretaña ganó el caso; y el tribunal otorgó una compensación por daños y perjuicios que Albania simplemente se negó a pagar.[87] Algunos estudiosos piensan que existe al menos una posibilidad de que la Corte Internacional de Justicia se convierta en un órgano de cierta importancia para hacer cumplir los derechos humanos internacionales.[88] En efecto, la CIJ se ha ocupado de algunos asuntos importantes: por ejemplo, un asunto derivado de la masacre de Srebrenica en Bosnia.[89] También se le pidió que emitiera una opinión consultiva sobre si Israel tenía el derecho legal de construir una barrera de separación entre las partes de Israel propiamente dichas y los territorios ocupados. Una opinión de este tipo implica inevitablemente cuestiones que afectan los derechos humanos de los individuos.[90] La ejecución de las sentencias de la CIJ es otra cuestión. Los Estados Unidos se sienten libres de no tomar en cuenta las decisiones de la corte; y así lo ha hecho ese país.[91]

No todos los documentos sobre derechos humanos fundamentales carecen de poder de ejecución. Hay instituciones regionales importantes que tienen una cierta cantidad de mordida. Probablemente el más efectivo es la Corte Europea de Derechos Humanos, que hace cumplir la Convención Europea de Derechos Humanos.

La CtEDH es un órgano del Consejo de Europa, que fue formado originalmente en 1949 por un grupo de diez países, todos ellos en Europa occidental. El propósito del Consejo era lograr "una mayor unidad entre sus miembros", con el fin de cumplir "los ideales y principios que son su patrimonio común", y facilitar "la economía y el progreso social". Los objetivos eran la democracia, el estado de derecho y el respeto de los derechos humanos.[92]

El Consejo formuló una Convención sobre derechos humanos, que se promulgó en 1953. Ha sido enmendada y le han sido añadidos una serie de "protocolos". La Convención se refiere a la Declaración Universal de Derechos Humanos de las Naciones Unidas. No hay mucho en el texto que sea particularmente nuevo o sorprendente. Muchas disposiciones se refieren al derecho a un juicio justo y el derecho a la libertad personal. El artículo 8 establece que toda persona "tiene derecho al respeto de su vida privada y familiar, de su domicilio y de su correspondencia". El artículo 9 consagra la "libertad de pensamiento, conciencia y religión"; el artículo 10, la "libertad de expresión" y el artículo 12, el "derecho a casarse y a fundar una familia". De conformidad con el artículo 14, los "derechos y libertades" expresados en la Convención debían "garantizarse sin discriminación por motivos tales como el sexo, la raza, el color, el idioma, la religión, las opiniones políticas o de otra índole, [o] el origen nacional o social".

Más y más países, grandes y pequeños, firmaron este tratado a lo largo de los años, desde Andorra hasta Rusia; y a principios del siglo veintiuno, se había convertido en una Convención "verdaderamente paneuropea, cubriendo 47 Estados y más de 800 millones de personas".[93] Desde 1959 ha existido una Corte Europea de Derechos Humanos (CtEDH). Sin embargo, los países que suscribieron la Convención pueden decidir por sí mismos si aceptan o no la jurisdicción de la Corte; y si harán o no que la Convención forme parte de su propia legislación interna. Con el tiempo, más y más países "acogieron" la Convención, es decir, promulgaron legislación que le dio a la Convención algún tipo de fuerza legal dentro de su país. Esto sucedió relativamente temprano en Alemania, pero muchos países, incluso algunos de los firmantes originales, dudaron un poco más en dar este paso. Noruega hizo la movida en 1994, Suecia en 1995, el Reino Unido sólo en 2000 y la República de Irlanda en 2003. En 1998, el Protocolo 11 modificó la norma vigente. A partir de entonces, cualquier país que ratifique la convención debe aceptar la jurisdicción de la Corte.

Durante sus primeros años, la Corte tenía relativamente poca actividad. La Comisión Europea de Derechos Humanos (CEDH) conoce de los casos y luego los remite a la Corte. El sistema fue cambiado en 1998. Se suprimió la Comisión y los casos pueden ser llevados directamente a la Corte. El número de casos "explotó".

En 1989 se presentaron 1.445 recursos ante el tribunal y se dictaron 25 sentencias; en 2001, hubo 13.842 solicitudes y 889 sentencias; y la Corte comenzó a sentirse en crisis, porque el gran número de solicitudes era abrumador.[94] La situación empeoró constantemente. En 2007, la Corte recibió 41.700 solicitudes y dictó 1.503 sentencias. Originalmente, se consideró que la CtEDH escucharía principalmente las quejas entre países; pero luego de reestructurada, en la actualidad no recibe casi ninguno de esos casos. Más bien, se ha convertido en un tribunal inundado de solicitudes individuales; hubo "más de 50 veces el promedio anual durante los primeros 30 años".[95] Pero los números no cuentan toda la historia. La Corte, que tiene su sede en Estrasburgo, se ha vuelto cada vez más poderosa con el tiempo, y sus decisiones se han vuelto más amplias y creativas. Hoy en día, la Corte es la "maestra inigualable de la Convención", y utiliza su poder para "edificar los derechos fundamentales europeos de una manera prospectiva y progresiva."[96] Los sistemas nacionales son "cada vez más porosos a la influencia de la CEDH y a la jurisprudencia de su Corte"; por lo que se puede decir que los países de Europa "ya no encarnan sistemas jurídicos insulares, autónomos y autodefinidos".[97]

La CtEDH es un tribunal cuyos jueces provienen de países de derecho consuetudinario, países de derecho civil y antiguos países socialistas. Uno podría preguntarse qué tan exitosos son estos jueces en trabajar juntos. Un estudio de la Corte, realizado por Nina-Louisa Arold, analizó casos sobre privacidad y derecho de familia, libertad de religión y libertad de expresión, temas que "se esperaba que fueran sensibles a las diferencias en los antecedentes y tradiciones". Pero no surgieron tales diferencias. Arold concluyó que la Corte había desarrollado una cultura jurídica común que "anula con éxito las diferencias (legales) entre sus estados miembros". Hay un alto grado de "consenso en las decisiones" que apunta a una "convergencia de puntos de vista".[98] Esta cultura común anula la línea entre el derecho civil y el derecho consuetudinario, entre las viejas y las nuevas democracias, entre los antiguos miembros del bloque soviético y Europa occidental. La razón más importante de esta convergencia, imagino, es la lealtad común a las normas del movimiento moderno de los derechos humanos. Los jueces pueden tener diferente preparación y antecedentes, pero el hecho de que fuesen nombrados para este tribunal los distingue de la mayoría de los jueces de su sociedad. Además, ya hay un cuerpo de jurisprudencia que moldea el trabajo de la Corte; también hay un "clima de colegialidad" y los nuevos jueces están "expuestos a una fuerte presión de grupos de pares". Todo esto va a crear la cultura común de la Corte.[99]

En cierto modo, entonces, la Convención es una especie de constitución, o al menos una declaración de derechos. Y la CtEDH es una especie de tribunal constitucional (aunque no exactamente, pues no puede declarar nulas las leyes, ni decir a las legislaturas lo que tienen que hacer). Y, de hecho, el derecho de solicitud individual amenaza con ahogar de trabajo a la Corte. Pero este problema, que es un problema grave, también es una señal de cuán profundamente el público acepta la Corte; y cuán profundamente la cultura de los derechos humanos ha penetrado al menos en la conciencia de la élite en Europa.

Al mismo tiempo, y durante el mismo período, país tras país ha seguido la ruta constitucional. La relación entre la Convención, la Corte, y las leyes internas de los distintos países es bastante técnica y complicada. También puede variar un poco de un país a otro. Originalmente, la Corte básicamente no tenía poder para supervisar, hacer cumplir o implementar sus fallos. Según el artículo 46 de la Convención, se supone que los Estados miembros deben cumplir los fallos de la Corte; pero no hay una manera fácil de que esto suceda. Sin embargo, en la práctica, en casi todas partes, la influencia de la Corte y sus decisiones está creciendo. Su impacto y su influencia dependen en gran medida de cada país. Rusia y Turquía plantean problemas más difíciles que, por ejemplo, Finlandia o la República Checa.

La aprobación de la Ley de Derechos Humanos ("LDH") en Gran Bretaña, en 1998, por ejemplo, reflejó el deseo de dar cabida a las decisiones de la Corte Europea de Derechos Humanos. Históricamente, Gran Bretaña se ha resistido al control jurisdiccional, que trató como una especie de herejía jurídica. Se supone que el Parlamento es supremo. Pero luego vino la CtEDH. Los súbditos británicos podían y de hecho probaron suerte con esta Corte; y a menudo con éxito. Fue este "flujo cada vez más constante de casos" en Estrasburgo lo que "más que cualquier otro hecho, impulsó la promulgación de la LDH".[100] La ley básicamente comprometía a los británicos con la Convención Europea de Derechos Humanos, y ordenaba que cualquier tribunal que se enfrentara a una cuestión "en relación con un derecho de la Convención" debía tener en cuenta cualquier "sentencia, decisión, declaración u opinión consultiva de la Corte Europea de Derechos Humanos". Además, la legislación debía ser "leída y aplicada de una manera que sea compatible con los derechos de la Convención", en la medida de lo posible. Y, en general, se declaró "ilegal" que una "autoridad actúe de una manera incompatible con un derecho de la Convención."[101] Desde el punto de vista técnico, la LDH no confiere la facultad de control jurisdiccional a los tribunales británicos. Sólo tienen poder para decir al Parlamento que alguna ley o promulgación no se ajusta a la Convención Europea de Derechos Humanos. Por lo tanto, la LDH encarna un "compromiso sutil", en el sentido de que el Parlamento tiene "el poder final sobre si cumplir con tal declaración."[102] Pero, por supuesto, se espera que el Parlamento cumpla; y si no lo hace, los súbditos británicos siempre pueden dirigirse a Estrasburgo.[103] Y la Corte Europea de Derechos Humanos, como dijimos, es sin duda un tribunal activista. Muchas de sus decisiones son tan audaces y sorprendentes como cualquier decisión de la Corte Suprema de los Estados Unidos, o la Corte Constitucional de Alemania, o los tribunales superiores de la India o Sudáfrica.[104]

Con el tiempo, también, se ha desarrollado en Europa un segundo y poderoso tribunal de derechos humanos. Este es el Tribunal de Justicia de la Unión Europea ("TJUE"). Es un órgano de la Unión Europea ("UE"). El Tribunal se creó por primera vez en 1952, en un momento en que la futura UE era simplemente la Comunidad Europea del Carbón y del Acero. El hogar permanente del TJUE está en Luxemburgo. La UE es, por supuesto, mucho más pequeña que el Consejo de Europa ("CE"): Rusia y Turquía, por nombrar dos estados importantes, no son miembros de la UE; ni Suiza ni Noruega, por tomar otros dos ejemplos. La Unión Europea fue básicamente un tipo de unión económica bastante compleja; pero ha evolucionado mucho más allá del carbón y del acero en algo muy diferente que no es fácil de explicar. No es realmente una unión política ni una federación; y ciertamente no es una unión cultural. Establece una gigantesca zona de libre comercio y todo tipo de regulaciones económicas fluyen desde Bruselas. Pero hay normas de la Unión que difícilmente pueden considerarse económicas. Sólo las democracias, países que respetan los derechos humanos, pueden entrar en este club. A ningún miembro se le permite aplicar la pena de muerte; y la abolición de la pena de muerte es una condición para unirse.

Originalmente, el TJUE decidió el tipo de cuestiones que uno esperaría del órgano judicial de una zona de libre comercio: cuestiones sobre si un país puede discriminar contra el queso producido en otro país miembro, por ejemplo. El TJUE ha evolucionado a lo largo de los años hasta convertirse en un tribunal mucho más poderoso; y se ha convertido también, en efecto, en un tribunal de derechos humanos. No se limitó a inventar un código de derechos humanos. Se basó en varias fuentes y actualmente este rol se ha fortalecido formalmente. En 2000, la UE adoptó una Carta de los Derechos Fundamentales de la Unión Europea. La Carta se basa en "valores indivisibles y universales de dignidad humana, libertad, igualdad y solidaridad"; además, está "basada en los principios de la democracia y el estado de derecho". El primer artículo anunciaba que "La dignidad humana es inviolable. Debe ser respetada y protegida". La Carta expresa muchos de los derechos fundamentales habituales: libertad de pensamiento, libertad de religión, libertad de expresión. Toda persona tiene derecho a "participar en el trabajo", a "concluir un negocio" y a poseer propiedades. Todos son "iguales ante la ley"; todas las formas de discriminación están prohibidas; la igualdad entre hombres y mujeres "debe garantizarse en todos los ámbitos". Actualmente, el estatuto jurídico de la Carta es indefinido. No es exactamente "ley", ya que nunca ha sido ratificada ni ha pasado a formar parte de la ley fundamental de la UE. Sin embargo, se reconoce más o menos como válida, si no absolutamente vinculante; y el TJUE le profesa un respeto considerable.

Por lo tanto, hay dos sistemas "paralelos" de derechos humanos o libertades fundamentales en Europa, aplicados por dos tribunales separados, que se comportan de manera diferente en diversas formas técnicas; pero, creo, están comprometidos básicamente con el mismo conjunto de valores y siguen normas bastante similares.[105] Difícilmente son competidores o rivales. La convergencia aquí resulta de la fuente habitual: los dos tribunales son parte del mismo universo social, moral y normativo, y habitan el mismo rincón del mundo moderno. Pero exactamente cómo se relaciona el trabajo del TJUE con el trabajo de la CtEDH, en qué medida se superponen; en qué medida siguen normas algo diferentes, es un tema difícil y complicado.

En *Carpenter c. Secretary of State for the Home Department* (2002)[106], el TJUE examinó el caso de una tal Mary Carpenter, que estaba apelando una orden de deportación. Carpenter era nacional de Filipinas. Entró en el Reino Unido como visitante en 1994, y se quedó más tiempo de lo permitido. En 1996, se casó con Peter Carpenter, un súbdito británico. Argumentó que el negocio de su marido le exigía viajar por la UE; y ayudó con sus hijos mientras él no estaba, de modo que deportarla restringiría los derechos de su marido en virtud de la legislación de la UE. El TJUE fue comprensivo. El derecho de la UE "ha reconocido la importancia de garantizar la protección de la vida familiar de los nacionales de los Estados miembros con el fin de eliminar los obstáculos al ejercicio de...libertades fundamentales". Separar a los Carpenter sería "perjudicial para su vida familiar y, por lo tanto, para las condiciones bajo las cuales el señor Carpenter ejerce una libertad fundamental". La Corte confirmó, en resumen, el derecho de Mary Carpenter a permanecer en Inglaterra y su propio poder para interpretar y hacer cumplir estas "libertades fundamentales".

Existen otras organizaciones regionales, que "se inspiraron en las disposiciones de derechos humanos de la Carta de las Naciones Unidas" y la DUDH. [107] Estos sistemas regionales no son en absoluto tan poderosos y activos en la aplicación de los derechos humanos como a algunos les gustaría. La razón básica no es difícil de adivinar. Los países europeos son, en su mayor parte, democracias que funcionan sin problemas. Hay excepciones, por supuesto: sería difícil poner a Rusia o Turquía en la misma categoría que Finlandia o Dinamarca. Y, de hecho, Rusia y Turquía produjeron mucho más que su parte de quejas ante la CtEDH. En general, sin embargo, los ciudadanos de Europa *esperan* democracia; y, cada vez más, esperan tribunales constitucionales y control jurisdiccional. Para la UE, la lealtad a los derechos humanos está integrada en el tejido mismo de la organización. Las mismas consideraciones, por desgracia, no son tan ciertas o, en algunos casos, no son ciertas en absoluto, en otras regiones del mundo.

Existe, por ejemplo, una Unión Africana.[108] También existe una Carta Africana de Derechos Humanos y de los Pueblos, aprobada en 1981. Casi todos los países africanos se han adherido. En la mayoría de los aspectos, la Carta no es muy diferente de otras cartas similares. Sin embargo, hace hincapié en los "deberes" en mayor medida que la mayoría de los demás, incluido el deber de servir a la "comunidad nacional," "preservar y fortalecer la solidaridad social y nacional" y "preservar y fortalecer los valores culturales africanos" (Artículo 29). Existía una Comisión Africana con algunos poderes en materia de derechos humanos; y en 1998, la Unión decidió crear una Corte Africana de Derechos Humanos y de los Pueblos. Comenzó su vida real en 2004. Otro órgano de la Unión Africana es la Corte Africana de Justicia y Derechos Humanos. Estos dos tribunales se fusionarán ahora en una sola Corte Africana de Justicia y Derechos Humanos. Es demasiado pronto para decir qué tipo de impacto es probable que tenga este tribunal. Cierto escepticismo está en orden. La mayoría de los miembros de la Unión Africana difícilmente califican como democracias, y algunos son dictaduras simple y llanamente. Se podría mencionar, sin embargo, el "Tribunal Comunitario de Justicia de la Comunidad Económica de los Estados de África Occidental ("CEDEAO")". En 2008, Hadijatou Mani demandó al gobierno de Níger, por "no implementar sus propias leyes que criminalizaron la esclavitud en 2003" y por "no haberla protegido de ser vendida a una vida de servidumbre y esclavitud sexual".[109]

Si casos como este pueden conducir y conducirán a una aplicación más vigorosa de los derechos humanos en África es una pregunta abierta. Uno también tiene derecho a ser escéptico sobre las credenciales de derechos humanos de la Liga de los Estados Árabes. La Liga ha adoptado una Carta Árabe de Derechos Humanos. Si esto ha tenido algún efecto en países como Siria o Argelia, no es visible a simple vista.

La Organización de los Estados Americanos ("OEA") ocupa una especie de término medio. La mayoría de los miembros de la OEA son democráticos. Pero cuando se fundó la OEA, difícilmente fue así; y la historia de las democracias latinoamericanas en las últimas dos generaciones no es, digamos, exactamente lineal. El camino hacia la democracia ha estado lleno de trágicos zigzags y desvíos. En un momento, no hace mucho tiempo, las dictaduras militares estaban en el poder en Chile, Argentina, Brasil y Uruguay. También hubo un gobierno de un solo partido en México, escuadrones de la muerte y grupos paramilitares en Guatemala y, por supuesto, un gobierno comunista en Cuba, muy duradero y, más recientemente, ejemplos tan inclasificables como Nicaragua o Venezuela. Hoy la situación es mejor y prometedora. Por lo tanto, puede haber un futuro para el órgano judicial de la OEA, la Corte Interamericana de Derechos Humanos ("CtIDH"). Este Tribunal existe desde 1978. Tiene siete jueces, y se encuentra en San José, Costa Rica.

Hasta este punto, no ha sido tan efectivo como uno quisiera. Pero las cosas comenzaron a cambiar con la difusión de la democracia en América Latina. La Corte decidió, en 1989, que Honduras debía pagar daños y perjuicios a la esposa y familiares de Ángel Manfredo Velásquez-Rodríguez, quien había sido arrestado sin orden judicial, torturado y luego hecho desaparecer. El dinero se pagó a la familia en los 90. En 1998, en *Blake v.* Guatemala[110] se demostró que Nicholas Blake había sido secuestrado y asesinado en Guatemala. Su cuerpo no fue encontrado hasta años después de que se lo llevaron y lo mataron. Sus familiares presentaron una acción contra Guatemala; y el tribunal decidió que Guatemala, efectivamente, había violado disposiciones de la Convención Americana sobre Derechos Humanos; y también había violado, "en detrimento de los familiares del Sr. Nicholas Chapman Blake, el derecho a un trato humano". Por lo tanto, Guatemala estaba "obligada" a pagar una indemnización a los familiares de Blake y a "utilizar todos los medios a su alcance para investigar los actos denunciados y castigar a los responsables por la desaparición y muerte del Sr. Nicholas Chapman Blake". Por supuesto, el caso no pudo devolverle la vida a Blake. Aunque la situación en Guatemala había mejorado, fue solo tras un largo y sangriento período con gobiernos que violaron de manera brutal y horrible los derechos (y vidas) de los pueblos indígenas, los líderes sindicales y a quien el gobierno considerara de izquierda.

Esto apunta a lo que Helfer y Slaughter han calificado como una "triste paradoja". Los tribunales internacionales y supranacionales son "más eficaces en los Estados que posiblemente menos los necesitan: aquellos cuyos funcionarios cometen relativamente pocas violaciones de derechos menores y menores".[111] O aquellos donde un régimen despótico ha sido reemplazado por uno democrático. Aun así, los tribunales regionales, como Helen Stacy ha argumentado, tienen algunas "ventajas institucionales únicas para resolver conflictos de derechos humanos". Están más cerca de su gente, son más capaces de juzgar las necesidades de su gente, más capaces, también, de evaluar las limitaciones de los gobiernos locales.[112] En última instancia, pueden estar en mejores condiciones para hacer frente a las tensiones entre el movimiento de derechos humanos, con sus reivindicaciones universalistas, y las culturas y tradiciones locales, con sus reivindicaciones más locales y particular.

DERECHO PENAL INTERNACIONAL

Los juicios de Nuremberg fueron un paso importante en el camino hacia lograr algún tipo de conciencia internacional de los derechos humanos. Estados Unidos, Gran Bretaña, Francia y la Unión Soviética llevaron a juicio a algunos de los principales nazis. Fueron acusados de librar una guerra agresiva y de cometer crímenes de lesa humanidad. El régimen nazi fue culpable de enormes crímenes, crímenes de brutalidad indescriptible. Había masacrado a millones de judíos, gitanos, eslavos, sin mencionar a los alemanes que se atrevieron a hablar en contra del gobierno nazi. Hubo, en ese momento, algunas críticas a los juicios de Nuremberg. Fueron condenados como una forma de "justicia del vencedor". Además, era irónico, por no decir hipócrita, tener a jueces de la Unión Soviética — otro régimen tremendamente asesino — deliberando. Los crímenes nazis fueron, sin embargo, verdaderamente, crímenes contra *la humanidad*: difícilmente eran "ilegales" a los ojos del gobierno constituido de la Alemania nazi, de hecho, fueron política de Estado.

Los juicios de Nuremberg fueron los más famosos de estos procedimientos después de la Segunda Guerra Mundial. Miles de nazis menores y colaboradores nazis también fueron juzgados, bien en Alemania o en países que los alemanes habían ocupado. Los noruegos llevaron a juicio a Vidkun Quisling, el líder títere del nazismo en Noruega — el término "quisling" de hecho llegó a significar traidor o colaborador — y ejecutaron a Quisling por sus crímenes. También hubo un juicio especial contra los médicos nazis que habían realizado experimentos crueles y a menudo fatales con judíos, gitanos, prisioneros de todo tipo y gemelos. La guerra en el Pacífico produjo su propia cosecha de juicios de guerra. El más notable de ellos fue el Tribunal Militar Internacional para el Lejano Oriente (la mayoría de la gente se refiere a esto como el "Juicio por Crímenes de Guerra de Tokio"), que se celebró en 1946 y sometió a juicio a los líderes japoneses que fueron acusados de crímenes de guerra. También hubo muchos ensayos realizados por los británicos; algunos por los australianos; otros por los chinos, y los gobiernos de otros países asiáticos que habían sido conquistados y ocupados por los japoneses. En algunos de estos juicios, los acusados fueron condenados por delitos que acarreaban la pena de muerte y luego ejecutados.

El final de la Segunda Guerra Mundial, desafortunadamente, no marcó el final de los "crímenes de lesa humanidad". La matanza de inocentes continuó: en Ruanda, en Camboya, en Bosnia, en Darfur. Los ejércitos salvajes en África Occidental cometieron terribles atrocidades: cortar las manos de las personas, violar a las mujeres, reclutar niños como soldados, masacrar a los aldeanos indefensos. Uganda sufrió bajo el sangriento y tiránico gobierno de Idi Amin. Más recientemente, el llamado Ejército de Resistencia del Señor en Uganda ha sido culpable de crímenes horribles; y en Darfur, en el Sudán, innumerables inocentes han sido asesinados o expulsados de sus hogares. Hay una Declaración de las Naciones Unidas contra el Genocidio; pero no parece actuar tanto como un elemento disuasorio. Hoy existe al menos una posibilidad de que los hombres y mujeres responsables de estos terribles crímenes puedan llevarse ante algún tipo de justicia. La Asamblea General de las Naciones Unidas convocó una conferencia en Roma, en 1998; y los países reunidos allí firmaron un tratado por el que se establecía una Corte Penal Internacional ("CPI"). Cuando 60 países ratificaron el Estatuto de Roma en 2002, éste entró en vigor. La mayoría de los países ya se han adherido; los no signatarios incluyen a China y los Estados Unidos. La Corte tiene su sede en La Haya; ha investigado una serie de crímenes de lesa humanidad y ha tomado medidas en unos pocos. En octubre de 2005, la Corte anunció que había emitido órdenes de detención contra los dirigentes del Ejército de Resistencia del Señor.[113] En 2009, emitió una orden de detención contra el Presidente del Sudán,

Omar al-Bashir, acusándolo de crímenes de lesa humanidad en relación con los trágicos acontecimientos de Darfur.[114] Al-Bashir desconoció la orden — esto era de esperarse — y tomó represalias ordenando a varias organizaciones humanitarias que abandonaran el Sudán. La decisión "abrió un feroz debate sobre si ayudará a presionar a al-Bashir...o posiblemente provocar consecuencias que dificultarán una solución".[115] Los tribunales internacionales se examinarán con más detalle en el capítulo 10.

LA GÉNESIS DE LOS DERECHOS HUMANOS

Hasta ahora, hemos observado el surgimiento de una cultura de derechos humanos. Ha sido influenciada, sin duda, por las diversas declaraciones y convenciones de las Naciones Unidas, de Europa y de otros lugares. También hay instituciones concretas — tribunales nacionales e internacionales, organizaciones internacionales, ONG — que tienen el trabajo, o el objetivo, de promover la causa de los derechos humanos. Y hemos argumentado que estamos en presencia de un *movimiento* genuino, con profundas raíces en el orden social, especialmente en el mundo desarrollado. Hablo — como debo hacerlo — sobre las instituciones jurídicas, de cómo han cambiado con el tiempo; también sobre el cambio institucional y el desarrollo. Pero más fundamentalmente, estoy hablando de cambios en la conciencia humana.

No es tarea sencilla tratar de explicar *por qué* ha surgido una cultura de derechos humanos. ¿Qué tiene el mundo en el que vivimos, que ha actuado como partera del movimiento y lo ha nutrido una vez que surgió? Algunos estudiosos han tratado de explicar el movimiento en términos de algo profunda e inherentemente humano. Todas las personas tienen que morir; todos nosotros podemos sentir sufrimiento y dolor; todos somos vulnerables de una manera u otra; y todos nosotros también tenemos la capacidad de sentir compasión o empatía por otras personas.[116] ¿Es posible que la idea de los derechos humanos se base en estos hechos profundamente humanos? Tanto yo como otras personas encontramos estas explicaciones poco convincentes. Como señala Diane Elson, si "la compasión estuviese disponible en cantidades suficientes, sería difícil advertir por qué necesitaríamos derechos humanos [formales]".[117] No hace falta ser cínico para darse cuenta de que los humanos se han estado matando unos a otros durante miles de años; y que no parece haber un final obvio para la matanza. La empatía apenas parece prevenir el genocidio. Y aunque, sí, todos somos pobres sufrientes y seres humanos vulnerables (algunos más que otros), esto tampoco parece quedarse en las manos empapadas de sangre de los opresores. Con demasiada frecuencia, son los más vulnerables los que corren más riesgo de perder sus derechos o de no conseguirlos en primer lugar. Una suposición más probable, como dice Michael Ignatieff, es que los derechos humanos son un "intento sistemático de corregir y contrarrestar las tendencias naturales que descubrimos en nosotros mismos como seres humanos".[118]

Parece imposible, entonces, cimentar la conciencia moderna de los derechos en algo universalmente humano. La conciencia de los derechos parece obviamente arraigada en la historia. Lynn Hunt ha tratado de basar el movimiento en la empatía humana y la psicología, pero de una manera sofisticada e histórica. Su relato se basa en el surgimiento de "nuevas experiencias culturales" a partir del siglo dieciocho — ella encuentra evidencia en las novelas de la época; y en el movimiento contra la tortura. Ella argumenta, de hecho, que "leer relatos sobre tortura o novelas epistolares tuvo efectos físicos que se tradujeron en cambios cerebrales y volvieron a salir como nuevos conceptos sobre la organización de la vida social y política". Las nuevas experiencias condujeron a la "empatía", que "a su vez hizo posible nuevos conceptos sociales y políticos (derechos humanos)".[119] Es una hipótesis intrigante que ella fundamenta en un profundo estudio histórico. Demasiado profundo, quizás. El crecimiento de los derechos humanos y la conciencia de los derechos humanos, en los últimos 60 o 70 años, difieren radicalmente de cualquier concepto en los pensamientos y usos de los siglos dieciocho y diecinueve. En los últimos años, el movimiento de derechos humanos salió de su capullo. La pregunta es, ¿por qué? Por supuesto, el pasado proyecta una larga sombra. Pero una explicación completa, me parece, tiene que centrarse en ayeres más recientes que los de Hunt.

Existe una enorme literatura sobre la "universalidad" de los derechos humanos.[120] En cierto nivel, es claramente erróneo afirmar que los derechos humanos — o cualquiera de ellos — son inherentes, atemporales y universales, así como parece claramente erróneo basarlos en algo del genoma humano. Si estos derechos eran verdaderamente inherentes y atemporales, ¿por qué tuvimos que esperar tantos largos años tristes, tantos siglos y épocas, antes de que explotaran en medio de nosotros, e incluso entonces, difícilmente universalmente? Por el contrario, aunque todas las sociedades probablemente han tenido alguna idea de los derechos, y los códigos de derecho se remontan muy atrás en la historia, junto con nociones equivalentes al estado de derecho. Pero el movimiento de derechos hoy en día y el catálogo general de derechos parecen un producto de una sociedad moderna e incluso contemporánea.

Los derechos humanos no son universales en algún sentido filosófico o absoluto, o antropológico, y evidentemente no son universales en ningún sentido histórico. Sin embargo, pueden ser universales en el sentido de que hay una norma social, una idea, un concepto en millones de mentes, que *los trata* como universales, los considera universales, los etiqueta como universales. Las masas de personas *en nuestro mundo contemporáneo* creen *sinceramente* en un menú de derechos humanos, y esa creencia probablemente incluye alguna noción de universalidad, es decir, que estos derechos pertenecen o deberían pertenecer a todos en la tierra. Esta norma social parece ser bastante general entre las personas en las sociedades desarrolladas. También parece estar extendiéndose rápidamente a millones de personas en otros países, personas que viven una vida de clase media en tales países; pero también a más y más personas ordinarias.

Buscamos, pues, una explicación de algo bastante básico para la modernidad. Sin duda, el movimiento de derechos humanos y las normas de derechos humanos provienen de una multitud de fuentes. Pero a mí me parece que *el individualismo* moderno y, especialmente, el individualismo *expresivo* deben ser un factor importante. Está más allá del alcance de este libro (y más allá de mis habilidades) profundizar en qué hace que el mundo moderno sea lo que es, lo que lo hace distintivo y sin precedentes; e incluso no se puede discutir las diversas formas de las personalidades modernas. Pero la fuerte atracción del individualismo sobre las personas en los países ricos y desarrollados (si no también en otros lugares) me parece un hecho obvio. El hombre o la mujer típicos de hoy, en Francia o Nueva Zelanda o incluso en Japón, tiene un sentimiento de individualidad o singularidad; él o ella se siente más separado, más desconectado de alguna masa o clan o tribu que las personas en tiempos antiguos o diferentes; tal vez desconectado incluso de la familia, al menos de la familia extendida. Para citar a Cosmo Howard, debido a "los cambios provocados por la modernización social en el siglo XX", las vidas de las personas "han sido desprendidas de los lazos de la tradición familiar y los colectivos sociales"; a las personas se les ha dado "un mayor control y responsabilidad sobre sus propias vidas".[121] Cada uno de nosotros es único, distinto; cada uno de nosotros tiene su propio genoma, sus propias huellas dactilares y nuestro propio potencial humano. Esto lleva a la idea de que "cada ser humano es un sujeto que tiene derecho a participar en las decisiones que rigen su vida".[122]

Paradójicamente, la comprensión de que cada uno somos únicos y diferentes lleva a exigir que todos debemos ser iguales, tratados por igual, dadas las mismas oportunidades en la vida. El resultado *político* del individualismo moderno es la demanda de democracia, igualdad ante la ley y, en cierto sentido, igualdad de oportunidades. Tal vez fueron solo los hombres, al principio, los que se sintieron así con fuerza; pero ahora también son las mujeres, al menos en la mayoría de los países democráticos. Y de manera similar para las minorías, los grupos étnicos y también las llamadas minorías sexuales y ancianos e hijos ilegítimos, y las personas discapacitadas; en resumen, casi todos. Y parece haber pocas dudas de que el movimiento de derechos humanos, y el énfasis de la sociedad moderna en los derechos humanos fluye directamente de esta inclinación hacia el individualismo — para ser más preciso, lo que se ha llamado individualismo expresivo. El individualismo expresivo, tal como lo define Robert Bellah, es esa forma de individualismo que "sostiene que cada persona tiene un núcleo único de sentimiento e intuición que debe desarrollarse o expresarse si se quiere realizar la individualidad". El "sentido de la vida" es "convertirse en la propia persona, casi como dar a luz a uno mismo."[123]

Sin duda, el individualismo como tal no es una idea nueva. Probablemente tenga poco sentido hablar de individualismo entre los isleños de las Andamán, o los antiguos hititas; y también quizás entre los habitantes de la Suecia medieval. El siglo diecinueve ofrece una historia diferente. Pero, como Michael Les Benedict ha dicho, aunque los victorianos eran "individualistas en el sentido de que consideraban a cada persona como un agente moral libre", "no eran individualistas en el sentido moderno. No concedieron a cada persona el derecho a vivir libremente de acuerdo con su propio código moral".[124] El individualismo del siglo diecinueve fue un individualismo de mercado y vida económica; también se extendió a algunos aspectos de la vida política y religiosa.

El individualismo moderno es claramente diferente y va mucho más allá. Es el individualismo de lo "mejor personal"; del "haz lo tuyo". ¿Y de dónde vino esto? Claro que no es fácil de explicar. Una forma de buscar una respuesta es averiguar la historia intelectual; escanear las obras de grandes pensadores y filósofos, y examinar la tendencia de sus pensamientos, su influencia entre sí y cosas por el estilo. Pero prefiero creer en estos pensadores y en sus ideas como efectos, en lugar de causas. Sistematizan, profundizan, exploran ideas y las desarrollan; se influyen mutuamente; quizá sus ideas se filtran a un público más general (o no); pero su forma general, las suposiciones que las animan, provienen del entorno social, y no a la inversa.

Las ideas y conceptos dominantes son productos de la sociedad. Lo que hoy se da por sentado era impensable ayer, pero también parecerá completamente ridículo en los siglos venideros. Los genios del siglo diecisiete, que escribieron sobre filosofía moral o ética, no tenían ningún concepto del tipo de igualdad que cualquiera hoy en día considera bastante natural. ¿Qué hizo que durante siglos casi todos los hombres y mujeres fueran ciegos a la idea misma de los derechos de las mujeres? ¿Cómo es que los grandes filósofos realmente creyeron en el derecho divino de los reyes? ¿Qué creencias de hoy parecerán absurdas dentro de doscientos años? Por lo que sabemos, eso podría incluir algunos de los conceptos más axiomáticos de los derechos humanos.

En cualquier caso, cualquier relato sobre la cultura moderna tiene que prestar atención a qué es lo que hace que la sociedad moderna sea distinta. Y esto incluye la revolución industrial, el surgimiento del capitalismo, y esa otra revolución, la revolución científica y tecnológica. Exactamente cómo se relacionan con la cultura jurídica nunca es tan obvio. Pero me parece casi axiomático afirmar que la cultura jurídica no es autónoma; que está moldeada por la cultura general, y por la estructura general de la sociedad. Si la cultura jurídica enfatiza al individuo desnudo, no es por sus propias tradiciones, sino por lo que está sucediendo en la sociedad que lo rodea.

El capitalismo pone mucho énfasis en producir y consumir. Y la publicidad es una característica llamativa y omnipresente de cualquier economía capitalista. La publicidad está en todas partes, en el aire, en la prensa, en Internet, y en vallas publicitarias, bancos de parques, en autobuses, en cualquier lugar donde se le pueda insertar. La publicidad se alimenta y ayuda a crear una personalidad profundamente *individual*. El mensaje de la publicidad, independientemente del producto, siempre está dirigido al individuo. Puedes volverte más rico, mejor, más fuerte, más sexy, si compras tal o cual producto; o si haces tal o cual cosa. No importa si le piden que compre pasta de dientes, se una a la marina o vote por un determinado candidato político. El mensaje va dirigido a cada oyente o espectador, uno por uno. Incluso los anuncios de valores y formas de vida tradicionales, anuncios patrocinados por la Iglesia de los Santos de los Últimos Días o la Iglesia Católica, no pueden evitar este aspecto de la vida moderna. Y, de hecho, la publicidad y la sociedad de consumo son, en efecto, enemigos mortales de los valores tradicionales y de las formas de vida tradicionales.

El punto no es que *la publicidad cree* individualismo; sino que se alimenta de él, lo presupone. Supone que los consumidores tienen opciones y algo de dinero para gastar. *El ocio* también juega un papel fundamental en la sociedad moderna. La persona promedio en, digamos, los Países Bajos o Australia ya no está luchando por la pura supervivencia. La vida puede ser dura, y no sólo para los pobres. La gente tiene que luchar para lograr sus objetivos. Sin embargo, hay tiempo de vacaciones para la mayoría de las personas, hay domingos, sábados y días festivos, y típicamente una semana de 40 horas; sin mencionar la jubilación a una edad relativamente temprana (y muchos años de vida después de eso, gracias a la medicina moderna). La gente ya no tiene que trabajar hasta que muera. Millones de personas tienen algo de dinero, más allá de lo que necesitan para mantener el cuerpo y el alma juntos. Más allá de la semana laboral de cinco días, la jornada de ocho horas, y el trabajo de once meses, hay todo ese tiempo libre; y ese tiempo libre se llena de deportes, pasatiempos, compras, arreglar la casa. Durante el tiempo de vacaciones, las personas pueden viajar, y millones de ellas lo hacen; pueden ir a la playa o a la montaña o visitar ciudades históricas. Las personas también pueden unirse a todo tipo de organizaciones y perseguir todo tipo de intereses, religiosos, sociales, intelectuales o simplemente de diversión. Por supuesto, hay una enorme cantidad de trabajo no remunerado dentro de la familia; y muchas familias tienen que duplicar los empleos para mantener sus cabezas fuera del agua. Pero esto todavía significa, colectivamente, millones de horas de ocio, llenas de pasatiempos y, sobre todo, con formas de entretenimiento: televisión, conciertos, películas, videojuegos. Incluso ir de compras y arreglar la casa son, para muchas personas, una forma de diversión. En muchos países, el entretenimiento, en su sentido más amplio, es quizás la industria más grande. Y el ocio significa la oportunidad para desarrollarse, para darse cuenta y cumplir con la propia singularidad. Y esto, también, oblicuamente, conduce a un sentido de derecho, un sentido de derecho fundamental. La conexión entre la riqueza, la democracia y el individualismo está bien establecida: "A medida que los crecientes recursos socioeconómicos amplían la gama de actividades que las personas pueden elegir, los valores de autoexpresión amplían la gama de actividades a las que aspiran". Y a medida que aumentan los "valores de autoexpresión", las personas exigen a "las instituciones que les permitan actuar de acuerdo con su propia elección"[125] y esto significa instituciones que fomenten los derechos humanos.

El individualismo es, por lo tanto, un concepto clave para mí. Y la elección individual. La singularidad de cada uno de nosotros. Elaborar nuestras propias vidas, tanto como podamos, en la dirección que elijamos. Sin embargo, la gente a menudo dice que vivimos en una era de conformidad: que las personas son como ovejas, que viajan en manadas, esclavas de la moda y cosas por el estilo. El sociólogo David Riesman, en su famoso libro *The Lonely Crowd* (1950), afirmaba que las personas de su época se habían vuelto en "dirigidas por otros", es decir, se ajustaban a las normas de sus compañeros; corrían con la manada.[126] Esto contrastaba con un período anterior, cuando las personas estaban "dirigidas internamente", cuando seguían las normas implantadas en ellas durante la infancia: normas de trabajo duro, virtud, y así sucesivamente.

El argumento de Riesman evidentemente tiene algo de cierto; y más aún hoy. Las modas se propagan a la velocidad de la luz. De repente, todo el mundo lleva pantalones vaqueros azules ajustados; luego, de repente, vaqueros azules holgados. El correo electrónico y el Internet difunden chistes, modas, ideas y comentarios a la velocidad de la luz. El poder misterioso e invisible del grupo de pares dicta lo que la mayoría de la gente usa, come, piensa y hace. Pero si Riesman tiene o no razón sobre un cambio de "dirección interna" a "otra dirección", y si tiene razón sobre la conformidad desenfrenada de la vida moderna, la conformidad, paradójicamente, implica libertad de elección. El hombre o la mujer modernos, o el niño o la niña, no importa cuánto corran con la manada, al menos pueden elegir con qué manada correr. Se conforman; pero primero viene la decisión (consciente o inconsciente) sobre a *qué* conformarse. Nadie habla de "conformismo" al describir una sociedad tribal en medio de la selva amazónica. El "conformismo" en esa sociedad se da por sentado. Nadie en la tribu "elige" ser lo que él o ella es, excepto dentro de rangos muy estrechos. Por lo tanto, por extraño que parezca, el "conformismo" en la sociedad moderna es un aspecto del individualismo moderno, precisamente porque es mucho más una cuestión de elección de lo que habría sido en los viejos tiempos, o incluso en el siglo diecinueve. Las personas "otras-dirigidas" pueden ser "otras" de muchas maneras. Pueden seguir a un gurú, pueden ser *groupies*, pueden ser miembros de fiestas, clubes, sociedades, pueden vestirse como estrellas de cine o tenistas; pueden decidir ser vegetarianas o veganas; y así sucesivamente. Ser "individual" no es lo mismo que ser creativo y original. Las "otras" personas de Riesman encajan cómodamente en sociedades dominadas por el individualismo expresivo.

La libre elección implica otra paradoja. Una amplia área de elección parece ser una realidad en las sociedades modernas. Sir Henry Maine, en el siglo diecinueve, describió la evolución del derecho como un movimiento del estatus al contrato. Y contrato significa elección. En las sociedades desarrolladas modernas, por ejemplo, las familias ya no conciertan matrimonios. Hombres y mujeres se eligen mutuamente. Se casan por amor, y se divorcian por desamor. Los hijos de carpinteros no se convierten en carpinteros a menos que quieran. Los padres que esperan que sus hijos sean médicos descubren que en su lugar han producido músicos de rock o *geeks* informáticos. Un joven italiano se recoge y se convierte en camarero en Londres. Un hijo de devotos católicos romanos se convierte en budista y viaja a la India en busca de orientación espiritual.

El individualismo moderno, como una creencia, una norma, una idea que revolotea en las cabezas de las personas, enfatiza la elección individual y la coloca en el centro mismo de la vida de las personas. Pero las ciencias sociales modernas nos enseñan que la elección, de manera importante, es una ilusión. Creemos que elegimos, pero las fuerzas sociales, inodoras, incoloras e insípidas, dictan muchas de nuestras elecciones. Somos como marionetas inconscientes de las cuerdas en nuestros brazos, piernas y cabeza; sin darnos cuenta, también, del titiritero que está moviendo los hilos. Compro un par de zapatos en una zapatería. Elijo el zapato, o si comprarlo; Yo elijo el color, el estilo. Pero en su mayor parte olvido o ignoro el hecho de que solo hay una gama estrecha de zapatos disponibles. Mis elecciones están limitadas de una forma importante. Lo mismo es cierto para los alimentos que como, los programas que veo en la televisión y tantos otros aspectos de la vida. Por así decirlo, elijo lo que quiero del menú; pero no elijo el menú en sí. Costumbres, normas, tradiciones, modas que actúan por debajo de mi nivel consciente influyen en todo, incluso en mis elecciones entre las cosas que *están* en el menú. Todo esto es bien conocido y obvio para los científicos sociales. Pero la gente común no son antropólogos o sociólogos; y pasan por la vida sin tener en cuenta estas limitaciones.

Eso no significa que la elección sea una ilusión; seguramente no lo es. Una familia de clase media en Suiza, a principios del siglo veintiuno, tiene una gama de opciones con que los siervos medievales nunca soñaron; e incluso van mucho más allá de lo que estaba disponible para los suizos del siglo diecinueve. La elección puede ser más extensa en algunas sociedades, y menos en otras; puede ser valorada de manera diferente por diferentes grupos, incluso dentro de una misma sociedad.[127] Puede también haber barreras rígidas para estas opciones; pero dentro de los límites, el menú es rico y complejo. El poder de la tradición, el poder de la familia extendida — estos han disminuido dramáticamente. Los jóvenes en las sociedades modernas desarrolladas disfrutan de un grado de movilidad e independencia sin precedentes. Pasan más tiempo solos antes de casarse; están menos aislados; sus relaciones personales a menudo representan una ruptura brusca con lo que una vez se consideró normal o aceptable. Por ejemplo, millones de jóvenes en los países desarrollados viven juntos sin casarse; entran libremente en relaciones sexuales y las abandonan con la misma libertad. Algunas de estas relaciones son entre dos hombres, o dos mujeres.[128]

Pero los cambios — tengo que repetir — son *cambios relativos*, no absolutos. Y, por supuesto, no somos solo individuos que flotan libremente. Somos animales sociales. No podemos prosperar de forma aislada. Viajamos en manadas. Tenemos familias, tenemos amigos y vecinos, tenemos vínculos estrechos y no tan estrechos con otras personas, tenemos afiliaciones grupales. Pero todo esto notablemente menos que antes; y menos vinculante; y menos fijo para nosotros de antemano. Las opciones son mayores, más amplias que nunca. Y el impulso de alcanzar la "mejor marca personal", sea lo que sea, también es mayor, más amplio que antes.

Los derechos de diversos tipos parecen necesarios para el individuo moderno, precisamente por ese individualismo. Cada vez más personas están solas, desarraigadas, a la deriva. El individualismo tiene sus recompensas, pero también sus riesgos y sus desventajas. La vida "pierde su calidad evidente". Hay otra cara de la moneda: el individualismo no es sólo "autonomía, emancipación...libertad y auto liberación". También es anomia; y el riesgo siempre presente de caída y fracaso.[129] Y en caso de fracaso, el individuo no puede contar tanto con la familia, los amigos ni su grupo primario. El individuo debe recurrir a la sociedad, incluido el catálogo de los derechos humanos. Por lo tanto, los derechos humanos ocupan una doble posición en la sociedad moderna: en primer lugar, el individualismo expresivo *implica* igualdad y el derecho a ser lo que elijamos; este es un factor liberador. Los derechos, sin embargo, también son un factor de protección, una red de seguridad. Existe el derecho a intentar caminar por la cuerda floja; y el derecho a atender sus necesidades si se cae.

Por supuesto, la forma exacta que toma el individualismo moderno varía de una sociedad a otra. En los Estados Unidos, es poco probable que los jóvenes que tienen, digamos, 25 años, especialmente los hombres jóvenes, vivan con sus padres. De hecho, si pasan los años y un hombre soltero todavía vive con su madre y su padre, la gente es propensa a preguntarse: ¿qué le pasa? Se espera que los adultos jóvenes salgan volando del nido y hagan sus propias vidas. Esto refleja un dialecto particular de la cultura del individualismo. Una película francesa de 2001, *Tanguy*, trataba sobre la situación (cómica) de un hijo adulto que vive en casa y cuyos padres quieren desesperadamente que se mude. Una película estadounidense de 2006, *Failure to Launch*, versaba sobre el mismo tema: Tripp, que tiene más de treinta años, vive con sus padres, que están extremadamente ansiosos por deshacerse de él. Contratan a una mujer para que les ayude (por supuesto que los dos se enamoran). Uno se pregunta qué haría la gente en Italia, Grecia o España con estas películas. En esos países, un joven soltero probablemente seguiría viviendo con madre y padre; y una mujer soltera sería aún más probable. En España, a partir de 1994, el 79% de los hombres que tenían más de 20 años y no estaban casados vivían en casa; la cifra para el Reino Unido era del 36%, para Francia, del 41%.[130] Italia, Grecia y España ciertamente comparten la mayoría de los aspectos de la cultura moderna y del individualismo moderno, pero la forma precisa de su dialecto de la modernidad no es la misma que en Suecia, los Estados Unidos o el Reino Unido.

Utilicé el término “dialecto” con prudencia. “Dialecto” no tenía una definición precisa y fija en la lingüística. La gente lo suele usar para describir formas de habla diferentes, pero no tan diferentes de alguna norma general. Nadie podría dudar de que hay dialectos culturales. Parece que las culturas modernas, en general, se están moviendo hacia la convergencia. Esto es más obvio en los países ricos y desarrollados. La cultura japonesa, sin duda, no es idéntica a la cultura de España, de Israel o los Estados Unidos. Hay muchas e interesantes diferencias; sin embargo, estas diferencias deben verse en un contexto de creciente convergencia.

El pensamiento económico clásico (y moderno) presupone una cierta teoría del comportamiento individual. Esta teoría, en muchos sentidos, se conecta con el individualismo discutido aquí, histórica e intelectualmente. Pero a diferencia de algunos economistas, no asumo que la forma en que las personas se comportan fluya de algo tan fundamental como la "naturaleza humana". Debo asegurarme de hacer suposiciones sobre lo que la gente piensa y cree, y cómo se comportan. Y el "pueblo" en cuestión son las masas de personas, en su mayoría de clase media, en sociedades ricas y desarrolladas, en su mayor parte. No hay suposición de que las personas sean siempre o incluso en su mayoría racionales, o que tiendan a maximizar su propio interés. A veces lo hacen y no. Pero sí sienten firmemente que tienen ciertos derechos, o deberían tenerlos; y estos derechos fluyen de ideas arraigadas, entre ellas la noción de que cada uno de nosotros es un individuo único, dotado con el derecho de desarrollarnos como deseemos, y de elegir la forma de vida que preferimos.

No cabe duda de que el movimiento de derechos humanos no solo es global en sí mismo; está inseparablemente conectado a la globalización. Se está llevando a cabo un sano debate sobre si la globalización es buena o mala para los derechos humanos. El lado negativo se basa en las críticas habituales a la globalización: algunas personas ven con alarma el poder global de las corporaciones multinacionales, por un lado; y están consternadas por la "McDonaldización" de la cultura. Pero el lado positivo también tiene un caso sólido. Rhoda E. Howard-Hassmann, en un ensayo provocador, llama a la globalización la "segunda gran transformación", y señala algunas de las consecuencias para los derechos humanos: para empezar, el "mundo entero está ahora limitado — en mayor o menor medida — por el régimen de los derechos humanos, por un conjunto de normas y leyes que la mayoría de los países han dicho formalmente que respetan". Sospecho que el "régimen internacional de derechos humanos" no es una limitación; pero, como ella señala, la globalización "acelera" el acceso de las personas "a la idea misma de los derechos" en todas partes del mundo. La "evolución de una red global de comunicaciones"

— especialmente el correo electrónico e Internet — lo provoca. Y la red de comunicaciones, "a su vez permite la formación de los movimientos sociales globales en favor de los derechos humanos". Los movimientos de derechos humanos "se han beneficiado de la facilidad de viajar y las comunicaciones".[131]

Que este factor haya tenido una enorme influencia en el movimiento de derechos humanos parece innegable. Paul Gordon Lauren lo ha dicho muy elocuentemente: la tecnología, dice, ha "creado armas peligrosas". Esto es verdaderamente cierto: los dictadores de hoy tienen a su alcance poderes de represión y armas de destrucción masiva que los dictadores más antiguos nunca tuvieron a su disposición. La nueva tecnología también es una amenaza para la privacidad. Pero, por otro lado, también representa una amenaza mortal para los "atroces violadores de los derechos humanos", que "prosperaron en la oscuridad, en la distancia, en la ignorancia y la superstición, en el silencio y en su capacidad de ocultar y negar información". Sus enemigos son los teléfonos celulares, las máquinas de fax, las computadoras, los escáneres y las cámaras, que pueden "anular el control de los medios gubernamentales...romper la ignorancia y la incredulidad, convertir el silencio en debate" y correr la voz. El mundo sabe inmediatamente cuándo una niña en Pakistán "es castigada con violación en grupo", cuando una mujer nigeriana es condenada a ser apedreada, cuando un padre desaparece "a manos de las fuerzas de seguridad colombianas" o un "preso de conciencia es torturado en Irak".[132] Otra cuestión es si habrá recursos o soluciones. Pero sin la tecnología, el movimiento de derechos humanos no podría movilizarse para la acción.

4 Sobre la Religión Moderna

En las constituciones del mundo, la libertad de religión generalmente se enumera como un derecho básico de los ciudadanos. Probablemente cada declaración de derechos humanos, cada carta de derechos humanos, cada declaración de derechos nacional y provincial incluirá la libertad de religión. El derecho a venerar como una persona lo considere oportuno. El derecho (igualmente importante) a *no* venerar. Los Estados Unidos están formalmente comprometidos con la separación entre la iglesia y el estado. La Declaración de Derechos ha sido interpretada así. Hay, técnicamente, una iglesia establecida en Gran Bretaña. Pero esto parece tener poco o ningún significado en estos días. La idea de que la Reina Isabel II fuese la cabeza formal de un establecimiento eclesiástico debía parecer arcaica y un poco absurda. En otros países europeos, hay una iglesia "estatal" o "nacional" (esto ocurre en Suecia); pero nuevamente, ello no tiene ningún significado práctico; las personas en Suecia pueden elegir la religión o no religión que deseen.

La libertad de religión encarna una paradoja profundamente arraigada. Muchas religiones adoctrinan, que solo ellas, son la verdadera fe — el catolicismo y el islam, entre otros. Teológicamente, hay matices y gradaciones a esta idea; pero poca duda con respecto a su núcleo. Cualquier doctrina de este tipo coexiste muy incómodamente con la libertad de religión. Lógicamente, una persona puede creer que su fe es la única verdadera y al mismo tiempo ser tolerante con otras religiones. Esta persona puede lamentar que otros estén persiguiendo falsos dioses; podría preocuparse por el futuro de sus almas; pero al final termina pensando que es un asunto de cada uno. Psicológicamente esto no siempre es posible. En un país musulmán conservador — Arabia Saudita es un buen ejemplo — la libertad de religión no existe; y la apostasía es un crimen serio. La interpretación saudí del islam no acepta la idea de que un musulmán tenga derecho a cambiar de religión.[133] Los judíos ortodoxos en Jerusalén a veces arrojan piedras a las personas que conducen automóviles en el día de reposo; y les gustaría que el gobierno israelí prohibiera la venta de carne de cerdo, entre otras cosas. La situación en los países desarrollados, en general, es mucho más tolerante. La libertad de practicar cualquier religión, o ninguna, y de cambiar de religión, es una norma bien establecida.

Durante los últimos dos siglos, más o menos, el papel de la religión como una fuerza en la vida de las personas ha entrado em declive, de cierto modo. Hoy en día, en un buen número de países europeos y asiáticos, la religión no es un factor muy significativo. Por otro lado, en los últimos años, las religiones profundamente conservadoras y fundamentalistas parecen estar ganando fuerza. Ciertamente están ganando en número. En América Latina, los grupos protestantes evangélicos plantean un verdadero desafío a la fe católica tradicional de la población. Se podría agregar que los radicales islámicos son una fuerza en el mundo moderno, una fuerza muy temida. En Israel, los judíos ultraortodoxos están aumentando su participación en la población, en parte porque tienen muchos hijos. El fundamentalismo hindú es cada vez más un factor para tener en cuenta en la India. Hasta ahora, ningún país desarrollado tiene una mayoría fundamentalista. Es imposible anticipar si este seguirá siendo el caso.

El resurgimiento del islam militante y ultraconservador preocupa al mundo en desarrollo. Cualquier movimiento que produzca jóvenes que se inmolen, en lugares conspicuos, en nombre de la religión; o que secuestren aviones y los estrellen contra edificios, no puede ser desestimado. El radicalismo islámico no preocuparía a Occidente si los radicales se quedaran en los países islámicos. Pero a veces abandonan esos países, para infligir los dolores de la yihad a Occidente. Además, la mayoría de los países europeos hoy en día tienen minorías musulmanas considerables y crecientes. La asimilación a la cultura dominante parece proceder con gran lentitud. Un pequeño, pero preocupante grupo marginal está dispuesto a usar la violencia en una especie de guerra contra Occidente, en particular contra el país occidental en el que viven, como recompensa por crímenes reales e imaginarios contra el mundo islámico.

En cierto modo, el fundamentalismo parece ser un retroceso a la Edad Media. Después de todo, los cristianos quemaron herejes en la hoguera; lanzaron cruzadas para expulsar a los musulmanes de la Tierra Santa y establecer sus reinos cristianos. En España, durante los siglos quince y dieciséis, los judíos y los musulmanes se vieron obligados a convertirse, irse o enfrentar consecuencias mortales. Los fundamentalistas islámicos militantes parecen arcaicos e inquietantes. Que ellos rechazan a Occidente, su secularismo y su inmoralidad es cierto, pero no tan importante en sí mismo. Las personas profundamente religiosas siempre han sido capaces de rechazar lo que es mundano y volverse hacia adentro. Hay monjes budistas y monjas católicas que se enclaustran lejos del mundo grande y malo. Hay judíos ultraortodoxos en Israel que se niegan a reconocer al estado de Israel (porque el Mesías aún no ha venido) y que incluso se niegan a hablar hebreo, por considerar que ello mancharía la lengua santa. Viven, más o menos, en un mundo propio. Hay pequeños grupos en los Estados Unidos, como los Amish del Viejo Orden, que rechazan la electricidad, el automóvil, las computadoras y la mayoría de los símbolos de la modernidad. Pero ningún miembro del Antiguo Orden Amish se inmoló en protesta contra nada; y ciertamente ningún miembro trató de masacrar a personas al azar en este mundo malvado; ninguna monja de clausura se desembocó y envió a los pecadores al infierno.

Los fundamentalistas no se limitan a rechazar al Occidente y a la sociedad moderna; se sienten amenazados por ella, e impulsados a resistir. La causa de Dios, creen, exige un contra movimiento violento, una "yihad", una guerra contra los infieles y todas sus obras. En sus métodos (teléfonos celulares, bombas, lanzamientos de videos) acogen la tecnología del mundo secular y tratan de volverla contra sus creadores. Estos movimientos no retroceden; más bien, pretenden conquistar. Como ha señalado Shmuel Eisenstadt, estos grupos, a pesar de que se "promulgan como ostensiblemente antimodernos, o más bien anti-Ilustración", son en gran medida parte del mundo moderno; están tratando de "establecer un nuevo orden social", con raíces en principios revolucionarios, "ideológicos y universalistas". Ellos rechazan el nacionalismo riguroso o la identidad étnica rigurosa.[134] Son claramente globales. Se niegan a aceptar la libertad de religión y gran parte del catálogo moderno de los derechos humanos. Pero estas doctrinas les proporcionan una apertura, una plataforma, una oportunidad. La tolerancia y el pluralismo religiosos — sus enemigos jurados — les dan la oportunidad de crecer; ciertamente en el mundo desarrollado.

La Paz de Augsburgo (1555) estableció el principio, *cuius regio, eius religio,* es decir, la religión de cada príncipe alemán determinaría la religión de sus súbditos; los súbditos de un protestante serían protestantes; si él fuera católico, ellos también lo serían. La Paz de Westfalia (1648) confirmó este arreglo. Pero no todos los países y principados eran religiosamente uniformes. Tampoco este principio puso fin a la persecución religiosa ni a la guerra religiosa. El principio de la libertad de religión progresó lenta pero perseverantemente en Europa. Hoy está firmemente arraigado en todas las sociedades democráticas; y es una libertad, no a nivel del príncipe o del Rey o del gobierno, sino a nivel del individuo.

En la Europa moderna, la afluencia de musulmanes, en su mayoría del norte de África, ha producido una nueva situación. Los musulmanes son problemáticos, no porque no sean cristianos (tampoco son judíos ni budistas), sino porque algunos de ellos son demasiado celosos para los gustos europeos; y porque la gente en el país anfitrión teme que algunos musulmanes no puedan asimilarse ni lo harán, y de que puedan convertirse en enemigos, incluso de carácter violento contra la sociedad. Por supuesto, Europa tiene una larga historia de antisemitismo; y el régimen de Hitler masacró a millones de judíos de Europa. El antisemitismo no ha muerto; pero ha disminuido enormemente, y no es un factor importante en la política de los estados europeos. Las poblaciones musulmanas, por otro lado, son definitivamente vistas como problemáticas. La controversia sobre las niñas musulmanas y sus pañuelos en la cabeza en las escuelas francesas es un síntoma de un profundo malestar nacional. También en Inglaterra, la vestimenta musulmana ha suscitado una discusión. Jack Straw, el ex secretario de Relaciones Exteriores, habló en contra de la "costumbre islámica de usar un velo facial completo". Llamó a esta costumbre una "declaración visible de separación y de diferencia".[135]

Los estadounidenses podrían preguntarse de qué se trata el alboroto. Pero el "debate aparentemente trivial sobre lo que usan las mujeres" esconde, según un observador canadiense, un tema más profundo. Muchas, si no la mayoría de las principales religiones del mundo señala, "insisten en que las mujeres deben estar cubiertas, que deben vestirse modestamente". En términos generales, los hombres están exentos de este requisito. El "debate sobre la modestia...es un sustituto de un...debate sobre la igualdad de las mujeres".[136] Hay muchas maneras de interpretar la costumbre de usar velos, pañuelos en la cabeza y cubiertas de cuerpo entero. Pero la costumbre acentúa una diferencia de género y para la mayoría de las personas implica una posición de subordinación para las mujeres. Aquí hay un conflicto entre los principios religiosos — si no los derechos religiosos — y uno de los principios fundamentales del movimiento de derechos humanos.

Tal vez una de las razones por la que los europeos encuentran a sus nuevos vecinos musulmanes tan inquietantes es porque estos musulmanes son muy devotos. En el mundo europeo, la religión ha perdido gran parte de su poder, y su control sobre la sociedad se ha vuelto bastante tenue. Los datos de la encuesta encuentran tasas muy bajas de asistencia a la iglesia en algunos países europeos: 5% en Noruega, 14% en la República Checa, 16% en Suiza.[137] Otros países tienen tasas más altas; o al menos se lo dicen a las personas que realizan las encuestas. En Irlanda, se informa que la asistencia a la iglesia es del 84%; en Polonia, el 55%, en Italia el 45%.

Aun así, los Estados Unidos parecen estar en una categoría completamente diferente — no con respecto a la asistencia a la iglesia — con respecto al poderoso papel que desempeña la religión en la vida de un gran número de personas. La Encuesta Mundial de Valores, al final del siglo veinte, incluyó la pregunta: "¿Qué tan importante es Dios en tu vida?" En Japón, solo el 6,9% dijo "muy importante"; en Suecia, el 9%; en Estados Unidos, el 58,3%. En respuesta a la pregunta, ¿crees en Dios?, poco más de la mitad en Japón y Suecia dijeron que sí; en Estados Unidos, el 95,6%. Cuando se les preguntó: "¿Eres una persona religiosa?", en Japón el 26,5% dijo que sí; en Suecia, el 38,9%; en Estados Unidos, el 82,5%.[138] Millones de estadounidenses se jactan de tener una experiencia religiosa real y personal.

Por lo tanto, Estados Unidos parece ser un verdadero caso atípico, entre los países ricos y desarrollados. Pero la religiosidad estadounidense ha sido, como el fundamentalismo en general, doblada y moldeada por las condiciones de la vida contemporánea. Es un hecho importante que Estados Unidos es extremadamente diverso, religiosamente hablando. No hay una verdadera religión mayoritaria. La mayoría de los estadounidenses son cristianos, y más cristianos son protestantes en lugar de católicos, pero el protestantismo no es una sola religión. Varía enormemente, desde personas dignas y moderadas que se sientan en silencio en las iglesias de las religiones de la vieja guardia (cuando se molestan en ir), hasta adoradores emocionados y apasionados, en iglesias de mostrador donde las ceremonias son ruidosas y carismáticas, donde los penitentes claman y las congregaciones hablan en lenguas; o en enormes mega-iglesias dominadas por predicadores fundamentalistas, pero hechizantes. Un estudio reciente ha demostrado el hecho sorprendente de que la vida religiosa en los Estados Unidos es, en cierto sentido, asombrosamente inestable. La gente cambia de una religión a otra en números asombrosos. Según este estudio, publicado en febrero de 2008, "aproximadamente el 44% de los estadounidenses ahora profesan una afiliación religiosa que es diferente de la religión en la que se criaron".[139] Millones de estadounidenses, aparentemente, buscan una religión, hasta que encuentran una que se adapte a sus necesidades, como ven estas necesidades. Probablemente millones más buscan una iglesia y un pastor o sacerdote más a su gusto, dentro de su religión particular.

Los estadounidenses también son extremadamente tolerantes en asuntos de religión. En su mayoría parecen rechazar la idea de una iglesia verdadera; o la creencia de que la mayoría de las personas están eternamente condenadas, porque son infieles o herejes o pecadores religiosos. La diversidad religiosa de Estados Unidos, sospecho, es una de las razones por las cuales este es el caso. Los miembros de una familia que vive en un suburbio de clase media pueden ser católicos devotos; pero sus vecinos de al lado podrían ser luteranos, judíos o incluso musulmanes. La madre podría tener un cuñado mormón; su dentista podría ser bahá'í o budista, y los vecinos de la calle podrían no tener religión en absoluto. Los enclaves étnicos en la mayoría de las grandes ciudades se han roto, al menos en parte. Todavía hay barrios chinos y barrios italianos y barrios polacos; pero una vez que las familias chinas, italianas y polacas ganan algo de dinero y se asimilan, se trasladan a algún lugar elegido en el vasto reino suburbial. El pluralismo del vecindario, étnico y religioso, es mucho más probable que en los siglos diecinueve y principios del veinte.

La religión, en estas condiciones, sufre un profundo proceso de redefinición. Ya no es simplemente una cuestión de tradición, de lo que hicieron tu padre y tu madre, y cómo te criaron. También se vuelve menos una búsqueda de lo absoluto, de la verdad evangélica; ahora es mucho más una búsqueda espiritual personal. Buscas la religión que más satisfaga *tus* necesidades espirituales; las doctrinas y prácticas que se ajusten a tu personalidad y a tus deseos y aspiraciones. Los estadounidenses dan un valor muy alto a la religión en general. Los ateos son algo tabú (solo un pequeño porcentaje de estadounidenses se llaman a sí mismos ateos, alrededor del 1.6%),[140] pero los estadounidenses aceptan personas genuinamente religiosas de todas las formas y maneras, sin importar qué religión profesan. Una proporción bastante holgada de la población, tal vez una quinta parte, es "no afiliada". No estoy seguro de lo que esto signifique. Sospecho que muchos de los "no afiliados" se consideran religiosos, o al menos espirituales. Simplemente aún no han encontrado un lugar interesante para invertir su capital espiritual.

Mi punto, entonces, en resumen, es que la religión en Estados Unidos se ha convertido para muchas personas simplemente en otro aspecto del individualismo expresivo. Esta tendencia es ayudada, sin duda, por el gran número de religiones. En algunos aspectos, cuando hay tantas religiones, ellas compiten entre sí, comprando almas; y tal vez cuando la oferta de religiones aumenta, entonces también lo hace la demanda: la competencia tiende a estimular la participación en la vida religiosa.[141] Pero esto es seguramente menos un factor que la exuberancia del individualismo expresivo. La religión se ha convertido, mucho más que antes, en una cuestión de elección, como lo demuestran las sorprendentes cifras sobre el salto entre una iglesia y otra (*church hopping*) y la escogencia entre iglesias (*church shopping*). La función de la religión, entonces, es satisfacer las necesidades personales, por encima de todo.

La teología como tal no es terriblemente importante para los estadounidenses; le prestan poca atención. Lo importante es la religión misma, o la religiosidad, o lo que sea que satisfaga el apetito de espiritualidad y realización personal. Por lo tanto, la elección se convierte en un factor crucial. La gente elige entre un catálogo de dogmas. Millones de católicos estadounidenses van a misa, se casan en la iglesia, bautizan a sus hijos y se consideran bastante devotos. Pero también practican el control de la natalidad. La iglesia dice que no, pero ellos dicen que sí. La iglesia prohíbe el divorcio, y la pareja que obtiene un divorcio civil (el único tipo posible) no puede volver a casarse por la iglesia. Sin embargo, muchos católicos se divorcian y se vuelven a casar. La iglesia también considera al aborto como un pecado terrible; uno de los peores. Este es un dogma católico que tiene un número considerable de seguidores; sin embargo, un gran número de católicos desobedecen, aunque indudablemente en silencio. En cierto sentido, todos los católicos estadounidenses son realmente protestantes. Pero lo que es cierto de los católicos, es probablemente cierto de otras religiones también. Las personas se sienten libres de elegir religiones, y dentro de las religiones, de elegir aquellas costumbres, reglas, leyes, dogmas y prácticas que los satisfagan; y rechazar aquellas que no lo hacen.

En la mayoría de los otros países occidentales desarrollados no cabe duda de que menos personas cambian de religión, porque, en primer lugar, menos personas son religiosas. Pero para aquellos que profesan una religión, sospecho que está funcionando la misma dinámica que se observa en los Estados Unidos. En esos países, también, la libertad de elección existe dentro de las comunidades religiosas, en la práctica, si no en teoría. Por reputación, Polonia es un miembro fiel del rebaño católico romano. De alguna manera, la evidencia lo confirma. Las tasas de asistencia a la iglesia son muy altas. Pero Polonia también es un país con una tasa de natalidad excepcionalmente baja. O las parejas polacas han dejado de tener relaciones sexuales; o no están obedeciendo las reglas contra la anticoncepción. La segunda alternativa nos parece mucho más plausible. Italia tiene la tasa de natalidad más baja de Europa, a pesar de que casi la mitad de la población va a la iglesia, y a pesar de que Italia es la sede de la iglesia católica romana, y la iglesia es una fuerza considerable en la sociedad italiana.

Un tema principal de este libro es la existencia de una *cultura* generalizada y convergente de los derechos humanos en todos los países desarrollados. Hay similitudes en todos ellos, en el derecho y en la sociedad: una tendencia hacia la igualdad de género, por ejemplo; leyes contra la discriminación; desarrollo constitucional con control jurisdiccional, por nombrar algunos ejemplos. Por supuesto, todo esto toma diferentes formas en diferentes sociedades; y se mueve a diferentes ritmos. Pero debajo de las diferencias y particularidades por importantes que sean, uno encuentra una similitud fundamental. El argumento sobre la religión es esencialmente una suposición de que lo mismo es cierto en asuntos de religión: la devota América, y la indiferente Noruega, en el fondo son hermanas.

La mayoría de las religiones, en los países occidentales, no sólo son toleradas; son tratadas con honor y respeto. Esto es cierto para todas las religiones más antiguas y establecidas. Hay, sin duda, algunas religiones que se pasan de la raya. Como hemos dicho, los europeos tienen un problema con las ramas más radicales del islam. Y ciertas religiones pequeñas, etiquetadas como "sectas" en lugar de religiones, no comparten el brillo general de la tolerancia. No hay una definición firme de secta. El concepto de "secta" es un poco como el concepto de una mala hierba. Una "maleza" no es una categoría de especie botánica; una maleza es simplemente una planta que crece donde nadie la quiere. Y una "secta" es básicamente una religión (generalmente pequeña) que es objeto de desaprobación general o generalizada; una religión que muchas personas encuentran amenazante, o absurda, o francamente peligrosa. Pero si la "secta" dura lo suficiente, y se vuelve lo suficientemente grande y rica, deja de ser una secta. La Iglesia de Jesucristo de los Santos de los Últimos Días (cuyos seguidores son mejor conocidos como mormones) fueron tratados como una secta peligrosa durante el siglo diecinueve. Fueron blanco de enormes prejuicios y fueron perseguidos hasta el punto en que se sintieron obligados a abandonar la parte este de los Estados Unidos y reasentarse en lo que hoy es el estado de Utah.[142] Los mormones eran odiados y temidos; fueron tildados de inmorales e intolerablemente teocráticos. Inmorales debido a la práctica de la poligamia que evocaba un horror absoluto en la población en general, y que el gobierno federal trató vigorosamente de erradicar. Teocráticos porque la iglesia tenía un estricto control económico sobre sus miembros. La iglesia, frente a las políticas cada vez más estrictas del gobierno contra la poligamia, oficialmente abandonó la práctica a finales del siglo diecinueve. Los mormones se multiplicaron y fueron fructíferos. Hoy en día, la iglesia mormona es rica y poderosa. Es una religión en crecimiento; sus misioneros están activos en todo el mundo. Un poco de prejuicio contra los mormones hierve a fuego lento bajo la superficie. Pero pocas personas llamarían a la iglesia mormona una secta. Es demasiado vieja, demasiado poderosa y tiene demasiados miembros para ser tratada como tal.

Incluso las "sectas" pueden disfrutar de muchos de los beneficios de la libertad de religión. En una serie de casos, a partir de la década de 1940, la Corte Suprema de los Estados Unidos enfrentó problemas que surgieron de las acciones de los miembros de los Testigos de Jehová — y las reacciones de aquéllos que lo consideraban una secta peligrosa. La mayoría de los estadounidenses consideraron a esta religión odiosa, insidiosa, no patriótica. Los miembros se negaron, por ejemplo, a saludar a la bandera estadounidense. En términos generales, la Corte Suprema se puso del lado de los Testigos.[143] La libertad de religión en el sentido clásico no es un problema importante en las sociedades modernas. Nadie en Europa o América del Norte ni en otros lugares, consideraría seriamente poner restricciones a la mayoría de las prácticas religiosas, o cuestionar el derecho de las religiones a buscar conversos. Hay límites, por supuesto: los sacrificios humanos o animales no serían tolerados. Pero estas son excepciones.

Makau Mutua ha criticado, por razones éticas y políticas, a las grandes religiones "mesiánicas" (cristianismo e islam) por su trabajo en África, y el efecto que sus esfuerzos han tenido en la religión y la cultura indígenas. Las religiones "mesiánicas", argumenta, piensan que tienen el monopolio de la verdad; "demonizan activamente, desacreditan sistemáticamente y destruyen por la fuerza" las religiones indígenas que podrían haber competido con ellos. El cristianismo y el islam trabajan diligentemente para conquistar almas. Estas religiones captaron seguidores a través de fuerza y coerción durante la etapa de florecimiento del dominio colonial. En ese proceso, destruyeron las culturas indígenas y provocaron una "distorsión fundamental de las identidades étnicas y la historia". Mutua admite que probablemente no se puede hacer nada para reparar el daño y "reivindicar...el pasado africano".

Pero, en su opinión, el "corpus de derechos humanos debería prohibir las formas de proselitismo utilizadas en África".[144]

Por supuesto que Mutua tiene razón. Las grandes religiones "mesiánicas" tuvieron un impacto poderoso en la sociedad africana, y tienen mucho por lo que responder. Pero la dura realidad permanece: *Humpty Dumpty* no se puede volver a armar. La guadaña cruel de la modernidad ha destruido mucho más que las religiones indígenas. Las fuerzas culturales y económicas que llegaron desde Europa fueron poderosamente destructivas para las culturas indígenas. El colonialismo devastó las formas de vida, los gustos en la comida y la ropa, las estructuras familiares y los hábitos de vida; ha eliminado las lenguas; ha descendido sobre culturas antiguas y estables como la peste negra, y las ha destruido. Nada es igual después de que el maremoto de la modernidad arrasa la costa. Pero las conversiones forzadas son cosa del pasado. Las grandes religiones no requieren inclinarse por estas tácticas. La era de los misioneros ha terminado. Las religiones todavía trolean por las almas en África. Pero muchos africanos han llevado sus religiones y prácticas culturales al matadero por su propia voluntad. La modernidad, buena o mala, es una fuerza increíblemente poderosa. Puede llamársele "neo imperialismo", y con algo de justicia. Pero como quiera que se le llame, muchas de las tendencias alejadas del pasado parecen irreversibles. Como dice el antiguo refrán griego, "no es posible bañarse dos veces en el mismo río"; y la corriente ha estado fluyendo de manera constante y poderosa durante más de un siglo.

5 ¿Existe una cultura de Derechos Humanos?

Ya he sugerido una respuesta a la pregunta que figura en el título de este capítulo. He asumido que existe tal cultura, que ha crecido sensacionalmente y que es uno de los hechos dominantes de la vida moderna. ¿Qué evidencia hay para apoyar estas afirmaciones?

Para comenzar, hay evidencia indirecta. Las diversas declaraciones, tratados y pactos internacionales deben dar fe de *algo* en la cultura moderna, más allá de un impulso de decir cosas bonitas e imprimirlas. Además, en el período transcurrido desde la Segunda Guerra Mundial, el culto a las constituciones ha crecido y se ha extendido con enorme velocidad y energía. Casi todas estas constituciones, que yo sepa, prevén de alguna manera un tribunal constitucional; y prevén algún tipo de control jurisdiccional. En un país tras otro, entonces, encontramos declaraciones sobre derechos fundamentales, generalmente con algún tipo de estatus que las coloca por encima de las leyes ordinarias. Y hay instituciones, generalmente tribunales, que tienen poder para hacer cumplir estos derechos, al menos hasta cierto punto. En los sistemas abiertos y relativamente democráticos, los grandes cambios estructurales en el ordenamiento jurídico se basan necesariamente en poderosas normas sociales. Por supuesto, no todo el mundo comparte estas normas. Pueden ser las normas de la mayoría de las personas; o las normas al menos de las élites expresivas. Pero son, en cualquier caso, normas importantes e incluso dominantes.

Una segunda evidencia, del mismo tipo, es simplemente esta: en un país tras otro, encontramos, al menos hasta finales del siglo veinte, movimientos sociales de más o menos fuerza, que exigen igualdad de género, derechos de los homosexuales, el fin de la discriminación racial, etcétera; y estos han tenido, en muchos sentidos, un éxito asombroso, en esos lugares. En los Estados Unidos, los votantes eligieron a un presidente negro en 2008; y el presidente nombró a una mujer para que fuera su Secretaria de Estado; de hecho, fue la tercera mujer en ocupar este alto cargo. Una mujer, Margaret Thatcher, ha servido como Primera Ministra de Gran Bretaña. En el momento de escribir este capítulo, Angela Merkel es Canciller de la República Federal de Alemania. Las mujeres han sido jefas de gobierno en los países escandinavos. Mary Robinson fue Presidenta de la República de Irlanda. Las mujeres pertenecen a los parlamentos de todo el mundo. Son alcaldesas, gobernadoras, miembros de concejos municipales.

Otros grupos, otras categorías, otrora despreciados y oprimidos, se han subido al vagón de los derechos. Las personas homosexuales pueden casarse en Massachusetts, Connecticut, Vermont y Iowa; en Canadá, en virtud de una ley nacional en 2005; y en los Países Bajos y también en España. Hace algún tiempo, tal desarrollo habría sido completamente impensable. El matrimonio entre personas del mismo sexo sigue siendo extremadamente controvertido; pero las uniones civiles y las leyes y ordenanzas contra la discriminación dan fe de que a este respecto las normas han cambiado enormemente. Grupos de indígenas que alguna vez fueron desposeídos, desviados a reservas y despojados de sus poderes, ahora ganan demandas y extraen concesiones de tierras de las poblaciones mayoritarias. Los hijos ilegítimos ya no son despreciados ni desheredados. India ha tratado de romper la barrera de la casta y poner fin al estigma que bloqueaba el progreso de los intocables. Las mujeres, las personas de color, los homosexuales y otras minorías han traspasado una maraña de obstáculos sociales. Aparecen en anuncios en televisión y como personajes en películas. Sin embargo, Estados Unidos, por ejemplo, es un país en el cual hay memoria reciente de épocas en que ningún cantante negro de ópera había actuado con la Ópera Metropolitana de Nueva York, y ningún atleta negro había formado parte de equipos de béisbol de las Grandes Ligas. En Inglaterra, ahora se ven abogados negros en los tribunales, actores paquistaníes en escena y personajes chinos en comerciales de televisión. Cambios similares han tenido lugar en otros países occidentales. Todo esto es evidencia indirecta, pero poderosa, de una norma creciente y general de igualdad humana.

¿Hay acaso también evidencia obtenida de encuestas sobre dónde se ubica el carácter distintivo de los derechos humanos en la cultura de los ciudadanos? Lo hay, aunque la investigación no es tan amplia y rica como uno quisiera; y parte de ella puede ser engañosa. McCloskey y Brill, en su estudio *Dimensiones de la Tolerancia*, basados en una encuesta realizada para los Estados Unidos, argumentan que el apoyo a los derechos y las libertades civiles es bastante escaso en la sociedad estadounidense. Naturalmente, si se le pregunta a una persona si favorece la libertad de expresión, nunca dirá que no. Pero cuando se pasa de lo abstracto a lo concreto, "el nivel de apoyo cae bruscamente". Por lo tanto, solo el 18% de las personas encuestadas dijo que permitiría a un nazi estadounidense celebrar una reunión pública en un ayuntamiento.[145] Millones de personas en los Estados Unidos y sin duda en otros países piensan que el estado tiene derecho a prohibir la pornografía, o a impedir que los ateos enseñen en la escuela, o a evitar que los hombres abiertamente homosexuales actúen como dirigentes scouts. McCloskey y Brill dejan al lector con la impresión de que a los estadounidenses les importan muy poco las libertades civiles.

Un estudio realizado en Gran Bretaña pidió a la gente que dijera si les gustaba o no cada uno de diez grupos, incluidos los fascistas, los nacionalistas irlandeses y los comunistas. Luego, el estudio trató de medir la tolerancia hacia el grupo menos preferido de una persona: ¿dejaría que los miembros de ese grupo enseñaran en las escuelas públicas? ¿O celebrar una manifestación pública? La mayoría de la gente dijo que no: más del 80% negaría a los miembros de ese grupo el derecho a enseñar en las escuelas públicas, alrededor de dos tercios dijeron que no a la idea de una manifestación pública. Y más del 60% pensó que era aceptable que el estado interviniera los teléfonos de los miembros de su grupo menos favorecido.[146]

Pero estos dos estudios deben tomarse con un grano de sal. Los derechos de los nazis, o ateos, o de los dirigentes scouts homosexuales, o de los maestros fascistas, son cuestiones controvertidas en los márgenes exteriores de las libertades civiles. McCloskey y Brill sienten que han descubierto lo que un autor ha llamado una "incapacidad para comprender los valores fundamentales de una cultura política democrática liberal". Pero algunos de estos temas son simplemente "discutibles"; es decir, las personas tienen diferentes valores y opiniones con respecto a ellos.[147] De hecho, nada en el estudio de McCloskey y Brill sugiere que los estadounidenses realmente rechacen lo que es esencial en el catálogo de los derechos humanos. Nada en el estudio muestra que los estadounidenses quieran o acepten la censura gubernamental de la prensa, por ejemplo. Y ciertamente, hay una muy alta tolerancia del debate político y la diversidad religiosa; y un amplio acuerdo sobre los derechos de las mujeres y (cada vez más) los derechos de las minorías, que ahora incluso incluye a las minorías sexuales. Muchas personas que aprueban las leyes contra la pornografía desaprobarían un plan para que el gobierno censurara películas o prohibiera libros que lo criticaran.

En un estudio clásico realizado durante la época de la gran depresión en la década de 1930, se pidió a las personas en una ciudad estadounidense que manifestaran su reacción ante una serie de ilustraciones. Durante este terrible período, muchas minas de carbón en la región habían cerrado. El carbón era tan barato que las minas ya no obtenían ganancias. Algunos mineros sin trabajo comenzaron a tomar carbón para sí mismos. En su mayoría, usaban el carbón para calentar sus propias casas. Otros mineros también vendieron algo de carbón. Cuando se les preguntó su opinión, la mayoría de los encuestados que eran miembros del sindicato no vieron nada malo en estas prácticas.

En cambio, la mayoría de los líderes empresariales las desaprobaron.[148]

¿Creían en el imperio de la ley los hombres y mujeres que pensaban que era aceptable tomar el carbón? Probablemente sí. Es casi seguro que apoyaban la estructura constitucional general de su país. El estudio es muy antiguo; las actitudes pueden o no haber cambiado. Las ideas de los pueblos sobre el estado de derecho y sobre los derechos humanos son a menudo bastante específicas para situaciones y cuestiones particulares. No hay duda de que la sensibilidad sobre algunos aspectos de los derechos humanos — los derechos de las minorías, por ejemplo — ha aumentado enormemente desde la época del estudio.

Ninguno de los estudios ofrece una prueba sólida en contra de la idea de una cultura de derechos humanos fundamentales. Esta cultura, por supuesto, no es uniforme en todo el mundo. James Gibson ha estudiado el desarrollo de una "cultura de derechos humanos" en Sudáfrica. Encontró diferencias significativas en las actitudes, entre blancos, africanos y "de color", sobre varias medidas de apoyo al estado de derecho.[149] Sudáfrica es un país en desarrollo y la mayoría de la población es bastante pobre. Los alemanes, que viven en un país rico, cuando se les preguntó en 1977 si ciertos derechos eran "derechos humanos básicos" o "privilegios otorgados por el Estado", identificaron fuertemente, como un "derecho humano básico, la libertad de viajar dentro del propio país" (80,8%), "libertad de no ser censurado" (78,8%), "libertad de práctica religiosa" (88%), y, sorprendentemente, la "igualdad de derechos para las minorías raciales y religiosas" (84,5%).[150]

La investigación por encuestas ciertamente es un arte difícil y a veces escabroso. La interpretación siempre es un problema. Al parecer, hay diferencias entre la opinión de las masas y las opiniones de los líderes y las élites. En los estudios citados por McCloskey y Brill, por ejemplo, las élites tenían una cultura de derechos humanos más rica que el público en general. Las élites, y especialmente los abogados, eran mucho más propensos a estar en contra de la censura de la pornografía, o la prohibición del partido nazi estadounidense, y así también con respecto a muchos otros temas. Barnum y Sullivan encontraron, en su encuesta británica, que los miembros del Parlamento eran marcadamente más tolerantes que el público general.[151] Un estudio sobre las "masas y élites" en Israel, no obstante, concluyó que en "situaciones de grave amenaza", por ejemplo, las opiniones de "la élite política" no "difieren mucho del público en general".[152] El estudio se llevó a cabo con el propósito específico de demostrar una "teoría elitista de la democracia". Aun así, está claro que las personas educadas y articuladas toman la iniciativa en la promoción de los derechos humanos. No cabe duda de que algunas veces, los líderes de la oposición provienen de los mismos estratos de la sociedad.

En resumen, la literatura nos dice que muchas cuestiones de derechos humanos y libertades civiles son muy discutidas. Mucho depende de las circunstancias y situaciones. Las personas que se sienten amenazadas, por el crimen, por los traficantes de drogas o por los yihadistas, a menudo están dispuestas a sacrificar algo de su libertad civil en el altar de la seguridad. Una encuesta realizada después del ataque del 11 de Septiembre de 2001 al World Trade Center en Nueva York encontró que casi la mitad de los estadounidenses encuestados (45%) estaban dispuestos a hacer precisamente eso. Pero diferían mucho en temas específicos: solo el 23% aprobaba los "allanamientos sin orden judicial bajo sospecha"; mientras que el 71% estaba dispuesto a tipificar como delito la pertenencia a una organización terrorista.[153]

También sospecho que las personas hacen otra distinción fundamental: entre sí mismas y su grupo — de la forma como ellos mismos lo definan —, y grupos marginales, amenazantes y desviados en la sociedad. Estos hechos son importantes, y a veces deprimentes; pero no niegan la existencia de una cultura *general* de derechos humanos, una cultura que ha ido creciendo, expandiéndose, desarrollándose, en los últimos tiempos. Simplemente subraya el hecho de que las líneas fronterizas de la cultura son indistintas y están en disputa.

Hay una enorme literatura, como mencionamos, sobre si los derechos humanos fundamentales son universales. La universalidad es ambiciosa; parece claro que existe un notable grado de convergencia en algunas cuestiones y normas fundamentales. Ciertamente en los países ricos y desarrollados, aunque mucho menos en otros lugares. Hay convergencia formal: leyes, reglas, constituciones, sistemas judiciales; libertad de expresión; libertad para viajar; normas sobre igualdad de género, reglas contra la discriminación y similares. Detrás de estos aspectos formales debe haber una buena convergencia normativa y social. Por supuesto, los países difieren: las naciones que "enfrentan problemas comunes producirán resultados diferentes", debido a diferentes historias y experiencias.[154] Los datos de las encuestas sugieren que estas diferencias nacionales ciertamente existen;[155] y sin duda existen diferencias importantes *dentro de los* países. Pero las diferencias de opiniones sobre cuestiones de derecho fundamental, en el sector moderno, ciertamente parecen más simples y menos profundas que en el pasado. Las raíces de la cultura de los derechos se encuentran en procesos históricos que afectan a todo el mundo desarrollado y quizás también más allá de él. También se encuentran en los cambios tecnológicos globales, y en los aspectos económicos y culturales de la sociedad moderna que trascienden las fronteras nacionales. Pero si esto es cierto sobre los orígenes de la cultura de los derechos, entonces la hipótesis de convergencia sigue casi como una cuestión de lógica deductiva.

"Convergencia" y "universalidad" son palabras que hacen alusión a la igualdad. ¿Cómo encaja esto con un aspecto muy destacado de la cultura moderna de los derechos, como es el florecimiento de los derechos de las minorías? ¿Con el redescubrimiento, y la búsqueda obsesiva, de "raíces"? Si los derechos humanos son "universales", ¿cómo cuadra esto con la relatividad cultural, o el multiculturalismo, y los derechos de los pueblos indígenas? Estas son cuestiones reales, que abordaremos en el siguiente capítulo. El argumento básico será que el multiculturalismo es de alguna manera engañoso; o, como dice un ensayo, una fachada.[156] Procederemos ahora a examinar esta fachada.

6 Universal y Particular

El catálogo de los derechos fundamentales ha cambiado mucho con el tiempo; y varía de un lugar a otro. Esto es obvio. Pero ¿hay valores fundamentales en los que todos estarían de acuerdo en el mundo en el que vivimos hoy, aunque no así en el pasado?

Este es el tema de un vigoroso debate. Los documentos fundamentales, sin duda, todos *dicen* que los derechos humanos son universales. El mismo título de la Declaración Universal de Derechos Humanos utiliza la palabra universal. Y la DUDH en su primer artículo proclama que "todos los seres humanos" "nacen libres e iguales en dignidad y derechos". Este punto se ha repetido sin cesar. Sin embargo, no todos se sienten cómodos con la idea. Una objeción común es que el paquete convencional de derechos, y las diversas declaraciones y pactos, no son universales en absoluto, sino específicamente occidentales. Y un catálogo occidental de derechos no encaja, o puede no encajar, en algunas culturas no occidentales.

Los ataques a la idea de universalidad provienen tanto de la izquierda como de la derecha. En la izquierda, los marxistas (por ejemplo) han tendido a criticar o rechazar las "libertades burguesas". En los debates previos a la DUDH, los representantes de la Unión Soviética y sus aliados abogaron por la inclusión de los "derechos sociales", el derecho a un estómago lleno y atención médica y a un trabajo; y hasta se sugirió, algunas veces, que había algún tipo de contradicción fundamental entre los dos tipos de derechos. El argumento, si es que tiene sentido, tiene que implicar que de alguna manera las "libertades burguesas" son inconsistentes con una sociedad justa, una sociedad con alimentos, escuelas, médicos y empleos para todos. O que actúen como pantalla y excusa para las formas más crudas y despiadadas del capitalismo. Algunos de los países occidentales, por otro lado, dudaban sobre los llamados "derechos sociales". La mayoría de los estados simplemente no podían permitírselos. Al final, los "derechos sociales" aparecieron en la DUDH.

El académico keniano Makau Mutua, a quien ya hemos mencionado, sostiene que el movimiento de derechos humanos es una forma de imperialismo. Los derechos humanos, y la "implacable campaña para universalizarlos", son parte de un largo proceso histórico de "dominación conceptual y cultural occidental... En el corazón de este continuo hay un virus aparentemente incurable: el impulso de universalizar las normas y valores eurocéntricos repudiando, demonizando y destacando la otredad de lo que es diferente y no europeo".[157]

Otra versión de este argumento, de Asia, podría ser etiquetada como un ataque de la derecha. Se basa en la idea de que los países asiáticos tienen tradiciones diferentes a las tradiciones occidentales, tradiciones que se oponen al individualismo de Occidente. Y el carácter distintivo dominante de los derechos humanos se basa en al menos *alguna* versión del individualismo. Takeyoshi Kawashima, por ejemplo, escribiendo en 1968, nos dice que en la cultura japonesa un individuo "no se considera una entidad independiente". En cambio, su interés es "absorbido en interés de la colectividad a la que pertenece"; el interés de la colectividad tiene "importancia primordial"; el "interés del individuo tiene simplemente una importancia secundaria". Esta visión del mundo no deja "lugar para el concepto de 'derechos humanos'".[158] La cultura china, se nos dice, también enfatiza la comunidad, el deber, el orden y la armonía, el respeto por los ancianos, la disciplina y una especie de estado de papá grande.[159] Arabia Saudita nunca estuvo de acuerdo con la DUDH; para el Islam, "universalizar el discurso de los derechos implica un individuo soberano y discreto", y desde la perspectiva del Corán, esto es "blasfemo".[160] Los países islámicos adoptaron su propio contrapeso a la DUDH, la Declaración de El Cairo sobre los Derechos Humanos en el Islam (1990), que enumeró muchos derechos familiares, pero omitió otros, y se basó en su lectura de la Sharía. Otra versión de la noción de que la DUDH es demasiado "occidental" proviene de las sociedades más autoritarias del Oriente – Singapur, por ejemplo. Los portavoces de estas sociedades están de acuerdo en que los conceptos importados sobre derechos humanos no se ajustan a las sociedades orientales. Las sociedades orientales no están "listas" para la democracia; o, más fundamentalmente, no pueden estar de acuerdo con la democracia occidental; sus culturas, en algunos aspectos presumiblemente profundos y persistentes, necesitan líderes fuertes o al menos algún tipo de solidaridad colectiva.

Es difícil saber qué hacer con todos estos argumentos empíricamente. Las declaraciones sobre tradiciones o culturas profundamente arraigadas que no pueden absorber el programa de derechos humanos podrían encajar en alguna pequeña sociedad tribal perdida en las selvas del Amazonas, sobre la cual francamente no tengo mucho que decir, pero los argumentos parecen simplemente erróneos si estamos hablando sobre el Japón del siglo veintiuno, Corea del Sur o Taiwán; y muy probablemente Singapur. En los últimos años, todos ellos excepto Singapur se han convertido en democracias bastante sólidas, trabajadoras, con una conciencia vibrante de los derechos. De hecho, incluso en 1968, Kawashima, cuyo ensayo fue citado anteriormente, admitió que las ideas japonesas de "obligación y derecho social" no eran "innatas o racialmente predestinadas a los japoneses". De hecho, la noción de "derechos humanos" fue "aceptada universalmente" en Japón "cuando el poder político que había suprimido su crecimiento colapsó... en 1945".[161] Como Neil Englehart, entre otros, ha señalado, el argumento de los "valores asiáticos" generalmente se ha "presentado por razones políticas e ideológicas", con "muy poco que ver con las costumbres tradicionales de la población".[162] Y algunos políticos africanos utilizaron "el escudo de la cultura como barrera para criticar las prácticas que violan los derechos humanos más fundamentales y que sus propios ciudadanos quieren que se detengan".[163] El gobierno autoritario de Singapur impulsó el confucianismo en las escuelas;

esto permitió al partido gobernante "hacer ver a sus ciudadanos como personas obedientes y dedicadas a la comunidad".[164]

Los argumentos sobre los "valores asiáticos" promueven una "visión fundamentalmente conservadora de la cultura"; estos argumentos implican que, en la sociedad, hay una "esencia cultural fija", por lo que un cambio en el estilo de pensamiento occidental "requeriría alterar la estructura básica de la personalidad de toda una población".[165] Pero las culturas, de hecho, no son tan fijas e inflexibles como este argumento de los "valores asiáticos" supone. De hecho, las culturas son a menudo bastante fluidas, y particularmente en el contexto moderno. Cambia el contexto y cambias la cultura. Probablemente no a la vez, pero ciertamente en una generación más o menos. Los nietos de campesinos analfabetos que llegaron a los Estados Unidos se han vuelto completamente estadounidenses. A menudo, sus padres ya habían hecho la transición. Los nietos de los soldados japoneses que estaban dispuestos a morir por el emperador ven comedias en la televisión, juegan juegos de computadora y escuchan música hip-hop. También dan por sentada la democracia.

Algunos defensores de los derechos humanos se escudan argumentando que los derechos humanos no son particularmente occidentales, porque se basan en "concepciones tempranas de la dignidad humana" y similares que "podrían encontrarse en diversas civilizaciones occidentales y no occidentales".[166] Estos eruditos buscan, y encuentran, paralelos y orígenes en Confucio, o el Corán, y otros textos antiguos. O enfatizan la "unidad de la humanidad", lo que significa que los derechos humanos "no son una imposición hegemónica occidental", sino que se basan en "concepciones de la dignidad humana...en diversas civilizaciones, religiones y filosofías occidentales y no occidentales".[167] Francamente, encuentro este argumento particular poco convincente; para mí, la brecha entre las ideas de Confucio o el Corán y los conceptos modernos de derechos, es simplemente demasiado enorme para soportar el peso de este argumento. Pero esto no significa que los derechos humanos sean principalmente "occidentales". La brecha entre lo que Platón o Santo Tomás de Aquino defendían y las concepciones liberales modernas de los derechos humanos, es casi igualmente enorme. Históricamente hablando, el menú de derechos modernos estuvo casi completamente ausente de Occidente hasta hace relativamente poco. Durante la Europa medieval, los gobiernos decapitaban a las personas que denunciaban al rey y su gobierno. Los disidentes religiosos fueron perseguidos sin piedad, y a veces masacrados. La tortura era una característica habitual del procedimiento penal. Las mujeres tenían pocos derechos. Había un abismo inalcanzable entre plebeyos y nobles; y los nobles tenían la mayor parte de lo que la sociedad tenía para ofrecer. Todo esto cambió a lo largo de los siglos, pero lentamente, y las ideologías y filosofías cambiaron junto con la estructura social. La revolución industrial y la revolución capitalista fueron los agentes más significativos de la transformación; luego, más tarde, el crecimiento del estado regulador del bienestar. Junto con la reforma política vinieron las teorías y prácticas de los derechos humanos: en Francia, en los Estados Unidos, en Suecia, en Suiza y en Occidente en general.

Pero a medida que estos agentes de transformación llegaron a Japón, India, Tailandia o Sudáfrica, el movimiento de los derechos humanos también se arraigó en estos países, aunque obviamente no de la misma manera, al mismo ritmo ni en el mismo marco de tiempo. Pero tampoco la historia de los derechos humanos es exactamente la misma en Finlandia, Grecia, Portugal o Nueva Zelanda.

Mi impresión, entonces, es que el grupo básico de derechos humanos no es "occidental" en absoluto; más bien, es moderno; es un aspecto de la sociedad contemporánea (desarrollada). Sin duda, existe una fuerte correlación entre "Occidente" y el movimiento de derechos humanos; el movimiento comenzó en Occidente, y sus ideas fluyen, en su mayoría, de los pensadores occidentales. Pero esto no es crucial. La música de Bach y Beethoven también es occidental; pero muchos de los mejores músicos clásicos de hoy en día provienen de Corea, Japón o China. ¿Y por qué no? No está más fuera de lugar que la admiración occidental por el arte chino. Además, en países como Japón, Corea del Sur o Taiwán, hay plena libertad de expresión y libertad de religión; hay libertad para viajar, elegir una ocupación y para ir y venir como uno quiera. Sería absurdo considerar esto como una especie de desajuste cultural. En resumen, el movimiento de derechos humanos no es más "occidental" que Beethoven, no más "occidental" que el automóvil y la computadora (que también provienen de Occidente), o los antibióticos; y nadie argumentaría que la tecnología y la medicina modernas no son adecuadas para Japón o, de hecho, para cualquier otro país no Occidental. De hecho, los japoneses parecen mejores en la fabricación de computadoras y automóviles que la mayoría de los países "occidentales".

No hay duda de que las sociedades tienen diferencias, y otras importantes, en la forma en que definen los derechos fundamentales; y lo que consideran fundamental, en primer lugar. Casi todos los países democráticos están de acuerdo en que la libertad de expresión es bastante básica. Pero en Alemania es un crimen negar el Holocausto, o declamar la doctrina nazi; la ley en los Estados Unidos es otra cosa. Diferentes países definen el derecho a la privacidad de manera muy distinta. Obviamente y aunque no siempre fácilmente, factores históricos, sociales y culturales concretos explican estas diferencias.

Sin embargo, las similitudes básicas son muy fuertes e implican un importante grado de *convergencia*, una unión, un proceso paralelo, cuyas causas motoras son las mismas para todos estos países. Como dijo Volker Schmidt, la teoría de la modernización implica que ella es un "proceso de homogeneización", que las sociedades modernas tienden a "volverse más similares con el tiempo".[168] La modernidad, entonces, sería (por así decirlo) una sola lengua, dividida en una serie de dialectos estrechamente relacionados. No todos están de acuerdo. Algunos estudiosos han presentado la noción de múltiples modernidades, la idea de que la modernidad adopta una serie de formas fundamentalmente diferentes, cada una de las cuales tiene sus raíces en formas radicalmente diferentes de sociedad. La forma occidental es sólo una de estas modernidades. También habría una versión china o confuciana, una versión hindú, una versión islámica. De forma destacada, S. N. Eisenstadt ha argumentado a favor de una "multiplicidad de modernidades en continua evolución".[169] Y si hay lenguajes de la modernidad fundamentalmente diferentes (para continuar con la metáfora), entonces se deduce que también habría diferentes lenguajes de los derechos humanos.

Nadie sería tan tonto como para argumentar que no hay nada en esta idea. La pregunta es simplemente esta: ¿cuál es el mayor fundamento, las diferencias o las similitudes? ¿Son estas diferencias acaso como la que existe entre el español de México y el español de España? o ¿son como la diferencia entre el francés y el chino? Si tuviéramos una escala imaginaria y pusiéramos similitudes en un lado y diferencias en el otro, ¿cuál lado superaría al otro? Me doy cuenta de que nadie puede responder realmente a esta pregunta. Nadie tiene una vara de medir eso. No hay una manera objetiva de probar lo que es y lo que no es "fundamental". ¿Es la cultura japonesa hoy tan distintiva, tan diferente de la cultura italiana moderna? digamos, que equivale a una diferencia de tipo, en lugar de una diferencia de grado.

Mi sensación personal es que las similitudes superan fácilmente las diferencias. Es cierto que las diferencias son a menudo más sorprendentes que las similitudes. Los visitantes y turistas que vienen a Japón desde los Estados Unidos, o desde Europa, a menudo son sacudidos por todo tipo de vistas, sonidos y costumbres, que parecen extrañas y diferentes. Sin embargo, las similitudes son aún más destacadas. Las calles están llenas de coches. Los edificios altos se ven igual que los edificios altos en todo el mundo. Entras en un edificio, tomas un ascensor, te bajas en uno de los pisos superiores, entras en las oficinas de una compañía de seguros, y allí ves a hombres trabajando en computadoras, vestidos con trajes de negocios y corbatas, y mujeres con vestidos o blusas y faldas. Un hombre está tomando una bebida de un enfriador de agua. Una mujer está hablando por un teléfono celular. Vuelves a salir a la calle y te cruzas con jóvenes con jeans azules, algunos de ellos con el pelo teñido, escuchando música rock and roll en sus iPod. Por la noche, puedes cenar en un restaurante de sushi, al igual que en casa, o puedes comer pizza o comida francesa. Puedes asistir a una obra de teatro *Kabuki* e ir a una sala de conciertos, donde una orquesta sinfónica está tocando Mendelssohn y Brahms (y haciéndolo muy bien). Por demás, el aspecto más alienante de la vida japonesa es el idioma; todo lo demás muestra la profunda huella de la convergencia. Nuestro visitante, sin embargo, probablemente da por sentadas las grandes similitudes: todas las cosas que acabo de mencionar, además del hecho de que uno puede comprar tabletas de aspirina y píldoras de vitaminas y Kleenex en farmacias (y condones, para el caso), y que la gente se viste "occidental" excepto para ocasiones ceremoniales; en las grandes ciudades, hay pequeñas tiendas, máquinas expendedoras y sucursales de restaurantes de comida rápida; la gente va al cine (muchos de ellos estadounidenses); escuchan música contemporánea (Beethoven para algunos, rock and roll para otros). Los japoneses incluso han desarrollado un gusto por el queso y el pan; y los jóvenes japoneses se envían mensajes de texto entre sí y deciden reunirse con amigos en McDonald's. La mayoría de los aspectos de la vida japonesa han llegado a parecerse, o corren paralelos a aspectos de la vida en otros países ricos y desarrollados.

Por supuesto, uno no puede olvidar las diferencias. Pero también hay diferencias en Italia o Argentina; y, sin embargo, en general, la textura de la vida moderna es muy parecida. El "Sarariman" japonés se levanta por la mañana, se ducha, desayuna (ya sea al estilo japonés u occidental), toma un tren o un automóvil hacia su oficina, y allí hace típicas cosas de oficina, no muy diferentes de los trabajadores de cuello blanco en otros países. Las mujeres no son iguales a los hombres; pero son más iguales de lo que solían ser. Incluso la comida japonesa se está volviendo menos distintiva de lo que era. No sólo los *gaijin* en muchos países comen sushi; pero los propios japoneses ahora complementan el sushi y el sashimi con McDonald's y Kentucky Fried Chicken.

¿Cuáles, entonces, son más "fundamentales", en el caso de Japón, las similitudes o las diferencias? La ética del trabajo, la forma en que se estructuran las familias, las actitudes hacia la autoridad: sí, estas parecen muy japonesas, y en marcado contraste con otros países occidentales. Pero las *tendencias* son hacia los estilos "occidentales", incluso en la vida familiar y las relaciones de género (y lejos de las costumbres y hábitos tradicionales japoneses). Los automóviles, las computadoras, los ascensores y las corbatas pueden parecer superficiales; pero son la capa exterior de los cambios que son, de hecho, profundos. Implican formas de vivir la vida, un ritmo de la existencia diaria, que es esencialmente *moderno* y, por lo tanto, más parecido al ritmo de la vida en Canadá, que al ritmo de la vida japonesa en la era de los samuráis, o en el período de la vida cortesana descrito por Dama Murasaki.

El caso de la convergencia, entonces, es muy fuerte: convergencia en tecnología, en instituciones y, cada vez más, en las relaciones sociales y en las formas de pensar, comportarse y vivir.[170] Al menos esto es cierto para los países desarrollados (y los estratos de élite en los países en desarrollo). ¿Por qué, entonces, las diferencias entre las sociedades parecen tan destacadas? Por dos razones. Primero, porque los grupos culturales a menudo están firmemente convencidos de que son verdaderamente únicos. En los Estados Unidos, esto se llama "excepcionalismo estadounidense". Los japoneses parecen creer, con bastante fervor, que son completamente distintivos; que habitan su propio universo insular. Pero los franceses, los alemanes, los italianos no se quedan atrás en tales creencias. Los rusos hablan del alma rusa. Las personas que se consideran únicas naturalmente enfatizan aquellas cosas que (en su opinión) las hacen únicas, las cosas que los distinguen de otros países.

En segundo lugar, como ya he sugerido, en situaciones en las que A y B son *básicamente* lo mismo, pero no 100% lo mismo, las pequeñas diferencias tienden a ser muy grandes a los ojos de los espectadores. Un inglés nota inmediatamente un acento estadounidense o australiano; un español nota la forma en que un mexicano o un chileno pronuncia las palabras en español. Pero el inglés, el australiano y el estadounidense hablan inglés. Y el mexicano, el español y el chileno, todos hablan castellano (es decir, hablan español estándar). El núcleo es el mismo; lo que difiere son pequeños asuntos en la periferia; ya sea que digas carro o coche; ya sea que diga ascensor o elevador, gasolina o gas.

Podría estar equivocado, pero creo que este punto no contradice realmente la tesis de las "múltiples modernidades", que tanto se le debe a la obra de Eisenstadt. Eisenstadt cree que existe tal cosa como la "modernidad"; su idea central es un "énfasis muy fuerte en la participación autónoma de los miembros de la sociedad en la constitución del orden social y político".[171] Esto es ciertamente consistente con un argumento basado en la igualdad plural y el individualismo expresivo. Las "múltiples modernidades" incluyen una versión islámica y una confuciana.[172] Pero me parece que difieren de la modernidad que encontramos en Portugal o en Nueva Zelanda sólo en la medida en que no son modernas en absoluto, es decir, son antimodernas. Tal vez la esencia de la cuestión es cómo se trata a Japón, no a China o Irán (aunque tal vez China está en camino). Para mí, Japón ha dejado el reino de las "múltiples modernidades" y se ha unido a las modernidades dominantes. Pero, por supuesto, ese es un punto discutible.

Como he dicho, mi argumento se aplica principalmente a los países ricos, industriales y desarrollados; y hasta cierto punto, también a las élites educadas y mundanas de los países menos desarrollados. Es entre estas personas que se puede hablar sobre una cultura de derechos humanos. Las personas en sociedades muy tradicionales, o comunidades muy tradicionales, pueden tener una conciencia diferente de los derechos humanos. O tal conciencia puede faltar por completo. El movimiento de derechos humanos predica un código de valores universales. Pero este código es parte del dispositivo mental de las personas en el mundo desarrollado, en su mayor parte. Es, sin embargo, un movimiento que se está extendiendo rápidamente, aunque nunca sin alguna dificultad. Como dijo Sally Merry, las ideas sobre derechos humanos están "incrustadas en los supuestos culturales sobre la naturaleza de la persona, la comunidad y el estado"; "no se traducen fácilmente de un entorno a otro".[173]

La investigación de Merry, en su mayor parte, fue en sociedades menos desarrolladas. De hecho, en estos entornos, las ideas sobre derechos humanos, que de hecho están "incrustadas" en los supuestos culturales, son difíciles de "traducir". Son difíciles de traducir, también, en las diversas "modernidades" que componen el mundo de las "múltiples modernidades", si es que existe tal mundo. Pero estas ideas *no* son difíciles de "traducir" en la vida de las sociedades ricas y desarrolladas, sin importar qué tipo de historia y tradiciones tengan. Sin duda, los misioneros de los derechos humanos pueden, de hecho, chocar de frente con aspectos de la cultura local. Volveremos sobre esta cuestión en el Capítulo 9, sobre los derechos culturales.

7 *Mujeres y Minorías*

Hoy en día, probablemente nada en el movimiento de derechos humanos es tan fuerte y sorprendente como la idea de que hombres y mujeres deben ser iguales, deben tener los mismos derechos, las mismas oportunidades y la misma voz en cómo se dirige la sociedad. Si todas las personas nacen iguales y tienen igual dignidad, entonces esto debe ser cierto para todas las razas y grupos étnicos, y ciertamente debe ser cierto para ambos sexos. Todas las convenciones y cartas de derechos humanos contienen declaraciones en tal sentido. Lo mismo ocurre con la mayoría, y probablemente todas las constituciones modernas. El dogma de la igualdad absoluta de todos los seres humanos, o al menos de todos los adultos respetuosos de la ley, es la premisa fundamental del movimiento de derechos humanos.

Las mujeres, después de todo, constituyen la mitad de toda la humanidad: sostienen la mitad del cielo, como dice un proverbio chino. Sin embargo, las mujeres, históricamente, nunca fueron iguales a los hombres, en derechos, en posición social y en oportunidades de vida. Esto era cierto en sociedad tras sociedad. Ciertamente era cierto para China, a pesar del bonito proverbio. Los hombres dirigían la sociedad. Las mujeres estaban subordinadas a los hombres. Mucho después de que los hombres tuvieran derecho al voto y hubieran arrebatado algo de poder a los reyes, nobles y élites tradicionales, se suponía que las mujeres todavía habitaban una esfera separada. Se habló mucho sobre la nobleza de los roles de las mujeres, cuán vitales eran estos roles para la sociedad, cuán elevado era el trabajo de madres y esposas, cuánto dependía la sociedad de las mujeres como portadoras de moralidad y alma. Pero en los Estados Unidos a mediados del siglo 19, un país que los visitantes extranjeros como De Tocqueville y los propios estadounidenses consideraban radicalmente democrático, las mujeres no tenían un papel real en la vida política.

Tenían ciertos derechos básicos; pero ningún poder político real. Las mujeres casadas, en particular, estaban sujetas a todo tipo de discapacidades. Su identidad económica y legal fue absorbida por la de su banda. Marido y mujer, como dijo Blackstone, eran una sola carne, "una persona".[174] Pero era el hombre quien poseía y administraba la persona y la carne. Una mujer casada no tiene derecho a comprar o vender tierras, a celebrar contratos, a hacer un testamento. Sin duda, había formas de evitar la figura jurídica de la *Coverture*, pero eran engorrosas y onerosas. Básicamente, estaban disponibles solo para la clase alta. En otros países occidentales, la situación era algo similar. Y por supuesto, en las sociedades tradicionales, las mujeres y los hombres tenían su rol específico, y los dos básicamente nunca coincidieron.

Todo esto comenzó a cambiar en los tiempos modernos, y particularmente durante el siglo 19. En los Estados Unidos, un paso importante fue la aprobación de las leyes de propiedad de las mujeres casadas. Estas leyes eliminaron algunas, y luego todas, las discapacidades de las mujeres casadas.[175] Las primeras, de aproximadamente 1840, eran irregulares e incompletas. Pero a finales de siglo, las mujeres casadas en general, al igual que un hombre, tenían plenos derechos a poseer propiedades, celebrar contratos y otorgar testamentos. No está del todo claro si el motivo para hacer tales leyes fuera emancipar a las mujeres. Lo más probable es que estas leyes estuvieran destinadas a emancipar el mercado de tierras para desatascar las ruedas del comercio. Pero seguramente reflejaron *algún* cambio en la forma en que la gente común pensaba sobre los derechos, deberes, poderes y habilidades de las mujeres. También hubo, en el siglo 19, un movimiento de mujeres, pequeño y lento al principio. En Inglaterra, algunos pioneros, como Mary Shelley y John Stuart Mill, abogaron por la igualdad de los sexos. En los Estados Unidos, un grupo de mujeres y hombres se reunieron en Seneca Falls, Nueva York, en 1848, bajo el liderazgo de Elizabeth Cady Stanton y Lucretia Mott, y emitieron una "Declaración de Sentimientos", inspirada en cierta medida en la Declaración de Independencia, pero con una diferencia: "Todos los hombres y mujeres son creados iguales", en lugar de "todos los hombres", por ejemplo. También mencionó el "derecho inalienable de la mujer al sufragio electoral".[176] Pero el sufragio electoral era más difícil de alcanzar; Tuvo que esperar hasta el siglo 20. La 19ª Enmienda a la Constitución de los Estados Unidos estipulaba que el derecho al voto "no será negado ni restringido por los Estados Unidos ni por ningún Estado por motivos de sexo". Entró en vigor en 1920.

La tendencia ha sido la misma en todo el mundo occidental, aunque, por supuesto, cada país tenía su propia historia peculiar, su propia dinámica política. El primer país en otorgar a las mujeres plenos derechos de voto fue Nueva Zelanda, en 1893. Otros pioneros fueron Australia (1902) y Finlandia. Dinamarca, Noruega e Islandia siguieron en 1915. En Inglaterra, las mujeres mayores de 30 años recibieron el derecho al voto en 1918; en 1928 se eliminó la restricción de edad. Canadá concedió el sufragio a las mujeres en 1920. Ecuador fue el pionero latinoamericano (1929); Tailandia concedió el derecho en 1932. Pero en Francia, las mujeres tuvieron que esperar hasta 1944. Charles De Gaulle, quien encabezó un Gobierno Provisional, emitió una "ordenanza de administración que describía planes para gobernar Francia", en abril de 1944, para entrar en vigor cuando el país fuera liberado de la ocupación alemana; la ordenanza otorgó a las mujeres el derecho al voto. Antes de esto, los proyectos de ley de sufragio habían sido aprobados por la Cámara de Diputados cuatro veces, a partir de 1919; pero la cámara alta eliminó a cada uno de estos.[177]

Hubo países aún más lentos. En Italia, el sufragio femenino no se produjo hasta 1946. Suiza fue un notable rezagado. En esta famosa democracia vibrante, las propuestas para dar a las mujeres el voto fueron rechazadas sistemáticamente en los diversos cantones. A nivel federal, las mujeres obtuvieron el voto en 1971 cuando la mayoría de los cantones se alinearon. Pero en el medio cantón de Appenzell Ausserrhoden, las mujeres no votaron hasta 1989; y en Appenzell Innerrhoden — el último bastión de resistencia — hizo falta una decisión del Tribunal Supremo Federal para otorgar finalmente a las mujeres el derecho al voto y ello ocurrió en 1990.[178] 1990 fue también el año en que la mujer en Samoa obtuvo el voto; y en Kuwait, el año fue 1995.[179] En Portugal, las mujeres educadas obtuvieron el derecho de voto en 1931 (los hombres sólo tenían que saber leer y escribir); la plena igualdad tuvo que esperar hasta 1976. En Sudáfrica, las mujeres blancas podían votar en 1930, las mujeres negras no, hasta 1993. Las mujeres todavía no votan en Qatar, Omán, Arabia Saudita, Brunéi ni los Emiratos Árabes Unidos (en algunos de estos países, cabe mencionar, los hombres tampoco votan).[180]

La lucha por la igualdad de género, por supuesto, es mucho más que una cuestión de votar y ocupar cargos. Para que los hombres y las mujeres sean verdaderamente iguales — en la sociedad, en la familia — se requiere mucho más; y este ideal no se ha logrado en ninguna parte. En los Estados Unidos, durante el siglo 20, se libró una batalla política épica, sobre una propuesta para agregar una Enmienda de Igualdad de Derechos a la Constitución ("EID"). El texto disponía, en palabras que se hacían eco de la 19ª Enmienda, que "la igualdad de derechos ante la ley no será negada o restringida por los Estados Unidos o por cualquier Estado por razón de sexo". En una etapa de la controversia, muchos progresistas, hombres y mujeres por igual, sintieron que la enmienda era un error. Las mujeres, argumentaron, necesitaban protección especial, en lugar de igualdad. Nadie presentaría tal argumento hoy. En 1972, el Congreso aprobó la EID y la envió a los estados para su ratificación. Muchos estados estuvieron de acuerdo rápidamente. Pero se desarrolló una poderosa reacción conservadora, liderada por Phyllis Schlafly y la Enmienda fracasó; no hubo suficientes estados que la ratificaran para permitir que entrara en vigor.[181] Schlafly y otros argumentaron que la EID obligaría a las mujeres a ingresar en el ejército como soldados de combate, que conduciría la eliminación de baños separados, y que obligaría a las mujeres a trabajar lo quisieran o no. Todo esto, por supuesto, era un sinsentido; pero los conservadores le creyeron en masa. Schlafly ganó y la EID perdió. Pero fue una victoria pírrica. Las mujeres tuvieron que mantener sus baños separados y también obtuvieron plena igualdad jurídica, solo que no a través de la EID.

El conflicto sobre la EID tuvo sus paralelos en otras áreas del derecho estadounidense. En *el caso Muller c. Oregón* (1908),[182] una ley estatal estableció horas máximas para las mujeres que trabajaban en fábricas (diez horas al día). La Corte Suprema de los Estados Unidos confirmó la ley cuando fue impugnada por motivos constitucionales. La mayoría (no todas) las mujeres líderes aclamaron esto como una gran victoria, una señal de progreso. Hoy, la victoria parece bastante hueca; y el lenguaje de la opinión es (en términos de hoy) lo suficientemente sexista como para hacer que la mayoría nos estremezcamos. En el dictamen se destacaba "la estructura física de la mujer y el desempeño de las funciones maternas"; "las madres sanas", dijo la Corte, eran esenciales, porque producían "descendencia vigorosa". Las mujeres, en resumen, pertenecían al hogar, no a la fábrica. Pero mientras estuvieran en la fábrica, el Estado tenía el derecho, tal vez el deber, de protegerlas del desgaste físico que haría que ellas fuesen menos buenas como madres o madres potenciales. En ese momento, en términos generales, las trabajadoras también cobraban menos que los hombres. A los progresistas les gustó la decisión porque parecía pro-laboral. A comienzos del siglo 20, las mujeres casadas indudablemente preferían quedarse en casa, y no ser esclavas en las fábricas – siempre y cuando sus maridos devengasen un salario decente.

Lo que parece progresista en un período parece retrógrado en otros. El espíritu de *Muller v. Oregón* está a millas de distancia del espíritu de la gran Ley de Derechos Civiles de 1964. Esta trascendental ley prohibió la discriminación por motivos de raza, religión, nacionalidad y género en la vivienda, la educación, los alojamientos públicos y el empleo. Supuestamente, la inserción de una prohibición a la discriminación de género fue una idea de último momento. La historia es que los miembros Sureños del Congreso, que querían que el proyecto de ley fuera derrotado, añadieron al texto una prohibición contra la discriminación sexual. Esperaban que esto arruinara toda la idea. Si ello fue así, la táctica fracasó. Siete años más tarde, en 1971, la Corte Suprema repentinamente "descubrió" que la Cláusula de Protección de la Igualdad de la 14ª Enmienda, adoptada en 1868, cuando las mujeres no votaban ni ocupaban cargos, en realidad estaba destinada a prohibir la discriminación de género.[183] Desde entonces, la Corte Suprema y otros tribunales federales han acopiado un impresionante cuerpo de jurisprudencia sobre discriminación sexual.[184] Y un cuerpo de leyes aún más impresionante — normas, reglamentos y casos — surge de la Ley de Derechos Civiles y del trabajo de la Comisión de Igualdad de Oportunidades en el Empleo (EEOC, por sus siglas en inglés), que administra los aspectos clave de esa ley.

Irónicamente, o tal vez no tan irónicamente, en muchos de los casos cruciales, los *demandantes fueron hombres* en lugar de mujeres; y fueron los hombres, en lugar de las mujeres, quienes obtuvieron las victorias. En *Díaz v. Pan American World Airways* (1971),[185] el demandante, Celio Díaz, Jr., solicitó un trabajo como auxiliar de vuelo de aerolínea. Fue rechazado. La aerolínea contrató mujeres y solo mujeres para ese trabajo. La aerolínea argumentó que los pasajeros preferían azafatas "femeninas". Un psiquiatra, declarando en nombre de Pan American, afirmó que las cabinas de los aviones eran espacios cerrados, similares a úteros; las "necesidades psicológicas" de los pasajeros eran "mejor atendidas por mujeres". El tribunal, sin embargo, se negó a aceptar este argumento bastante descabellado. Díaz ganó su caso; y desde entonces, los hombres pueden solicitar y efectivamente solicitan estos trabajos.

Podría decirse que, si los hombres consiguen trabajos como asistentes de vuelo, esto significa menos empleos para las mujeres. Pero a pesar de esto, fue fácil para las feministas aplaudir la decisión. Del mismo modo, en *Mississippi University for Women v. Hogan* (1982),[186] el demandante, Hogan, solicitó la admisión a la Escuela de Enfermería de la Universidad. Pero Hogan era hombre y la escuela solo aceptaba mujeres. La Corte Suprema decidió a favor de Hogan. La política de sólo mujeres viola la Constitución; era discriminatoria y tendía a "perpetuar la visión estereotipada de la enfermería como un trabajo exclusivamente de mujeres".[187]

Este es quizás el punto crucial de estos casos. Están diseñados para romper los estereotipos. Atacan la idea de guetos ocupacionales. ¿Por qué los médicos siempre deben ser hombres y las mujeres siempre enfermeras? Mejor abrir ambas profesiones. Las escuelas de medicina están ahora llenas de mujeres; y aunque pocos hombres eligen ser enfermeras, el cambio podría estar en camino. Los cursos de enfermería están reclutando activamente hombres (un curso en Oregón usó el lema, "¿Eres lo suficientemente hombre para ser enfermera?"). Y si los hombres pueden repartir té y café en las aerolíneas, las mujeres también pueden patrullar un área, o sentarse en la cabina de un avión jumbo y volarlo a través del océano. Esto también está empezando a suceder.

Las decisiones y las leyes son, en muchos sentidos, tanto efectos como causas. Tomemos, por ejemplo, el tremendo aumento de mujeres abogadas. Las mujeres comenzaron a exigir el derecho a ejercer la abogacía en la década de 1870. Se encontraron con una amarga resistencia. Myra Bradwell, de Illinois, fue una de estas pioneras. Fue rechazada por el estado de Illinois; y cuando apeló ante la Corte Suprema de los Estados Unidos perdió nuevamente.[188] La "ley del Creador", según el juez Joseph Bradley, decretó que el "destino y la misión primordial de las mujeres es la de cumplir los nobles y benignos oficios de esposa y madre". Unos pocos pioneros audaces en otros estados tuvieron mejor suerte a finales del siglo 19. Para 1900, el derecho de las mujeres a ejercer la abogacía estaba bien establecido; y varias escuelas de derecho (aunque no algunas escuelas muy notables como, por ejemplo, Harvard) admitían mujeres estudiantes. Sin embargo, pocas mujeres aprovecharon esta oportunidad. ¿Por qué? Las presiones familiares y las limitaciones sociales las frenaron. Fue sólo en las décadas de 1960 y 1970 que la situación comenzó a cambiar dramáticamente. Hoy en día, en los Estados Unidos, una cuarta parte de todos los abogados, y casi la mitad de todos los estudiantes de derecho, son mujeres. La situación es similar en muchos otros países. Las mujeres francesas lucharon por obtener el título de *avocat*; sin embargo, hoy en día, representan casi la mitad de los *avocats* en Francia. En Alemania, en 2006, el 31% de los abogados eran mujeres, y aproximadamente la misma cantidad de jueces.[189] En Inglaterra, aparentemente no hubo mujeres abogadas hasta la década de 1920, y a fines de la década de 1960, representaban menos del 3% de todos los abogados. Pero a finales de siglo, más de un tercio de todos los abogados eran mujeres; y, como en otros países, dado que aproximadamente la mitad de todos los estudiantes de derecho son mujeres, el porcentaje está destinado a aumentar.

El calendario para la aprobación de leyes contra la discriminación en muchos países ha seguido un camino similar al de los Estados Unidos, y aproximadamente en el mismo período, los años posteriores al final de la Segunda Guerra Mundial. En Francia, los decretos gubernamentales de 1946 exigieron el fin de la discriminación salarial; pero no logró respaldar esta piadosa esperanza con sanciones genuinas. En la década de 1970, sin embargo, se aprobaron verdaderas leyes contra la discriminación; y en 1983, una ley sustancial y sólida de igualdad de oportunidades.[190] En Canadá, ya en 1962 se aprobó una ley de derechos humanos en Ontario. La legislación federal de derechos humanos, que incluía la prohibición de la discriminación sexual, siguió a fines de la década de 1970. La discriminación sexual en el empleo, la educación y otras áreas fue prohibida por una amplia ley de derechos civiles aprobada en Alemania en 2006.[191]

La verdadera revolución feminista, por supuesto, es una revolución social, y es, de hecho, la fuente de la revolución legal. El cambio real, por imperfecto que sea, ha llegado con respecto a la posición social de las mujeres y, sobre todo fundamentalmente, sobre la posición de las mujeres en la familia misma. El verdadero cambio llegó cuando las hijas se redefinieron a sí mismas como seres humanos completos; y cuando los padres y las madres alentaron a sus hijas a convertirse en cirujanas, plomeras, asesoras, abogadas y oficiales de policía, en lugar de enfermeras y maestras de escuela, o simplemente amas de casa. El movimiento feminista, entonces, en su núcleo, refleja la premisa fundamental del movimiento de derechos humanos: la igualdad jurídica de todos los seres humanos y, en la medida de lo posible, también la igualdad *social*. Esto, de nuevo, se basa en un núcleo aún más básico, las versiones modernas del individualismo; y, en particular, el énfasis en la autorrealización y la autoexpresión. Las "fuerzas sociales emancipativas reflejadas en los valores de autoexpresión" tienden a liberar a las mujeres y a alentar movimientos en diversas sociedades para dar a las mujeres más poder y derechos.[192]

La revolución feminista ha marcado una gran diferencia en la sociedad, pero, por supuesto, ha sido sólo un éxito parcial. Ha habido movimientos feministas en todos los países occidentales. Cada uno tiene sus propias peculiaridades; pero los movimientos se refuerzan y ejercen influencia mutuamente, y en el fondo son muy parecidos. La tendencia del desarrollo ha sido uniformemente en una dirección: más mujeres en los negocios, en la política, en todos los ámbitos de la vida. Las democracias asiáticas son en general más lentas y recalcitrantes que las democracias europeas. Pero en teoría y en el derecho formal, las mujeres japonesas o taiwanesas tienen los mismos derechos que los hombres; y poco a poco la teoría se va convirtiendo (más o menos) en práctica. El feminismo también ha llegado a los países del tercer mundo: ha impactado, obviamente, a los estratos de élite de la sociedad, pero a menudo también ha profundizado. Las familias en la China rural todavía quieren hijos, no hijas; pero para los chinos urbanos esto está cambiando. Probablemente las sociedades más reacias son los países islámicos conservadores. Incluso aquí hay algunos signos de rebelión leve por parte de al menos algunas mujeres.

Las diversas declaraciones de derechos y las nuevas constituciones pretenden formalmente hacer que hombres y mujeres sean iguales ante la ley. Por ejemplo, la *Grundgesetz* alemana establece: "Los hombres y las mujeres tienen los mismos derechos" y "Nadie debe ser favorecido o desfavorecido por motivos de género" (Artículo 3).[193] Muchos tratados y cartas internacionales expresan el ideal de la igualdad de género. Esto incluye la Carta de las Naciones Unidas de 1945 y, muy notablemente, la Convención sobre la Eliminación de Todas las Formas de Discriminación Contra la Mujer ("CEDAW", por sus siglas en inglés), de 1981. Este documento condenaba "la discriminación contra las mujeres en todas sus formas". Los Estados que lo firmaron acordaron "aplicar por todos los medios apropiados y sin demora una política de eliminación de la discriminación" (artículo 2). La Convención continúa enumerando, con cierto detalle, lo que (supuestamente) se requiere de los países que la firmaron: esto incluye el derecho a votar "en todas las elecciones" en pie de igualdad con los hombres (artículo 7); poner fin a la discriminación en el mercado de trabajo (artículo 11: el derecho al trabajo es "un derecho inalienable de todos los seres humanos"); y en el cuidado de la salud. Más de 180 países han firmado, incluidos (de todos los lugares) Arabia Saudita y Afganistán, sin mencionar a Corea del Norte; y aunque muchos de estos países han expresado "reservas", ninguno de ellos parece rechazar la idea de los derechos de las mujeres del todo.

La igualdad de género, entonces, es aceptada como un principio constitucional básico; y un aspecto fundamental de los derechos humanos. Convertir la teoría en práctica es otra historia. Los hombres han sido dominantes en la mayoría de las sociedades desde los albores de los tiempos; y los cambios en la forma en que hombres y mujeres se relacionan entre sí, las actitudes que tienen y las instituciones que refuerzan el "patriarcado" son endiabladamente lentas para cambiar. Pero el cambio *ha* ocurrido, y en muchos sentidos más rápidamente de lo que la mayoría de la gente podría haber imaginado. Y, como sucedió con la campaña contra la violencia doméstica, sobre la cual Sally Merry ha escrito,[194] hay alguna evidencia de que los tratados y declaraciones marcan una diferencia. Por lo menos, inician un debate y catalizan movimientos sociales para y sobre las mujeres. Beth Simmons ha argumentado que este ha sido el caso en Japón y en Colombia, donde la CEDAW ha hecho al menos alguna diferencia. Cuando las mujeres tienen "tanto el motivo como los medios para utilizar el derecho internacional para mejorar sus oportunidades de derechos, la CEDAW ha demostrado ser una herramienta poderosa en sus manos".[195]

Por supuesto, en muchos países, ¿en la mayoría de los países? ¿Casi todos los países? — El hogar y la familia siguen siendo bastiones y ciudadelas de la supremacía masculina. Incluso en los países desarrollados, los detalles y los límites de la igualdad de género están sujetos a una disputa considerable. Está, por ejemplo, la cuestión del aborto. La Corte Suprema de los Estados Unidos sostuvo, en el famoso caso *Roe v. Wade*,[196] que la Constitución protegía el derecho de la mujer a elegir interrumpir su embarazo, particularmente durante los primeros meses después de la concepción. Este ha sido, desde entonces, un tema muy controvertido; la Corte Suprema ha vacilado y tambaleado, pero *Roe v. Wade* nunca ha sido anulado.

De cualquier manera, constitucionalmente hablando la ley en Alemania ha tomado un rumbo bastante diferente. En la década de 1970, el tribunal constitucional alemán derogó una ley que permitía el aborto a pedido durante el primer trimestre; el tribunal consideró que la *Grundgesetz* otorgaba a los no nacidos el derecho a la vida y el derecho a la protección jurídica.[197] La Corte no cerró la puerta a las leyes que permitían el aborto en algunas circunstancias; y hubo más litigios, y una gran cantidad de retoques legislativos en la década de 1990. La ley finalmente permitió el aborto, pero proporcionó asesoramiento obligatorio; el seguro de salud estatal "pagaría por abortos que fueran 'legales' en el sentido de que se llevaron a cabo por razones de violación, incesto o amenaza grave para la vida o la salud de la mujer". Este fue un "compromiso incómodo" que no satisfizo a nadie; pero, a diferencia de la situación estadounidense, "la movilización en torno al tema del aborto se ha desvanecido".[198]

La cuestión del acoso sexual es otro ejemplo de diferencias de enfoque. Los tribunales de los Estados Unidos consideran que el acoso sexual es una violación de las normas contra la discriminación de género. Pero ¿en qué consiste exactamente el acoso sexual? Los tribunales y agencias estadounidenses han encontrado acoso sexual (y un "ambiente de trabajo hostil") en situaciones que no calificarían como tales en otras sociedades. Aquellos que se oponen al enfoque estadounidense a veces incluso argumentan que las "medidas contra el acoso sexual" tienden a "destruir las relaciones de género nacionales, naturales y saludables al sofocar el coqueteo y el erotismo en el trabajo". Incluso se oye, en Francia, hablar de una "cultura mediterránea de la seducción" que de alguna manera merece ser protegida.[199]

Un interesante ensayo de Myra Marx Ferree señala la diferencia entre las formas europeas y estadounidenses de enmarcar el problema de la igualdad de género. Los estadounidenses, argumenta, usan la "metáfora" de la raza en las discusiones de género, más o menos equiparando los problemas de género y raza. Los europeos ven la desigualdad de género como discriminación de *clase*, más que como una práctica social comparable a la discriminación racial. La distinción, ella opina, tiene consecuencias importantes. Si el género es como la raza, entonces la política de género tiende a no centrarse tanto en "la importancia de la pertenencia a un grupo"; más bien, el objetivo es ayudar a las personas a alcanzar su "máximo potencial". Tratar el género como clase tiene ventajas y desventajas. Ayuda a movilizar a las mujeres, junto con otros grupos oprimidos; pero también tiende a minimizar cualquier reclamo especial de las mujeres, cuando afirma ser diferente de alguna manera de otros grupos de víctimas.[200]

Esta distinción nos recuerda el debate, dentro del movimiento de las mujeres, a favor y en contra del "esencialismo" de género. Despojado de complejidades, esto es la cuestión de si las mujeres son o no "esencialmente" diferentes de los hombres. Obviamente, hay diferencias biológicas: las mujeres quedan embarazadas, dan a luz a niños y los amamantan. Tienen menos vello corporal y tienden a ser más pequeñas que los hombres. Los hombres tienen músculos más grandes, en promedio; pueden embarazar a las mujeres, pero durante el resto del período de nueve meses el proceso es completamente de ellas. Muchas cosas están claras. Pero ¿hay algo mucho más allá de esto? Las afirmaciones de que las mujeres son más cariñosas y empáticas que los hombres; o, por otro lado, que son menos intelectuales o creativas; o que son moralmente superiores; o que no pueden hacer matemáticas; o que tienen menos apetito sexual, ¿son todas estas afirmaciones solo culturales, o (para decirlo de otra manera) socialmente construidas? ¿Todas ellas provienen de un orden social dominado por los hombres y sirven a los intereses del patriarcado? En los viejos tiempos, la respuesta habitual a esta pregunta era claramente no. Las mujeres eran idealizadas y denigradas (y a veces demonizadas), pero, en cualquier caso, se las consideraba fundamentalmente diferentes de los hombres, habitando una esfera diferente, un mundo diferente, que a veces era un refugio y, a veces, una especie de prisión social.[201]

Algunas feministas son ellas mismas "esencialistas", pero el impulso básico de la ley moderna, y la fuerte tendencia en la sociedad moderna, es antiesencialista. O, para decirlo de otra manera, la ley parte de la suposición de que las mujeres pueden hacer cualquier cosa que los hombres puedan hacer, y se les debe permitir intentarlo; sus talentos y ambiciones también pueden ser los mismos que los de los hombres. Se les debe permitir la igualdad de acceso a cualquier oportunidad. Deben tener libertad de elección de ocupación. Se les debe permitir ser oficiales de policía, directoras de orquesta sinfónica, pilotos de aviones y cualquier otra cosa que deseen, incluso al frente de altos cargos de estado. Los talentos de al menos algunas mujeres se encuentran en estas direcciones.

¿Qué pasa con el derecho a ser una "trabajadora sexual", o más claramente, una prostituta? La reciente ley alemana ha dicho que sí; cediendo a las demandas de las propias prostitutas quienes formaron un grupo de presión. Las mujeres, en virtud de esta ley, pueden inscribirse como miembros de la profesión y pueden contribuir a los planes de pensiones y seguro de salud. Esta ley, en cierto sentido, dio estatus a lo que a menudo se llama "la profesión más antigua". Como ha señalado Rebecca Pates, esto fue una respuesta a la idea de que "la prestación de servicios sexuales" fluía del "derecho a la autodeterminación", el derecho a decidir "qué hacer con el propio cuerpo". En Suecia, por otro lado, la prostitución (como es común en otros lugares) es ilegal. La opinión sueca es que la prostitución ha sido "un aspecto de la violencia masculina" y "una forma de explotación de las mujeres", que es "perjudicial no sólo para la mujer prostituida individual... pero también a la sociedad en general". La igualdad de género "seguirá siendo inalcanzable mientras los hombres compren, vendan y exploten a las mujeres...prostituyéndolas".[202]

Ambos puntos de vista pueden ser defendidos por motivos feministas. El punto de vista sueco es obviamente en un sentido más realista: mira a la prostitución en su contexto social, y no le gusta lo que ve allí. El estatuto alemán parece sugerir que las mujeres eligen esta línea de negocio, racional y fríamente, al igual que podrían elegir convertirse en cajeras de banco o azafatas. Pero la prostitución podría ser un caso especial. Dejar que las mujeres elijan ser pilotos de aerolíneas o agentes de policía no plantea las mismas cuestiones. La tendencia general en la ley es derribar las barreras que mantienen a las mujeres fuera de ciertas ocupaciones. Esto significa otorgar a las mujeres las mismas opciones, y la misma dignidad, que a los hombres. Si ingresar a la "profesión más antigua" es solo un ejemplo de elección es un tema complejo, más complejo que hacer espacio para las mujeres como dentistas. De manera indiscutible, ningún estado decidirá prohibir a las mujeres quedarse en casa, cuidar a los niños, cocinar y remendar los calcetines del marido; pero no es realista pretender que cuando una mujer elige ser *hausfrau*, su decisión es completamente voluntaria y sin restricciones. La sociedad, en contexto, impregna esta elección de significados; y lo mismo es cierto de la "elección" de una mujer de vender su cuerpo por dinero en efectivo. Las mujeres (como los hombres) son empujadas en ciertas direcciones, a menudo por fuerzas que no captan o entienden claramente.

La mayoría de las opciones ocupacionales están menos cargadas de significado y contradicción que la elección del "trabajo sexual". En la etapa actual de desarrollo, menos mujeres que hombres deciden ser pilotos de líneas aéreas u oficiales de policía. Pero la política exige que las puertas no se cierren contra aquellas que toman esta decisión. Y algunas mujeres *tomarán* esta decisión. Quizás más y más a medida que pase el tiempo. El antiesencialismo es, por lo tanto, una actitud importante, desde un punto de vista político. Esto es así, independientemente de que las mujeres se comporten igual que los hombres, o no; si tienen los mismos talentos y emociones o no; y si *alguna vez* se comportarán igual que los hombres. Por razones políticas, entonces, la actitud "estadounidense" en el ensayo de Ferree puede ser preferible a la actitud "europea". Es más fiel a la premisa fundamental del movimiento de derechos humanos, es decir, la igualdad de todos los seres humanos, en la ley y en la sociedad; y al carácter distintivo subyacente del individualismo que está en el núcleo del movimiento.

IGUALDAD PLURAL

El movimiento de derechos civiles en los Estados Unidos fue un fenómeno social destacado y extraordinario a finales del siglo 20. El movimiento exigió igualdad, derechos y oportunidades para los afroamericanos. Las mujeres también exigieron sus derechos. Una pequeña avanzada de feministas se había estado agitando durante más de un siglo; pero durante el período posterior a la Segunda Guerra Mundial, el movimiento se hizo más fuerte, también más integral; y mucho más exitoso. Otras minorías, los hispanos, por ejemplo, y los pueblos nativos americanos, promovieron sus propias causas y además, los ancianos y los discapacitados, y las llamadas minorías sexuales. Cada uno de estos grupos logró resultados que habrían parecido asombrosos e imposibles en épocas anteriores.

Tampoco son movimientos simples ni primordialmente estadounidenses. Dondequiera que haya minorías raciales encontramos movimientos de derechos civiles o equivalentes. Muy llamativos han sido los movimientos que exigen derechos para los pueblos indígenas en América Latina, en Australia y Canadá. Los diversos movimientos se influyen e inspiran mutuamente. En Brasil, por ejemplo, el movimiento estadounidense de los derechos civiles despertó la conciencia de los afrobrasileños; y ayudó a contrarrestar el mito de que no existe la discriminación racial en Brasil. Cada país desarrollado tiene su movimiento de mujeres; y algunos subdesarrollados también. Los Estados Unidos fueron pioneros en leyes sobre discriminación por edad; pero, de diversas formas, en la actualidad se han extendido a Australia, Canadá y la Unión Europea. Australia también tiene una Ley de Discriminación por Discapacidad, aprobada en 1992, dos años después de que el Congreso aprobara la Ley de Estadounidenses con Discapacidades ("ADD" por sus siglas en inglés). La ADD tenía como objetivo "promover el reconocimiento y la aceptación...del principio de que las personas con discapacidad tienen los mismos derechos fundamentales que el resto de la comunidad".[203]

Lo que todos ellos tienen en común es una ideología que yo llamo igualdad plural. La igualdad plural es más que un ataque a la discriminación manifiesta; también desafía patrones más sutiles de dominación; y exige igualdad de legitimidad, dignidad, respeto. Las minorías no solo quieren ser toleradas, sino *reconocidas*, consideradas con el mismo derecho a participar en la política como la mayoría, y ser consideradas tan dignas como la raza, el género o el idioma gobernantes. La mayoría en los Estados Unidos, Francia o la República Checa es blanca y cristiana. La igualdad plural es la noción de que otras razas y religiones son iguales a la mayoría en cuanto a derechos, dignidad y oportunidades. Esto, por supuesto, es un ideal y no una realidad. La discriminación contra los afroamericanos no está muerta; el pueblo romaní es perseguido en la República Checa; y sería ingenuo argumentar que el antisemitismo es sólo un mal recuerdo; o que los musulmanes en Francia tienen las mismas oportunidades de vida que los franceses "reales". Pero el ideal es importante, y no simplemente como una ideología. Tiene consecuencias políticas y sociales reales.

Establecimos una distinción entre tolerancia e igualdad plural. Durante el siglo diecinueve, en los Estados Unidos, en Gran Bretaña y en otros países europeos, las religiones no cristianas fueron ciertamente "toleradas". Pero el cristianismo (protestantismo en algunos países, catolicismo en otros) era la religión dominante, y la única religión que gozaba de un reconocimiento real. Nadie sufrió persecución religiosa. No hubo Inquisición, ni auto de fe. Los judíos podían construir sinagogas, los musulmanes podían construir mezquitas. Pero estas otras religiones vivían, por así decirlo, como inquilinas en la casa de otra persona. El estado reconoció el sábado cristiano, no el día de descanso judío o musulmán. Navidad y Pascua eran fiestas nacionales. En algunas partes de los Estados Unidos, a principios del siglo XIX, la "blasfemia" era un delito. Existían leyes que (potencialmente) castigaban a las personas que injuriaban el cristianismo, no a las personas que injuriaban el islam o el judaísmo, o, en su caso, al paganismo. Inglaterra todavía tenía una iglesia constituida. La Inglaterra del siglo XIX ya no asesinaba a católicos; y los católicos, de hecho, finalmente obtuvieron el derecho a votar y pertenecer al Parlamento. Los "disidentes" eran libres de construir sus capillas y adorar como quisieran. Pero, de nuevo, todo esto era tolerancia, no igualdad plural. Una mayoría dominante amablemente concedió estos derechos; pero todos entendían qué personas eran realmente propietarias de la casa y cuáles no; a cuáles se les permitía ir y venir a su antojo, pero sin ningún sentido de verdadera propiedad.

La igualdad plural, si la llevas a su "extremo lógico", implica "que no *hay* minorías; no hay hegemonía cultural y moral". Después de todo, cada persona, independientemente de su raza, género, etcétera, es un "individuo único"; ningún individuo debe sufrir debido a su pertenencia a un grupo, ya sea que el grupo sea racial o religioso; o incluso si el grupo es sordo o ancianos o mujeres atraídas por mujeres en lugar de hombres.[204]

En cierto modo, la idea central es lo que podríamos llamar *mainstreaming*. Este término se usa para describir la política de poner a los niños con discapacidades (digamos) en las mismas clases que los estudiantes que no tienen discapacidades. O podría describir la práctica de equipar los autobuses con pequeños ascensores para que las personas en sillas de ruedas puedan montarlos. La igualdad plural, en otras palabras, va mucho más allá de la política de prohibir la discriminación abierta. Sin duda, ese es el primer paso, para que un brillante jugador de béisbol negro con talento pueda jugar con los Yankees de Nueva York; y una mujer negra con una voz notable y hermosa pueda cantar con la Ópera Metropolitana. Pero significa ir más allá de los pasos para eliminar los obstáculos formales; también significa "nivelar el campo de juego". Esto podría requerir libros publicados en Braille y rampas y ascensores para permitir que los discapacitados disfruten de las instalaciones públicas. Podría significar una acción afirmativa para eliminar el legado de la discriminación pasada. Y podría significar, sobre todo, tratar a cada uno de los grupos en cuestión como si *fueran* parte de la mayoría, y tratarlos en un plano de igualdad emocional y psicológica.

¿De dónde viene la igualdad plural? Es la traducción en términos sociales, y en la vida real, de los ideales expresados en todas las cartas, manifiestos y declaraciones: que todos son o deben ser iguales en dignidad y en derechos para todos los demás. Es la ideología contemporánea del individualismo, una ideología no de filósofos, sino de personas comunes y no tan ordinarias, o al menos de muchos de ellos, algo que sienten, algo en el aire que respiran, algo que es significativo para ellos, aunque no puedan hacerlo o ponerlo en palabras; o incluso estar conscientes de ello. Simplemente está ahí, a su alrededor, y actúan en consecuencia, sin saber por qué piensan como lo hacen; y por qué actúan como lo hacen.

El individuo sagrado: sin embargo, los derechos de las minorías raciales y étnicas parecen, en la superficie, ser derechos de grupo, no derechos individuales. Pero si se analizan cuidadosamente, como mencionamos, uno ve que son realmente derechos individuales. Un objetivo importante del movimiento feminista es asegurarse de que las mujeres tengan las mismas opciones *individuales* que los hombres; y la única manera de hacerlo es eliminar las barreras y luchar contra los estereotipos y prejuicios. Lo mismo puede decirse de las políticas raciales y las políticas en favor de los pueblos indígenas y las llamadas minorías sexuales. Para las personas en sillas de ruedas, como dijimos, la igualdad plural podría requerir engañar a los autobuses con dispositivos para levantar la silla de ruedas. Significa integración. Pero la integración, en cierto modo, es lo que requieren todos los nuevos grupos. Integrar significa ni más ni menos que tratar de cumplir el sueño de la igualdad humana, persona por persona, paso a paso.

8 *Privacidad y Dignidad*

En el arsenal de las conversaciones sobre derechos humanos, sería difícil encontrar un concepto más resbaladizo que "privacidad". La palabra tiene muchos significados y muchos matices. Daniel Solove ha argumentado, de manera bastante convincente, que realmente no hay un denominador común entre las diversas definiciones; que es inútil tratar de extraer algún tipo de esencia del vacío que deja esta vasta y problemática literatura. Muchas personas lo han intentado y han fracasado estrepitosamente. La privacidad simplemente tiene demasiados significados, y se usa de muchas maneras diferentes, para estar atada en un solo paquete ordenado.[206]

No agregaré mi nombre a la lista de intentos fallidos de Solove. La privacidad tiene muchos significados cambiantes. "Privacidad" en el sentido constitucional estadounidense parece significar el derecho a tomar decisiones fundamentales en la vida: opciones sobre sexo y matrimonio, opciones sobre tener o no tener bebés. "Privacidad" también significa el derecho a mantener partes de su vida libres de espionaje; significa controles sobre cosas tales como vigilancia gubernamental o escuchas telefónicas o registros sin orden judicial — El derecho clásico a tratar tu casa como un castillo. La "privacidad" también es el derecho a enviar cartas sin que algún funcionario las abra sin dañar el sobre y lea lo que se escribió. Estrechamente relacionado está el derecho a resistir la intrusión de los paparazzi, los periódicos de farándula y los vecinos entrometidos. Este es el sentido en el llamado "derecho a la privacidad" en el régimen de responsabilidad civil extracontractual, que data de finales del siglo XIX, y ha tenido una carrera irregular desde entonces.

Como es obvio, entonces, el "derecho a la privacidad" es un concepto particularmente confuso en los Estados Unidos. Históricamente, siempre hubo cierta protección para la "privacidad" en un sentido clásico. La Carta de Derechos (*Bill of Rights*) prohíbe los registros e incautaciones irrazonables. Las constituciones estadales hacen lo mismo. La mano dura del estado tenía que mantenerse bajo control. "Privacidad" en este sentido (la palabra no se usaba entonces) significaba libertad del poder del gobierno central.

La "privacidad" en una o más de sus dimensiones se menciona en muchos de los textos fundamentales sobre derechos humanos. Como siempre, el problema está en su interpretación. El artículo 12 de la Declaración Universal de los Derechos Humanos dispone que "Nadie será objeto de injerencias arbitrarias en su vida privada, su familia, su domicilio o su correspondencia, ni de ataques a su honra y reputación. Toda persona tiene derecho a la protección de la ley contra tales injerencias o ataques". Esto sugiere, entre otras cosas, la santidad del hogar, un derecho consagrado en el tiempo. La inviolabilidad de las cartas y otra correspondencia se menciona específicamente. Pero, más allá de eso, la "privacidad" no está definida. Llama la atención, sin embargo, que la protección de la privacidad se combine con la protección del "honor" y la "reputación". El concepto sigue siendo vago: pero los textos dejan claro que algo llamado privacidad es una cara de los derechos humanos.

PRIVACIDAD: LA HISTORIA AMERICANA

Puede ser útil describir, al menos brevemente, cómo el derecho y la sociedad estadounidenses han enfrentado los problemas de privacidad. La Cuarta Enmienda, parte de la Declaración de Derechos, enunció el derecho de las personas "a estar seguras en su integridad, sus casas, papeles y efectos, contra registros e incautaciones irrazonables". No se debía emitir una orden judicial excepto "por causa probable, respaldada por juramento o afirmación", describiendo lo que debía ser registrado o incautado. Docenas de decisiones federales y estadales lidiaron con la cuestión de hasta dónde se extiende la protección. Obviamente, la nueva tecnología hizo que el tema fuera más complicado. Jefferson y Madison no podían concebir el nuevo y valiente mundo de las escuchas telefónicas y las imágenes satelitales, por no hablar de *Google Earth.*

En 1928, en *Olmstead v. United States,*[207] la Corte Suprema de los Estados Unidos se enfrentó por primera vez a la cuestión de las escuchas telefónicas. Olmstead era un contrabandista convicto durante la Prohibición. Era un gran operador. El gobierno reunió pruebas para su enjuiciamiento mediante el uso de una intervención telefónica: pequeños "cables insertados a lo largo de los cables telefónicos ordinarios" de las casas de algunos de los compañeros de Olmstead. ¿Podría el gobierno usar esta evidencia en el juicio? ¿Fue la escucha telefónica una búsqueda e incautación ilegal, prohibida por la Declaración de Derechos? Una mayoría simple de la Corte pensó que no. Nadie había invadido la casa de Olmstead. La filtración se produjo "sin invadir ninguna propiedad de los acusados. Las intervenciones de las líneas de las casas se hicieron en las calles cercanas a las casas." Los jueces disidentes, por otro lado, sintieron que el gobierno había invadido la privacidad de Olmstead. La evidencia, argumentaron, debería haber sido excluida. La Ley Federal de Comunicaciones de 1934 declaró ilegal "divulgar o publicar" comunicaciones, o "interceptar cualquier comunicación y divulgar o publicar" el contenido.[208] Muchos estados ya habían prohibido las escuchas telefónicas. En 1967, la Corte Suprema anuló específicamente el caso *Olmstead,* en *Katz v. Estados Unidos,*[209] Katz, el acusado, había estado transmitiendo "información de apuestas por teléfono desde Los Ángeles a Miami y Boston." Las llamadas se hicieron desde una "cabina telefónica pública." El gobierno argumentó que estas cobardes llamadas telefónicas no estaban protegidas, ya que no se hicieron desde la casa de Katz, sino en un lugar más o menos público. La Corte Suprema revocó la condena de Katz. La Cuarta Enmienda, dijo la Corte, en una frase citada a menudo desde entonces, "protege a las personas, no a los lugares." La Cuarta Enmienda se aplica, entonces, a cualquier lugar o situación donde las personas tengan una expectativa "razonable" de privacidad.

"Razonable" no es exactamente un concepto preciso y objetivo. Cambia de forma, color y significado a lo largo de los años. Lo que era una expectativa "razonable" de privacidad en un período puede parecer irrazonable en otro, y viceversa. Hoy en día, nadie se opone tanto, por ejemplo, a los detectores de metales que escanean nuestros cuerpos a la entrada de un juzgado, o en la fila de seguridad de un aeropuerto. Nos quitamos los zapatos en la fila de seguridad, y si suena el timbre, algún empleado de la Administración de Seguridad del Transporte nos da palmaditas y siente lo que sea que active la máquina. Esta es una práctica estándar. Por supuesto, hace años, esto podría haber sido considerado bastante objetable: una invasión de la integridad corporal. Pero ya no.

En 1989, en *Florida v.* Riley,[210] la policía sospechó que un tal Riley estaba cultivando marihuana en un invernadero en su propiedad. El jefe de la policía sobrevoló la propiedad en un helicóptero. Faltaban dos paneles de techo; así, el policía pudo echar un vistazo dentro del invernadero. Pensó que veía marihuana creciendo allí. ¿Esta excursión en helicóptero violó los derechos de Riley? ¿Fue esto un registro de su propiedad (sin una orden judicial)? Una mayoría simple de la Corte Suprema pensó que no. Riley no tenía ninguna expectativa razonable de privacidad, dadas las circunstancias.

Otro caso cercano fue *Kyllo v. United States* (2001).[211] Aquí, en lugar de un helicóptero, las autoridades utilizaron un dispositivo de imagen térmica contra Danny Lee Kyllo, otro hombre sospechoso de cultivar marihuana. Este dispositivo no podía realmente "penetrar" en una casa, escuchar conversaciones o detectar cualquier otra cosa que estuviera sucediendo. Pero podría, y lo hizo, hacer un registro del calor proveniente de la casa. La casa de Kyllo emitía mucho calor. Cultivar marihuana dentro de un inmueble requiere de mucha luz y calor. El calor de la casa confirmó la sospecha de que Kyllo estaba cultivando marihuana dentro. La policía obtuvo una orden judicial, registró la casa y encontró las temidas plantas. Este fue otro caso decidido por una Corte Suprema estrechamente dividida. Cinco jueces se pusieron del lado de Kyllo. La termografía era una especie de "búsqueda": las autoridades deberían haber obtenido una orden judicial *antes* de usar el dispositivo.

Este pequeño rincón del derecho constitucional sigue dando problemas a los tribunales. En el centro del problema está la marcha hacia adelante de la tecnología. En un momento, la gente *era* bastante "privada" en casa. Tan pronto como cerraron la puerta y bajaron las persianas, estaban totalmente seguras. Nadie, a menos que esa persona estuviera escondida en el armario o debajo de la cama, podía espiarla en casa. Pero esto es cada vez menos cierto. ¿Quién sabe qué maravillas técnicas seguirán a las "imágenes térmicas"? La cámara hogareña y anticuada se ha vuelto muy sofisticada; tal vez ya somos capaces de ver a través de las paredes. La "imagen" en los aeropuertos ya es una realidad.

Las reglas sobre escuchas telefónicas y dispositivos similares son complejas y confusas. Las razones son claras. Hay una especie de carrera armamentista entre los infractores de la ley y los encargados de hacer cumplir la ley. El público está en ambos lados a la vez. El público quiere que los criminales sean descubiertos, capturados y castigados. El público tiende a estar dispuesto a comprar seguridad al precio de una pérdida de privacidad, especialmente si se trata de la privacidad de otra persona. La llamada guerra contra el terrorismo ha hecho que el problema sea cada vez más intenso. La vida, desde 2001 ha sido un estado constante de alerta naranja. La gente apoyará cualquier táctica o tecnología, si puede frustrar a la gente con bombas atadas a sus vientres, u ocultas en sus zapatos o su ropa interior. Y, sin embargo, al mismo tiempo, la gente quiere una zona de privacidad, una zona de inmunidad; odian los detectores de radar; y, en Alemania, incluso un censo se consideró demasiado intrusivo, en la forma en que fue propuesto inicialmente. El Tribunal Constitucional alemán estuvo de acuerdo; la ley del censo violó los derechos fundamentales, al menos en parte; y el resultado "fue reducir unos 40 millones de formularios de cuestionario a un montón de papel de desecho sin valor."[212]

PRIVACIDAD: LA DIMENSIÓN CONSTITUCIONAL

Tal vez los diversos significados de privacidad tienen una especie de denominador común. Subyacente a muchos de ellos está el concepto de elección: el derecho a decidir qué es y qué no es una decisión privada, incluido el derecho a decidir si tener o no bebés, y cuántos, y qué tipo de sexo tener (por supuesto, con adultos que puedan dar su consentimiento). O cuánto desnudar de su cuerpo, por así decirlo, y cuánto mantener tapado. La elección en sí misma, por supuesto, es un concepto clave en el mundo del individualismo expresivo. En cualquier caso, las opciones críticas de vida que acabamos de mencionar están, en los Estados Unidos, protegidas constitucionalmente y en nombre de la "privacidad".

Este "derecho constitucional a la privacidad", tal como lo desarrolló la Corte Suprema de los Estados Unidos, es una bestia muy diferente del derecho consuetudinario tradicional de Warren y Brandeis, discutido en la siguiente sección. No es simplemente el derecho a quedarse solo, o a disfrutar de la vida privada libre de miradas indiscretas; las elecciones de vida no son necesariamente secretas en absoluto. Se pueden gritar desde los tejados. No obstante, la Corte Suprema ha optado por usar esa palabra para describir ciertos derechos que protege de la interferencia del gobierno.

La palabra "privacidad" no se menciona, por supuesto, en la constitución federal. El tema de la "privacidad" como tal no se discutió, hasta donde yo sé, a finales del siglo 18. Los propios jueces eventualmente desarrollaron la privacidad como un concepto constitucional. Una decisión temprana, en 1942, pareció (al menos en retrospectiva) presagiar la doctrina posterior. El caso, *Skinner v. Oklahoma,*[213] surgió bajo una ley, bastante común en aquella época, que le dio al estado el derecho de esterilizar a los delincuentes habituales y a las personas consideradas "débiles mentales". La Corte Suprema anuló esta ley. Legalmente, la Corte basó su opinión en la cláusula de protección de la igualdad contenida en la 14ª Enmienda. Skinner había robado pollos y cometido un delito a mano armada. Esto lo convirtió en un candidato para la esterilización, contrario, sin embargo, a si su crimen hubiera sido (digamos) malversación de fondos. La Corte consideró irracional e insostenible esta distinción. La opinión aprovechó una creciente repulsión contra la esterilización, que el régimen nazi había hecho aún más profundamente sospechosa. Sin embargo, la opinión de la Corte en un momento dado declaró que el "derecho a tener descendencia" era "básico". Este punto fue un aparte; pero tal vez profético.

El verdadero comienzo del derecho a la privacidad, en el sentido constitucional, comenzó con *Griswold v. Connecticut,* decidido en 1965.[214] Una ley de Connecticut esencialmente tipificó como delito la venta o el uso de anticonceptivos. La Corte Suprema anuló dicha ley. La ponencia principal, del mismo juez, Douglas, quien escribió la opinión en *Skinner,* afirmó que una "zona de privacidad" (invisible a simple vista) acechaba en algún lugar oculto en el texto de la Declaración de Derechos. En sus palabras (a menudo burladas), los derechos en la Declaración de Derechos "tienen penumbras, formadas por emanaciones de esas garantías que ayudan a darles vida y sustancia". El juez Goldberg, quien escribió una opinión concurrente, consideró que la palabra "libertad" en la Constitución implicaba la protección de los derechos personales, se mencionaran o no específicamente, siempre que fueran "fundamentales". El caso *Griswold* puede basarse en un razonamiento jurídico edificado y una lógica inestable (toda la idea de "penumbras" y "emanaciones" es casi, si no del todo ridícula), pero socialmente el caso ha demostrado ser tan fuerte como la Roca de Gibraltar. Algunos de los casos posteriores, muy notablemente las decisiones sobre el aborto son tremendamente controvertidas, y la derecha política quiere que sean anulados. Pero nadie (o casi nadie) pide que se anule *el caso Griswold v. Connecticut.*

Siete años después de Griswold, en *Eisenstadt v. Baird* (1972),[215] los jueces de la Corte Suprema fueron un paso más allá de *Griswold* y ampliaron el derecho a la privacidad que habían descubierto tan recientemente. Massachusetts tenía una ley menos amplia que la de Connecticut; los anticonceptivos no estaban prohibidos, pero estaban disponibles, legalmente, solo para parejas casadas, y solo los médicos y farmacéuticos tenían derecho a distribuirlos. Baird, el acusado, dio una conferencia sobre el control de la natalidad en la Universidad de Boston, y luego distribuyó Espuma Vaginal Emko a una mujer que había escuchado su conferencia. La Corte Suprema revocó su condena. El juez Brennan habló sobre el derecho del "individuo", ya sea casado o no, a permanecer libre de la intrusión del gobierno en una decisión tan fundamental como "si tener o engendrar un hijo".

Un año más tarde llegó el notorio caso de aborto, *Roe v. Wade.*[216] Las restricciones al aborto, sostuvo la Corte, invadieron el derecho a la privacidad: la decisión de tener o no un hijo que pertenecía, por derecho, a las mujeres y sus médicos. Al menos, en los primeros meses del embarazo, ninguna restricción al derecho de una mujer a interrumpir su embarazo era constitucionalmente aceptable.

¿Hasta dónde se extendió este derecho a la privacidad? En *el caso Bowers c. Hardwick* (1986),[217] cinco jueces se negaron a decidir que el derecho a la privacidad protegía las relaciones del mismo sexo entre adultos capaces de prestar su consentimiento. Esto a pesar de que el contacto sexual tuvo lugar en la propia casa del acusado. Esto resultó ser solo un obstáculo en el camino hacia un derecho ampliado a la privacidad. En 2003, en *Lawrence v. Texas,*[218] la Corte Suprema anuló *Bowers v. Hardwick*, y anuló la ley de Texas que hacía del comportamiento homosexual ("sodomía") un delito.

De alguna manera, la Corte en esta línea de casos se adelantó a la opinión pública. Pero, la opinión pública en sí misma no es fácil de medir, y cambia con el tiempo. La decisión del aborto sigue siendo un pararrayos político. Millones de personas la detestan y les gustaría verla deshecha. Probablemente millones de personas detestan el movimiento por los derechos de los homosexuales y desaprueban casos como *Lawrence v. Texas.* Pero los vientos de cambio están barriendo todo el país. Incluso antes de *Lawrence v. Texas,* el movimiento por los derechos de los homosexuales había hecho un progreso asombroso. Al momento de la decisión, la mayoría de los estados ya habían derogado sus leyes de sodomía; solo quedaban más o menos alrededor de una docena. Al momento de escribir este libro, algunos estados, incluidos Massachusetts y Iowa, han ido tan lejos como hasta legalizar el matrimonio homosexual. Los homosexuales también pueden casarse en España y los Países Bajos. Y una serie de estados americanos prevén uniones o parejas de hecho, que son casi matrimonios empaquetados bajo diferentes etiquetas.

La Corte puede estar por delante del público en general; pero no está, y casi nunca está, *muy* por delante. De hecho, la Corte inventó el derecho a la privacidad; eso es cierto. La Corte aquí estaba haciendo lo que a menudo hace: crear derecho, pero apenas disfrazado como una interpretación de textos antiguos. Pero incluso cuando se crea derecho, los jueces siguen siendo criaturas del entorno. El derecho constitucional a la privacidad encaja cómodamente dentro del espíritu del movimiento de los derechos humanos. En este sentido, los Estados Unidos simplemente se han unido, sin el beneficio del lenguaje constitucional, a un movimiento constitucional mundial. Lo que sea que la Corte Suprema de los Estados Unidos haya hecho tiene sus paralelos en otros países, ya sea bajo el encabezado de privacidad, dignidad humana o alguna rúbrica similar.

Muchas de las nuevas constituciones reconocen explícitamente algo llamado "privacidad", ya sea en muchas palabras o con algún otro nombre. La Constitución de Paraguay (1992) establece que la "intimidad personal y familiar" es "inviolable"; la ley protegerá esta "intimidad", así como la dignidad de la persona (Art. 34). Esta Constitución también establece que toda persona tiene derecho a la "libre expresión de su personalidad, a la creatividad y a la formación de su propia identidad e imagen" (Art. 25). La Constitución de Corea prevé la protección de la intimidad del hogar y de las comunicaciones (Arts. 16 y 18).[219] La Constitución de Estonia (Art. 2, sec. 26), habla de la "inviolabilidad de la vida privada y familiar"; el Estado no deberá, por regla general, "interferir en la vida privada o familiar de ninguna persona".[220] Muchas disposiciones de estas constituciones reconocen un derecho clásico — la privacidad del hogar — pero añaden matices que reflejan las normas sociales modernas, en particular, los derechos a la "personalidad" y su desarrollo, lo que significa, en esencia, individualismo expresivo.

Incluso en los Estados Unidos, algunas constituciones estadales, en los últimos tiempos, han agregado cláusulas que reconocen y hacen explícito el derecho a la "privacidad". Estas disposiciones son, en general, notablemente vagas. Esto es de esperar. Muchos parecen reflejar una idea más estrecha y literal de "privacidad" que la que reconoce la Corte Suprema. La Constitución de Montana (Art. II, sec. 10) establece que "el derecho a la privacidad individual es esencial para el bienestar de una sociedad libre y no se infringirá sin la demostración de un interés estatal imperioso". La Constitución de Hawái (Art. I, sec. 6) dice más o menos lo mismo, y ordena a la legislatura que "tome medidas efectivas para implementar este derecho". La Constitución de Florida (Art. I, sec. 23), tiene un enfoque algo diferente. Establece que "Toda persona física tiene derecho a ser dejada sola y libre de la intrusión del gobierno en la vida privada de la persona". La Constitución de California menciona específicamente la palabra privacidad: Los derechos "inalienables" de las personas incluyen "buscar y obtener seguridad, felicidad y privacidad" (Art. 1, sec. 1). La palabra también aparece en la Constitución de Illinois. Las personas tienen derecho a estar "seguras en sus personas, casas, papeles y otras posesiones contra requisas irrazonables, incautaciones, invasiones de la vida privada o intercepción de comunicaciones por dispositivos de escucha u otros medios" (Art. 1, sec. 6).[221]

Algunas cortes estadales también han estado activos en "descubrir" los derechos de privacidad ocultos en sus constituciones. Hardwick, confirmó las leyes estatales de sodomía, a pesar del nuevo derecho a la privacidad, como hemos visto. Pero dos cortes estadales, Kentucky y Georgia, sostuvieron exactamente lo contrario, basándose en sus propias constituciones. La Corte de Montana llegó al mismo resultado en 1997, bajo la disposición de privacidad de la Constitución de Montana.[222] En cada caso, fue algo exagerado para estos tribunales; y un escéptico podría sugerir que las cortes de Kentucky, Georgia y Montana simplemente inventaron todo. Por otro lado, seguramente estaban respondiendo (inconscientemente, tal vez) al espíritu de la época. Lo que es bastante notable es que estas cortes estaban ubicadas en estados bastante conservadores. Las decisiones sobre privacidad pueden ser *legalmente* audaces; socialmente, lo fueron menos. Las cortes marchaban en armonía con las normas de un gran segmento del público, incluso, tal vez, una mayoría.

PRIVACIDAD PERSONAL

Ordinariamente, la discusión sobre otros aspectos de la ley de "privacidad" en los Estados Unidos comienza con un artículo clásico de los abogados socios de Boston Samuel Warren y Louis Brandeis, que apareció en la *Harvard Law Review* en 1890.[223] Esta fue la era del llamado periodismo amarillista, la era de los periódicos baratos y sensacionalistas, que atendían a los gustos del público masivo. Los dos autores eruditos, hombres de gran reputación y miembros de la élite jurídica, se escandalizaron por las payasadas de la prensa, que, según dijeron, fueron más allá de los límites de la "decencia". Los periódicos transmitían "chismes ociosos" al mundo, incluso detalles sobre "relaciones sexuales". La tecnología también era un enemigo. Un nuevo invento maravilloso, la Kodak o cámara "indiscreta", ahora hizo posible tomar la foto de una persona sin su permiso, e incluso sin su conocimiento.[224] Según los autores, el derecho común podía y debía proteger el derecho a la intimidad, el derecho a ser dejado solo o no ser interrumpido, el derecho a no ser objeto de miradas ni cámaras indiscretas. El tono de su argumento era claramente elitista. Su preocupación principal era la privacidad personal de personas respetables y prominentes: personas que podrían ser acosadas y asediadas por columnistas de chismes y por los que más tarde se llamaron paparazzi.

Como veremos, para las "figuras públicas" (Warren y Brandeis seguramente fueron tales figuras), el derecho a la privacidad se ha erosionado enormemente. Choca con la sensación de que el público tiene derecho a saber todo sobre esas personas. Pero la gente común valora su privacidad y su derecho a que los dejen solos.

Para la mayoría de las personas, la privacidad es un derecho; y está conectado a los conceptos de dignidad y valor humanos. Las personas sienten que deberían tener el derecho de controlar la información personal, junto con sus fotos y su comportamiento. Los límites concretos de este derecho se basan en valoraciones sociales; y cambian con el tiempo.

Parte de nuestras vidas es absolutamente privada; y la gente quiere mantenerla en privado, a pesar de que no hay nada vergonzoso o incorrecto en lo que se hace. Supongamos, por ejemplo, que alguien monta una cámara oculta en la habitación de un vecino y toma fotos de una pareja casada haciendo el amor. No hay nada ilegal o inmoral en el sexo; de hecho, el futuro de la especie depende de ello. Sin embargo, casi todo el mundo estaría indignado por esta invasión de la privacidad.[225] Del mismo modo, fotografías secretas que muestren a personas haciendo sus necesidades, aunque este sea un proceso muy natural. O cámaras espía tomando fotos de personas en la ducha. La mayoría de la gente encontraría una foto de sí mismos desnudos, tomada clandestinamente, bastante intolerable; o incluso una foto de ellos en ropa interior. Pero en la playa, esas mismas personas podrían usar un traje de baño que habría sido considerado indecente hace un siglo, y que nadie se habría atrevido a usar en público. Obviamente, las normas están cambiando. Sin embargo, queremos tomar nuestras propias decisiones sobre lo que mostramos y cuándo lo mostramos. Es mi derecho decidir, por ejemplo, si decirle o no a la gente que tengo diabetes. Por esta razón, tal vez, ha habido un tremendo aumento en la sensibilidad a la privacidad médica. La "privacidad" en estos sentidos personales tiene una poderosa atracción emocional.

La ley lucha por proteger estos derechos. Un alto y creciente volumen de casos reportados gira en torno al derecho a la privacidad, en Estados Unidos y también en Europa. En California, docenas y docenas de casos invocan el Artículo 1, sección 1 de la Constitución de California, que usa la palabra mágica "privacidad". Los tribunales han dado al concepto una definición amplia. Estos son derechos, no solo contra el gobierno, sino también contra individuos y empresas privadas. Pero ¿cuánta protección? ¿dónde y cuándo? El significado legal de "privacidad" es difícil de precisar. Una doctrina clave (jurídica) brinda protección en tiempos y lugares donde las personas tienen una "expectativa razonable" de privacidad. Claramente, estos lugares incluyen nuestros baños, dormitorios y duchas. Pero ¿dónde más? *En Vo v. City of Garden Grove* (2004),[226] la ciudad, en el condado de Orange, California, ideó una ordenanza para regular los cibercafés, donde, temían, las pandillas estaban pasando el rato. Una disposición de la ordenanza requería que los cibercafés "instalaran un sistema de videovigilancia", que cubriera "todos los puntos de entrada y salida y todos los espacios interiores, excepto las áreas de baño y oficinas privadas". ¿Fue esto una invasión de la privacidad? La corte dijo que no. Las cámaras no eran intrusivas; y los clientes no tenían una "expectativa razonable de privacidad". La corte mencionó "el uso casi ubicuo de la videovigilancia en establecimientos minoristas, en cajeros automáticos y en intersecciones de carreteras". Si es así, ¿cómo podrían los clientes en el cibercafé, que estaban acostumbrados a tales cámaras de video, reclamar una "expectativa razonable de privacidad"?[227]

Una buena pregunta. La gente parece aceptar cámaras de vigilancia en los bancos y detectores de metales en la entrada de las cortes y otros edificios públicos. Pero ¿fue siempre así? Probablemente no. El público simplemente se ha acostumbrado a estas formas de vigilancia y las acepta. Nuestros tiempos están obsesionados no solo con el crimen, sino también con el temor a los ataques terroristas. En el nombre de la seguridad, se permiten muchas cosas; y esto hace parecer "razonable: lo que no habría parecido razonable antes.

Tenga en cuenta, también, que la ordenanza hizo que los baños y las áreas de oficinas privadas estuvieran fuera del alcance de las cámaras de vigilancia. Esta fue una elección política. En un caso anterior de California (1998), la ciudad de Newport Beach, actuando bajo una orden local, cerró *The Mermaid*, un "establecimiento de entretenimiento para adultos".[228] Los propietarios presentaron una demanda; pero la Corte de Apelaciones de California se puso del lado de la ciudad. Anuló algunas partes de la ordenanza. Una disposición requería que tales lugares contrataran a un "asistente de baño", para evitar que las personas realizaran "actividades sexuales específicas". La corte consideró que esto iba demasiado lejos, pero por motivos distintos a la privacidad. Cualesquiera que sean las "sensibilidades" de los clientes, "no existe un derecho constitucional a la privacidad en los baños de un lugar de alojamiento público". Aun así, muchas personas probablemente encontrarían repelente la idea de cámaras o fisgones en un baño público, y una violación de algo, ya sea que pudieran o no identificar qué era ese algo. El concepto de una "expectativa razonable de privacidad" es necesariamente una tarea inconclusa.

PRIVACIDAD Y EL DERECHO A LA INFORMACIÓN PÚBLICA (DERECHO A SABER)

La privacidad, tal como la entendía la gente, implica el derecho a mantener ciertas áreas de la vida estrictamente privadas. Jurídicamente, los límites del derecho tienen que ser forjados, caso por caso. La comprensión popular de la privacidad fluye de las normas modernas de elección e individualismo, como hemos argumentado. Pero estas mismas normas apoyan el derecho a la transparencia gubernamental y la información sobre asuntos de interés público. Estas normas a menudo entran en conflicto.

En Florida, un niño de catorce años, Glenn Williams, murió de una "aparente sobredosis de drogas".[229] El personal del médico forense realizó una autopsia. Algunos policías tomaron fotografías fijas del procedimiento; y otro funcionario, "usando una cámara de video prestada, hizo una cinta de video de aproximadamente una hora de duración de la autopsia". Este funcionario, en su casa, mostró la cinta a otros dos oficiales de policía, y también a otro hombre, que una vez había sido oficial de policía. Un periódico local dio la noticia sobre el procedimiento de la autopsia y afirmó que tuvo lugar "en un ambiente de fiesta", donde la gente "bromeó y se rio" (los oficiales negaron esto y dijeron que el ambiente era "profesional"). La madre y la hermana del niño muerto demandaron a la ciudad, alegando (entre otras cosas) invasión a la privacidad. Bajo la ley de Florida, los registros públicos están disponibles para inspección pública, y la Corte de Primera Instancia sostuvo que la cinta de video era un registro público. La Corte de Apelaciones revocó la decisión, pero no por motivos de privacidad. De hecho, la Corte consideró que las personas muertas no tienen derechos a la privacidad.[230] Pero muchas personas probablemente no estarían de acuerdo con la Corte; podrían pensar que un derecho sagrado había sido violado, un dolor privado puesto en ridículo, o al menos en miradas indiscretas.

Ni Glenn Williams ni su madre y su hermana eran "figuras públicas" en el sentido del presidente estadounidense, o el Papa, o en su caso, una famosa estrella de rock. Por otro lado, lo que le sucedió fue noticioso, hasta cierto punto. Hasta cierto punto era una cuestión de interés público. Un tema controvertido en la ley de privacidad es la pregunta: ¿a quién protegen las leyes? Aquí, el derecho y la sociedad hacen una clara distinción entre la gente común y las "figuras públicas". Para las figuras públicas, el derecho a la información pública es muy importante. En los

Estados Unidos, en términos prácticos, incluso la vida sexual de una figura pública, o el tipo de ropa interior que compra y usa, parece ser información valida. El (supuesto) derecho del público a saber todo sobre la vida y las figuras públicas descansa aparentemente (u ostensiblemente) en el hecho de que esta información es importante en una sociedad democrática.

Brandeis y Warren estaban preocupados, en su época, por los chismes, la prensa amarillista y las violaciones de los derechos de privacidad de los miembros respetables de la élite nacional. Estarían aún más preocupados hoy. Esta es la era de las revistas de fans, los periódicos de farándula y los tabloides. La era de la televisión, Internet y las cámaras de vigilancia. Los paparazzi son como moscas zumbando sobre el mundo de los ricos y famosos; y tienen teleobjetivos, paciencia y descaro infinitos. Y Warren y Brandeis estarían muy decepcionados con el estado actual del derecho estadounidense. Su objetivo, una especie de capullo de ley de responsabilidad civil que protege a las élites, está casi muerto. El edificio de la privacidad, al menos para las figuras públicas, ha sido desmantelado en gran medida por los tribunales. Para aquellos que *son* figuras públicas, no queda mucho de los derechos de privacidad, al menos en los Estados Unidos. Tal vez haya un límite. Podemos preguntarnos si el público tiene derecho a saber absolutamente *todo* sobre el Presidente, incluida su vida sexual; o cada detalle humeante y sórdido de las vidas y hábitos personales de las estrellas de cine. Quizás no. Aun así, si eres rico, prominente o importante; si subes al escenario público, por así decirlo, puedes decir adiós a la mayoría, sino a todos, tus derechos a la privacidad.[231]

En los Estados Unidos, una importante línea de casos de la Corte Suprema, comenzando con *New York Times v. Sullivan* (1964),[232] tiene una relación directa con el tema. Este caso no se refería a la privacidad en absoluto, sino más bien a la difamación. Como de costumbre, los hechos reales del caso ayudan a explicar su resultado. Este fue, esencialmente, un caso de derechos civiles. Los segregacionistas sureños estaban probando otra táctica en su batalla para aplastar al movimiento de derechos civiles. El vehículo que utilizaron fue un caso de difamación contra el *New York Times*, que había publicado un anuncio patrocinado por organizaciones de derechos civiles. El anuncio criticaba a ciertos funcionarios públicos del sur; y, de hecho, contenía algunos pequeños errores fácticos. Estos errores fueron suficientes para envalentonar a un jurado sureño totalmente blanco para imponer una fuerte multa al *Times*. La Corte Suprema vino al rescate. Anuló el caso de difamación. La Constitución, dijo la Corte, protege el derecho a criticar a los funcionarios públicos. Incluso si la crítica es objetivamente incorrecta, es privilegiada y no puede formar la base de una acción por difamación, a menos que, es decir, la crítica haya sido una mentira deliberada o hecha con "desprecio imprudente" por la verdad. Más tarde, la Corte extendió la regla, más allá de los hechos del *New York Times* y más allá de los funcionarios públicos; todas las *figuras* públicas, es decir, básicamente todos los famosos o dignos de mención, compartieron esta inmunidad.[233] El principio también se aplicaba a los casos de privacidad: las figuras públicas, en otras palabras, tenían derecho a una menor protección por su privacidad que el común de las personas, porque la información sobre sus vidas, amores y comportamiento era de interés público.

Claramente, el Presidente, los miembros del gabinete, los alcaldes y los gobernadores son figuras públicas; pero también lo son las estrellas de cine, los jugadores de baloncesto famosos y las celebridades en general; sin mencionar a los líderes empresariales, cantantes de ópera, autores de novelas más vendidas y científicos ganadores del Premio Nobel. Una pregunta más difícil involucra a las llamadas figuras públicas involuntarias. ¿Cuánta protección debería haber, en la ley de privacidad y difamación, para la gente común repentinamente puesta en el centro de atención? Personas que ganan la lotería, víctimas de un crimen sensacional o desastre natural, ¿o personas que cometen un crimen sensacionalista, o personas que sufren de enfermedades raras y asombrosas? No hay una respuesta simple y el derecho todavía está en constante cambio.

Fundamentalmente, las sociedades democráticas modernas tienen el deber de mantener el secreto al mínimo. Esto se desprende de la naturaleza misma de la democracia. El público tiene derecho a saber lo que el gobierno está haciendo. Bajo la Ley de Libertad de Información de los Estados Unidos,[234] el público tiene acceso a actas, documentos, papeles y archivos de organismos públicos. La mayoría de los países tienen algo más o menos similar, por ejemplo, la Ley de Derecho a la Información de la India, promulgada en 2005. Naturalmente, hay límites: nadie tiene derecho a exigir los secretos de la construcción de una bomba de hidrógeno, o los nombres de agentes encubiertos de la CIA que trabajan en China o Irán. Pero el derecho a la información se ha vuelto extremadamente amplio; para los miembros de la Mancomunidad de Naciones británica, muchas de las leyes sobre el derecho de acceso a la información reemplazaron o completaron leyes más antiguas que a menudo se llamaban "Leyes de Secreto Oficial". El cambio de nombre es significativo. Hoy en día, "transparencia" es una palabra de moda. El trabajo de las agencias gubernamentales debe ser de por sí un libro abierto. Y si es así, ¿no debería la vida y el historial de un candidato al Parlamento o al Congreso ser también un libro abierto? Mi derecho a la información es, por lo tanto, incompatible con los derechos de privacidad de los altos y poderosos; y con los derechos de privacidad de cualquier persona en la que el público tenga un interés legítimo.

El derecho a elegir, tan fundamental en la sociedad moderna,[235] y que incluye el derecho a elegir líderes, requiere necesariamente de información. Las decisiones tomadas sin pleno conocimiento son tanteos sin rumbo en la oscuridad. El derecho a saber va más allá de lo político y de lo público; también impregna la vida privada. Existe, por ejemplo, la idea del "consentimiento informado" en los asuntos médicos. Esta doctrina apareció en la década de 1950 y ahora es generalmente aceptada.[236] El médico debe decirle al paciente casi todo: qué tratamiento es recomendado, qué tratamiento no es recomendado y por qué; cuáles son los riesgos y los efectos secundarios, y así sucesivamente. Un médico que se queda corto es considerado tan negligente, tan culpable, como un médico que falla en una operación. El paciente tiene derecho a decidir sobre el curso de su propio tratamiento. Y este derecho no tendría sentido sin información total.

En asuntos de familia, los cambios recientes en la ley de adopción hacen posible que los niños adoptados, bajo ciertas circunstancias, busquen e identifiquen a sus padres biológicos. Alguna vez, esto estuvo simplemente fuera de discusión. Ya no más.[237] Hay, por supuesto, buenas razones por las que los niños podrían querer saber algo acerca de su historia genética: esto puede ser información médica bastante relevante. Pero las fuerzas reales detrás del movimiento parecen mucho más viscerales, nada menos que el derecho a la información. Y este derecho está vinculado al derecho a elegir, en este caso, entre padres biológicos y padres adoptivos. El derecho constitucional a la privacidad, como hemos visto, cubre el derecho a elegir, sin interferencia estatal, si tener hijos o no. Al menos para los niños adoptados, existe una especie de derecho a tener padres o no, y cuáles.

PRIVACIDAD Y SOCIEDAD

Un derecho general a saber, con respecto a presidentes, gobernadores y funcionarios públicos, puede resultar directamente de la teoría democrática. Pero ¿por qué debería haber un derecho a saber todo sobre la vida privada de un músico de rock and roll, un jugador de fútbol o una estrella de televisión? ¿Qué le da a la persona promedio el derecho de invadir su privacidad? El libre flujo de información sobre líderes empresariales, cívicos y religiosos puede hallar su justificación más o menos como el caso de los líderes políticos. Para el jugador de fútbol, el caso parece mucho más débil. Sin embargo, él también está clasificado como una "figura pública", y en los Estados Unidos, hay muy poca protección para sus derechos de privacidad. El caso estadounidense puede ser extremo; pero también en otros países hay una tendencia hacia esa misma dirección.

Lo que está involucrado aquí, tal vez, es otra característica de la sociedad moderna. Las sociedades modernas, en general, están obsesionadas e idolatran a las celebridades. Una celebridad no es simplemente una persona famosa. Una celebridad es una persona famosa y *familiar*. La distinción entre fama y celebridad es crucial. Los reyes, papas y emperadores, por ejemplo, siempre han sido famosos, pero antes de los tiempos modernos no eran celebridades. Eran figuras distantes y misteriosas, casi nunca vistas por las masas. Sus hábitos y formas de vida eran desconocidos, excepto para un círculo pequeño e íntimo. Los papas durante mucho tiempo nunca se alejaron del Vaticano. El emperador de Japón y el Dalai Lama eran aún más remotos. Hoy en día, los papas son *celebridades*; viajan, salen al público; son o pueden ser estrellas mediáticas; el público sabe cómo se ven, cómo suenan, cómo caminan y hablan. El Dalai Lama da discursos ante audiencias occidentales embelesadas. En general, los medios de comunicación, especialmente la televisión, actúan para romper la barrera entre las celebridades y el público. Vemos a las celebridades tan a menudo que se nos tornan familiares. Tenemos la ilusión de que realmente los conocemos. Y en cierto modo lo hacemos. Ellos, sin embargo, no nos ven ni nos conocen. La pantalla de televisión actúa como una especie de espejo unidireccional.[238]

La celebridad es un producto de la sociedad moderna. El estatus de celebridad depende de los medios de comunicación. ¿Cuántos estadounidenses vieron alguna vez *a* Thomas Jefferson o escucharon su voz? ¿Cuántos súbditos británicos habían visto u oído a la reina Victoria? Ella era una cara en sellos postales y monedas, nada más. Pero los presidentes y reinas de hoy definitivamente se han convertido en celebridades, al igual que el Papa se ha convertido en una celebridad; y primeros ministros por lo menos dentro de sus propios países. Estos personajes augustos pueden ser (o parecer) más familiares para nosotros, tal vez, que las personas que viven al lado. Y podemos saber más (o pensar que sabemos más) sobre ellos.

La tecnología, entonces, creó la sociedad de celebridades: radio, películas, televisión y ahora Internet. El mundo del espejo unidireccional ha "transformado la política. En gran medida, la imagen reemplaza a la ideología".[239] La tecnología reduce la distancia social entre la celebridad y la audiencia. Todavía hay barreras reales, por supuesto; pero importan mucho menos psicológicamente. En una sociedad de celebridades, las personas tienden a pensar que saben todo lo que hay que saber sobre las estrellas del deporte, figuras políticas, figuras religiosas y otros; y las personas también sienten que tienen derecho a saber. Esta expectativa, al menos podría decirse, tiene un impacto en la regulación de la privacidad; podría decirse que es una de las razones por las que los jueces en los Estados Unidos han borrado la línea entre las figuras públicas y el resto de nosotros, y por qué han despojado de tanta protección de la privacidad a las figuras públicas.

Una cuestión es la definición: ¿quién cuenta exactamente como figura pública? Un caso antiguo, pero bien conocido es *Sidis v. F-R. Publishing Corp.*, decidido en 1940.[240] William Sidis había sido un niño prodigio. Se graduó de Harvard a la edad de 16 años. En 1937, la revista *New Yorker* publicó una serie de artículos, "¿Dónde están ahora?" Para Sidis, la respuesta a la pregunta fue: prácticamente en ninguna parte. El otrora prodigio había hecho muy poco con su vida. Trabajó como empleado en la oscuridad total. Sidis había sido, por así decirlo, una especie de cohete o estrella fugaz, un destello de luz que rápidamente chisporroteó y murió. Pero él era un ser humano, con sentimientos; y Sidis estaba muy disgustado con este artículo. Presentó una demanda por invasión a su privacidad, en vano. La corte mencionó el "interés público en obtener información", aunque es difícil ver en qué consistía ese interés público. Esencialmente (aunque hasta cierto punto implícitamente), el caso sostuvo, primero, que una vez que una figura es pública, siempre será una figura pública; segundo, que cualquier persona de interés periodístico es una figura pública; y tercero, que cualquier cosa en la que el público esté interesado es algo que el público tiene derecho a saber. Casi por definición, si una revista publica una historia sobre alguien, esto debe significar que el público está o puede estar interesado. No todos los tribunales, entonces o ahora, han llegado tan lejos como *Sidis,*[241] pero la tendencia general es en esta dirección: definir "figura pública" de manera bastante amplia; y, una vez hecho esto, interpretar los derechos de privacidad de esas personas de manera muy estricta.

En este sentido, las leyes sobre privacidad de Europa parecen algo diferentes, o, si se quiere, parecen estar algo rezagadas con respecto a las leyes de los Estados Unidos. Estas leyes parecen dar más protección a la privacidad, incluso a las figuras públicas. Todas las naciones modernas son sociedades de celebridades, y las naciones europeas no son una excepción, a juzgar por los tabloides y las revistas de farándula que uno ve en cada quiosco. Pero tal vez las tradiciones de deferencia de algunas culturas europeas (y en la cultura de Japón) apoyan las diferencias en los aspectos *jurídicos* de la ley de privacidad. En otras palabras, la regulación europea puede reflejar una fuerte diferencia entre la cultura jurídica de las masas y la cultura jurídica de las élites (especialmente las élites jurídicas, principalmente los jueces), en comparación con los Estados Unidos. Esto, por supuesto, solo puede ser una suposición.

En Alemania, lo que en inglés se llamaría una figura pública se conoce con el término bastante curioso "una persona de historia contemporánea" ("*Zeitgeschichte*"). El canciller de Alemania es obviamente una persona así, y muchas personas famosas también califican; pero hay también zonas grises. Una de ellas está bien ilustrada en un caso de 1973, decidido por el Tribunal Constitucional alemán. En el trasfondo había un crimen asombroso, un ataque a un depósito de municiones. Cuatro soldados dormidos fueron asesinados y los atacantes robaron armas y municiones.[242]

El demandante era un hombre que no tenía nada que ver con los asesinatos reales. Pero había ayudado a los principales perpetradores, y tal vez había tenido una relación sexual con uno de ellos. Fue juzgado, sentenciado y condenado a seis años de prisión. En 1973, había cumplido parte de su condena y estaba a punto de ser liberado y enviado a casa. Mientras tanto, una compañía de televisión había preparado un documental, "El asesinato de los soldados en Lebach", y planeaba ampliar el elenco de esta filmación. Un actor interpretaría el papel del demandante; y el nombre del demandante se mencionaría repetidamente. El demandante quiso mantener este documental fuera del aire. No es que fuera inexacto; no afirmó que esto fuera así. La veracidad no era el problema. La privacidad y la dignidad lo eran. El Tribunal Constitucional estuvo de acuerdo con el demandante. El documental interferiría con su resocialización. La libertad de expresión es un valor institucional extremadamente alto, que debe sopesarse con los derechos del demandante. Pero al final, la balanza se inclinó a favor del demandante.[243] Tal resultado sería casi inconcebible en los Estados Unidos.

Un ejemplo más reciente, e incluso más extremo, se refería a Armin Meiwes, el caníbal alemán.[244] Meiwes tenía un ansia enfermiza de carne humana; y contactó (a través de Internet) a otra alma aún más enferma, Bernd Brandes, que en realidad estaba dispuesta a ser comida. Los dos se juntaron, y después de una extraña ceremonia, Meiwes de hecho mató y se comió a su víctima. Cuando, más tarde, este hecho llegó a conocimiento de las autoridades, Meiwes fue arrestado y llevado a juicio. Finalmente, fue declarado culpable de asesinato y sentenciado a cadena perpetua.[245] Su caso, como se puede imaginar, fue objeto de titulares espeluznantes en todo el país. Una compañía cinematográfica preparó una película obviamente basada en el caso. Se llamaba, en alemán, "Rohtenburg", un juego de palabras con el nombre de la ciudad alemana, Rotenburg, y la palabra "roh" que significa crudo; el título en inglés era "Butterfly: A Grimm Love Story". La película estaba programada para estrenarse en Alemania en 2006, pero Meiwes recurrió judicialmente y le pidió a la corte que impidiera cualquier exhibición pública. La película, afirmó, invadió sus derechos a la privacidad. Sorprendentemente, ganó, al menos al nivel de los dos primeros tribunales donde se juzgó el caso. Sólo en apelación ante el Bundesgerichtshof se rechazó la reclamación de Meiwes. Este tribunal revocó la decisión de los tribunales inferiores; por un lado, el tribunal consideró que el propio Meiwes había hecho públicos muchos detalles sobre su vida y su crimen. No había derecho a "exigir que sea retratado públicamente solo de la manera en que desearía ser retratado". Aun así, aunque Meiwes perdió al final, había llegado bastante lejos escalando la pirámide de los tribunales; y los tribunales importantes habían tomado su argumento muy en serio. En los Estados Unidos, no habría tenido un argumento válido en absoluto. Su notorio crimen, mostrado en todas las páginas de tabloides y revistas, lo habría convertido, sin duda, en una figura pública.

Las decisiones de los tribunales inferiores también son interesantes, ya que tienen un olor definitivo a elitismo. De hecho, parecen hacerse eco de algunas de las preocupaciones de Warren y Brandeis. Armin Meiwes ciertamente se había convertido en una especie de figura pública; pero la película propuesta (en opinión de estos tribunales) no tenía ningún propósito en particular. Era una película de terror, y como tal, no iba más allá del mero entretenimiento, aunque fuese un entretenimiento desagradable. Sólo servía para satisfacer una especie de curiosidad morbosa y lasciva por parte del público.

Estos tribunales, entonces, estaban dispuestos a otorgar *cierta* medida de privacidad, incluso a una figura pública; y rechazaron la idea de que cualquier cosa en la que el público esté interesado sea de interés público. En un caso japonés, un periódico publicó una "primicia" sobre la hija de un político prominente. Según el periódico, esta mujer se había casado a pesar de las objeciones de sus padres. Luego se mudó a Los Ángeles, donde más tarde se divorció. La mujer, la señorita Tanaka, trató de impedir la publicación. En última instancia, perdió. Un tribunal de apelaciones estuvo de acuerdo en que sus aventuras matrimoniales eran privadas y no eran asunto público. Pero el tribunal también consideró que no se había causado un gran daño a su reputación, y negó su reclamo sobre esa base.[246] Una vez más, en los Estados Unidos, es difícil ver que ella hubiera tenido algún argumento válido.

La ley inglesa parece estar en un estado de cambio. El derecho a la intimidad, tal como está entendido, no se basa en la ley, sino en la jurisprudencia y las convenciones europeas. Pero los jueces ingleses parecen albergar actitudes similares a las actitudes de algunos de los jueces alemanes. El reciente asunto de Max Mosley sirve de ilustración interesante. Mosley era el hijo de una figura notoria, Sir Oswald Mosley, el líder de la organización fascista de Gran Bretaña durante la Segunda Guerra Mundial. El joven Mosley era el jefe de la organización de carreras de Fórmula Uno, que dirige la carrera de autos Grand Prix, entre otras cosas. Así, Mosley era una figura más o menos conocida por derecho propio. Un tabloide británico "publicó fotos y videos de él disfrutando de una sesión de sexo sadomasoquista de cinco horas con prostitutas en un apartamento de Chelsea". Mosley demandó por invasión a su privacidad, y el julio de 2008 le otorgaron 60,000 libras — "lo más elevado por una demanda de privacidad en la historia jurídica reciente", más las costas judiciales.[247] Para los jueces británicos, al igual que los jueces alemanes, la curiosidad mórbida del público no era una razón en sí misma por la que esta historia espeluznante debiera ser expuesta a la vista. Sin duda, la historia de la vida sexual de Mosley vendió muchos, muchos periódicos. Pero no había "ningún interés público ni otra justificación para la grabación clandestina...o para la colocación de los extractos de video en el sitio web de Noticias del Mundo". Había límites, entonces, sobre lo que el público tiene derecho a saber.

Un caso reciente ante el Tribunal Europeo de Derechos Humanos (2004) involucró a la princesa Carolina, miembro de la familia real de Mónaco.[248] Los paparazzi habían estado hostigando a la princesa, y ella demandó para impedir la publicación, en Alemania, de algunas de las muchas fotos que habían tomado de ella y de su familia. No había nada sensacional en estas fotografías. La mostraron a caballo, en unas vacaciones de esquí, en una canoa con su hija, yendo de compras, jugando al tenis. En una serie de fotos, la princesa, en un club de playa, vestida con un traje de baño y envuelta en una toalla, tropezó y cayó de frente.

El Tribunal Constitucional alemán sostuvo que era una figura pública. Sí tenía derecho al respeto por su vida privada; pero fuera del hogar, no tenía derecho a la privacidad, a menos que estuviera en un "lugar apartado — fuera de la vista pública". En consecuencia, se negó a concederle reparación. El Tribunal Europeo de los Derechos Humanos, sin embargo, no estuvo de acuerdo. El Tribunal consideró que la princesa tenía derecho a la intimidad, y el mero hecho de que estuviera en un lugar público no echaba abajo ese derecho. Sería ir demasiado lejos insistir en que estuviera en un lugar aislado y escondido. Además, las fotografías en cuestión, si se publican, no podrían "considerarse que contribuyen a ningún debate de interés general para la sociedad". El único propósito de tal publicación sería "satisfacer la curiosidad de un público de lectores particulares". Nótese una vez más el tono elitista: la "curiosidad" pública no es suficiente para justificar la invasión de la privacidad, en marcado contraste con el tenor general de la jurisprudencia estadounidense.

James Whitman ha sugerido que hay dos culturas separadas de privacidad. Se basan en dos "conjuntos básicos de valores diferentes". El "núcleo" europeo es su "interés en la dignidad personal, amenazado principalmente por los medios de comunicación"; el núcleo estadounidense es un interés en la "libertad, amenazada principalmente por el gobierno".[249] Muchos aspectos de esta tesis son atractivos e incluso persuasivos. Pero, primero, las diferencias entre las dos culturas pueden ser bastante estrechas. En segundo lugar, si estoy en lo cierto sobre la cultura de las celebridades, entonces las diferencias pueden serlo con respecto a la cultura jurídica interna (la cultura de los jueces, para ser más exacto), en lugar de diferencias en la cultura jurídica general. El público en Europa, como he dicho, parece tan obsesionado con las celebridades como el público del otro lado del Atlántico. Que los paparazzi estén tan ansiosos por tomar fotografías de la vida cotidiana de la princesa Carolina ciertamente lo sugiere. Había un *mercado* para estas fotografías. Un tabloide alemán publicó una vez una foto del príncipe Carlos, el príncipe de Gales, en la ducha, bajo el titular exclamando: "¡Carlos desnudo!" como si eso fuera una especie de evento cósmico. La familia real británica se quejó, pero decidió (quizás sabiamente) no hacer nada más. Cómo le hubiese ido a un caso así en los tribunales es una pregunta interesante. Es difícil ver cómo el cuerpo más bien ordinario de Carlos sería relevante para cualquier asunto público importante. Sin embargo, vendería muchos miles de periódicos. La jurisprudencia sugiere, entonces, que algunos fragmentos de la vieja cultura de deferencia, un viejo elitismo, aún podrían sobrevivir en Europa, habiendo encontrado algún tipo de refugio en el mundo enrarecido de los jueces.

LA PRIVACIDAD Y SUS DESCONTENTOS

La privacidad de los ciudadanos comunes es un problema importante hoy en día. También es una cuestión específicamente moderna. En las sociedades tradicionales, apenas hay privacidad real y nadie espera nada diferente. Había aún menos privacidad en las sociedades premodernas. En la Europa medieval, la gente común vivía en pequeñas chozas, junto con sus hijos, e indudablemente también con cerdos y gallinas. En las grandes casas de la nobleza, los sirvientes estaban en todas partes, e incluso los reyes y reinas carecían de la misma clase de privacidad que cualquier persona de clase media consigue hoy en día. Multitudes de nobles vieron a Luis XIV de Francia vestirse, lavarse y afeitarse. El rey, en su mayor parte, vivió una especie de vida en una pecera dorada.

La cultura moderna es muy diferente. Los padres de clase media están seguros de que sus hijos necesitan espacio personal para prosperar. Idealmente, cada niño debe tener su propia habitación. Y privacidad significa espacio: literal y figurativamente. Significa una zona dentro de la cual las personas pueden expresarse. Un lugar donde el Estado no tiene derecho a entrometerse. Tal vez una habitación donde *los padres* no tienen derecho a entrometerse. Es el derecho a que te dejen solo; y el derecho a estar solo. Estar solo, incluso en medio de una multitud de personas. La privacidad también implica el derecho a ser anónimo en la mayoría de las situaciones. La celebridad, por supuesto, no tiene anonimato. Pero la gente común normalmente lo tiene. Pueden haber llegado a tolerar cámaras de vigilancia, en lugares públicos;

pero probablemente asumen que las imágenes no se almacenan permanentemente; y se acostumbran tanto a las cámaras, que incluso pierden conciencia sobre ojo espía del Estado.

Las expectativas de privacidad, entonces, están en su mayor parte profundamente arraigadas en la vida moderna. La expectativa brota de la misma raíz que el movimiento de los derechos humanos en general. Los derechos de privacidad son los hermanos consanguíneos del individualismo moderno. El yo requiere espacio para crecer y alcance para elegir; y esto implica privacidad, en los ambos sentidos de Whitman. Tanto los medios de comunicación como el Estado deben mantenerse a raya.

Sin embargo, a medida que las expectativas de privacidad han crecido, también lo han hecho las amenazas a la privacidad. Aquí hay que mencionar el increíble desarrollo de las técnicas de vigilancia, y el uso cada vez más extendido de estas técnicas. Las cámaras y otros dispositivos similares son armas en la guerra contra el crimen, y en gran medida armas en la guerra contra el terrorismo. Probablemente el público acepta e incluso da la bienvenida a gran parte de este tipo de vigilancia. Casi nadie parpadea ante las cámaras en los bancos, o ante la inspección de equipaje y bolsos en los aeropuertos. Hay miles de cámaras de vigilancia en las calles de Londres, ojos que nunca duermen; en 2003, había más de cuatro millones de estas cámaras de circuito cerrado de televisión. Otras setenta y cinco ciudades en el Reino Unido tienen sistemas de vigilancia pública. La ciudad de Chicago, Illinois, tiene miles de ellos. El alcalde de Chicago defendió la práctica: “No estamos”, dijo, "dentro de su hogar o su negocio”, como si estos fueran los únicos lugares donde reinara la verdadera privacidad. Después de todo, explicó, la ciudad “es dueña de las aceras”.[250]

El uso de estas cámaras puede ser preocupante. En un caso interesante, *Peck v. Reino Unido* (2003), una decisión de la CtEDH,[251] el demandante, Peck, era un alma atribulada, que sufría de una profunda depresión. En 1995, por la noche, “caminó solo por la calle principal hacia un cruce central en el centro de Brentwood con un cuchillo de cocina en la mano e intentó suicidarse cortándose las muñecas". La cámara lo filmó, llamaron a la policía, detuvieron a Peck (salvándole la vida) y lo sometieron a tratamiento. Hasta ahora bien. Pero la filmación, que lo muestra caminando en la calle con el cuchillo (la filmación no mostró el intento de suicidio), fue publicada, vista en la televisión, y comentada en la prensa. Esto se hizo de tal manera que identificó a Peck ante sus amigos. Él presentó una demanda contra el gobierno local que había publicado la cinta, alegando una invasión a su privacidad. La corte inglesa lo rechazó.[252] A continuación, él recurrió ante la CtEDH, que falló a su favor, citando el artículo 8 de la Convención Europea, que otorga a todos el "derecho al respeto de su vida privada y familiar". El gobierno británico argumentó, por supuesto, que este lamentable evento "no formaba parte de su vida privada", ya que sus "acciones ya eran de dominio público". La Corte no estuvo de acuerdo. Filmar era una cosa; publicar la película era otra. Se había violado el artículo 8 y le otorgaron a Peck daños sustanciales.[253]

El caso es un buen ejemplo de la audacia y creatividad de la CtEDH. También ilustra la forma en que la Convención Europea funciona como una especie de declaración de derechos y también como un documento constitucional. Actúa, como señalamos, como una especie de constitución suplementaria en muchos países, y una especie de constitución para países sin una constitución escrita (Inglaterra y Holanda son ejemplos).[254]

El caso también ilustra uno de los hechos — y peligros — de la vida moderna. Podría decirse que la privacidad está en crisis. Alguna mutación del concepto de privacidad es un derecho humano fundamental; o al menos eso piensa la gente. Pero la privacidad también es, de cierto modo, una especie en peligro de extinción. Nuestros nombres, mensajes e imágenes son información almacenada. La caja registradora en el supermercado escruta qué latas de sopa y cajas de jabón en polvo compran los clientes. Las cámaras barren las calles por las que caminamos, los edificios que visitamos, los viajes que hacemos. Si programamos el televisor para grabar nuestro programa de entrevistas favorito (e imaginamos, erróneamente, que estamos frustrando a los anunciantes codiciosos), nuestras acciones aseguran que esta información se anote, registre y almacene para su uso futuro, incluido el uso por parte de los anunciantes.[255] La tecnología moderna hace posible que las máquinas lo vean todo, lo registren todo, lo almacenen todo y lo recuperen todo. Todo, por supuesto, depende de cómo se use la tecnología. La tecnología también puede destruir nuestro precioso anonimato; sin embargo, el anonimato es un aspecto importante de nuestro *sentido* de privacidad. La ciudad puede ser propietaria de las aceras en Chicago; y un hombre que camina por el Boulevard Michigan está "en público"; pero no espera ser filmado, o si lo hace, espera que la filmación se borre pronto y se vaya para siempre. Junto con el derecho al anonimato, hay un derecho (sentido) de evanescencia: queremos y necesitamos un ambiente en el que la mayor parte de lo que digamos o hagamos se lo lleve el viento.

Es demasiado pronto para expresarnos en un tono fatalista. Lo que más poderosamente protegen los derechos de privacidad de la gente común es el simple hecho de que nadie en las altas esferas está interesado en lo que hacen. Pero tan pronto como entran en algún tipo de vaga esfera de preocupación pública, incluso esa barrera se derrumba. Es difícil encontrar e imponer algún tipo de equilibrio jurídico e institucional entre lo privado y lo público. Muchas personas están justificadamente inquietas. De acuerdo con una historia de primera plana aparecida en el *New York Times* en octubre de 2009, la gente en Inglaterra se había "cansado de la vigilancia en casos menores".[256] Inglaterra fue descrita como un país "donde las cámaras de seguridad acechan en cada esquina" y "bases de datos gigantes realizan un seguimiento de los detalles personales íntimos". Jenny Paton, una "madre de 40 años con tres hijos", era sospechosa de "falsificar su dirección para llevar a su hija a la escuela del vecindario". Las autoridades locales comenzaron una operación de vigilancia masiva. No encontraron nada. Pero lo que sorprendió a mucha gente fue que los gobiernos locales tienen el poder de usar estas operaciones de vigilancia para todo tipo de propósitos: "atrapar a las personas que no reciclan, a las personas que sacan su basura demasiado pronto...personas cuyos perros ladran demasiado fuerte" o que "operan taxis ilegalmente".[257] Y las personas que están siendo observadas e investigadas, a menudo no tienen idea de que este proceso está en marcha. Esto les da a los gobiernos locales lo que es potencialmente un poder impresionante. Sin embargo, Inglaterra es un país libre y democrático — al parecer — y orgulloso de sus tradiciones democráticas.

Las concepciones de los derechos humanos nunca son estáticas. Son maleables, abiertas al cambio e influenciadas por todo tipo de circunstancias. Este es un punto crucial. No hay, que yo sepa, ningún gran movimiento de protesta destinado a deshacerse de las cámaras de Londres. Estas cámaras, después de todo, son armas en la guerra interminable contra los malhechores. Las "guerras" contra el crimen, contra las drogas, contra los terroristas, dan lugar a medidas difíciles de justificar por otros motivos. El último ejemplo, y quizás el más peligroso, es la llamada "guerra contra el terrorismo". Los terroristas suicidas, especialmente los que atacaron el World Trade Center en 2001, llevaron a algo cercano al pánico social. Y, muy notablemente, una erupción de programas y leyes en muchos países. Muchas de estas leyes son bastante draconianas; A veces entran en conflicto con la comprensión habitual del estado de derecho, por no hablar de los conceptos de privacidad y dignidad. Los británicos, por su parte, utilizaron medidas bastante extremas, incluso brutales, en la lucha contra los terroristas republicanos irlandeses. Muy pocas personas se quejaron. Hubo poca protesta en los Estados Unidos contra muchas de las medidas que la administración de George W. Bush impulsó a través del Congreso, o adoptó por decreto presidencial. Algunas personas sugirieron que tal vez los derechos constitucionales fueron, digamos, algo dilatados. Pero el Congreso apenas pronunció un gemido de protesta (al comienzo). Más bien, el Congreso actuó con una prisa casi indecente para aprobar la "Ley Patriota de los Estados Unidos", poco después del ataque al World Trade Center. Esta ley amplió enormemente los poderes del ejecutivo para luchar en la nueva "guerra" contra el terrorismo.

Muchas personas sensatas defienden todas estas medidas. La Constitución, como dice una frase (bastante odiosa), no es un pacto suicida. Los tiempos extremos exigen medidas extremas: encerrar a personas sin juicio, la Bahía de Guantánamo y sus equivalentes, "detenciones extrajudiciales" y prisiones secretas, varios tipos de registros e incautaciones, escuchas telefónicas sin orden judicial y tal vez incluso tortura (especialmente si una bomba está haciendo tictac, aunque esto nunca sucede realmente). Todo esto en flagrante desprecio de lo que normalmente se considerarían derechos constitucionales, de personas acusadas o sospechosas de actos peligrosos o ilegales. Las leyes también retuercen la forma del gobierno. Aumentan el "poder ejecutivo, tanto en términos absolutos como relativos"; reducen el poder de las legislaturas y de los tribunales.[258] Esta tendencia no se limita de ninguna manera a Gran Bretaña y los Estados Unidos. Las medidas en Alemania han corrido en forma paralela. Rolf Goessner habla de "daños colaterales" en el "frente interno". En la guerra contra el terrorismo, argumenta, el peligro de ataques terroristas es enormemente exagerado; y el estado de derecho es una víctima. Algunas medidas adoptadas en Alemania, en nombre de la seguridad, casi equivalen a invertir la presunción de inocencia.[259] La guerra contra el terrorismo se alimenta de profundos sentimientos de inseguridad. La tendencia de los medios de comunicación a enfatizar lo que es sensacionalista, excitante y peligroso se suma a la bebida letal. El Estado y sus órganos de seguridad son los que se benefician de este proceso.

El terrorismo es sólo un tipo de delito. Crea un clima extraordinario de miedo, tal vez porque es tan aleatorio e impredecible. Una tasa de criminalidad creciente en general, o, para ser más exactos, una tasa creciente de delitos violentos también crea un clima de miedo. Cuando se ve atrapado por este tipo de pánico, el público tiende a exigir medidas drásticas. Y se vuelve dispuesto a tolerar cierta erosión de lo que la gente normalmente consideraría sus libertades. La pérdida de derechos es mayor para las personas que al público masivo le importan muy poco: los pobres, los desvalidos en general, sin mencionar a las personas que realmente están cometiendo crímenes. Muchos países europeos han logrado evitar este tipo de pánico; sus sistemas son, al menos, *relativamente* humanos; trabajan duro para mantener bajas las tasas de encarcelamiento, rehabilitar a los presos y tratarlos con dignidad. Estados Unidos, por desgracia, es muy diferente.[260] Y ciertos países que están "en tránsito" pueden tener un problema especial. La "transición" suele ser de algún tipo de dictadura hacia algo más democrático. Si las tasas de criminalidad aumentan, o parecen aumentar, esto tiende a evocar un tipo peligroso de nostalgia, un anhelo por el pasado, por los buenos viejos tiempos, cuando las autoridades eran expertas en mantener la tapa en el país.[261]

Pero, como ilustra la situación británica, dejar que este tigre en particular salga de su jaula puede ser extremadamente peligroso. Las armas utilizadas contra el terrorismo y el crimen violento también tienen otros usos: espiar a la gente común en su vida cotidiana; como Jenny Paton en su tranquilo rincón de Inglaterra. Casi todo el mundo piensa que hacer cumplir la ley es generalmente algo bueno. De eso se tratan la policía, la justicia penal y las prisiones. Pero la gente siempre ha asumido que la aplicación será imperfecta. Les gustaría una mayor aplicación de la ley, contra asesinos, violadores, traficantes de drogas. Pero ¿qué pasa con las personas que conducen más rápido que el límite de velocidad? ¿O incluso personas que conducen ligeramente borrachas? La gente se comporta asumiendo que la mayoría de los conductores se saldrán con la suya. Ellos mismos van más rápido que el límite de velocidad, aunque en su mayoría dentro de lo razonable. Lo mismo para los conductores ligeramente ebrios; No esperan ser atrapados, y en su mayoría tienen razón. La gente también asume que, si hacen una o dos llamadas personales en el trabajo, nadie lo sabrá y a nadie le importará. O si se llevan algunos bolígrafos a casa desde la oficina. La gente siente, en otras palabras, que hay lagunas y márgenes de maniobra tanto en la ley como en la vida. ¿Cómo se sentiría un estado de aplicación total de la ley? Mi conjetura es que se sentiría increíblemente opresivo. Sin embargo, la tecnología hace que un estado de aplicación total sea una posibilidad cierta. Si estamos o no al borde de este tipo de distopía es otra cuestión.

9 Derechos Sociales, Económicos y Culturales

DERECHOS SOCIALES Y ECONÓMICOS

Ha habido una importante discusión en la literatura sobre los llamados derechos sociales y económicos, como es el caso de los derechos a la atención médica, a los alimentos y al trabajo.[262] Muchos autores de derechos humanos han establecido una distinción entre derechos negativos y positivos. Los derechos "negativos" o "libertades", son reglas que dicen a los gobiernos lo que no deben hacer: no deben, por ejemplo, restringir la libertad de expresión ni de prensa, ni adoptar medidas que menoscaben la libertad de expresión o religión. Las leyes contra la discriminación también entran en esta categoría. Los derechos "positivos", por otro lado, son los derechos sociales. Piden al gobierno que *haga* algo: proporcionar algún bien social, como vivienda o educación o algo similar.

Estos son, me parece, términos desafortunados: no hay nada "negativo" sobre el derecho a tener un juicio justo, o el derecho a la libertad de expresión. Se necesita mucha acción estatal, y a veces mucho dinero y esfuerzo, para igualar la forma en que se trata a hombres y mujeres. Se necesita dinero y esfuerzo para nivelar el campo de juego en el empleo para personas ciegas o en sillas de ruedas. Pero, como de costumbre, la lógica tiene poco o nada que ver con el problema. Los derechos "negativos", en general, fueron lo primero, históricamente hablando. Pueden ser caros; pero también son mucho más baratos que algunos de los derechos "positivos". Sin embargo, un derecho "positivo" (el derecho a la educación gratuita, al menos en el nivel de la escuela primaria) es antiguo y costoso. Lo que es más crucial, por supuesto, es lo que piensan las élites y el público en general sobre qué derechos son "fundamentales" o "inherentes". Muchos de los derechos "negativos" principales (la libertad de expresión, por ejemplo) han superado serios obstáculos, al menos en las sociedades democráticas. La idea de un "derecho" a la alimentación o a la vivienda no ha podido lograrlo, al menos no todavía. El derecho a la educación, por otro lado, definitivamente lo ha logrado. Y lo mismo ocurre con el derecho a la atención médica: grandes mayorías en muchos países (tal vez incluso en los Estados Unidos) piensan que el gobierno debería ser "responsable" de satisfacer las necesidades de atención médica.[263]

Las constituciones más antiguas, la Constitución de los Estados Unidos que es casi la más antigua aún vigente, generalmente no decían nada sobre los derechos sociales. Pero muchas de las más recientes lo hacen. La Constitución sudafricana es una de las más típicamente comentadas; tiene muchas cláusulas sobre "derechos sociales". Un derecho a la educación no es particularmente sorprendente. Pero la Constitución sudafricana también habla de "acceso a una vivienda adecuada" (sección 26), el derecho a "servicios de atención médica", a "alimentos y agua suficientes" y a la "seguridad social" (sección 27).

La Sección 7 de la Carta de Derechos impone al Estado el deber de "respetar, proteger, promover y cumplir" los derechos enumerados. La Constitución colombiana de 1991 instruye al Estado a garantizar la seguridad social, así como los subsidios alimentarios para los pobres (Art. 46); otro artículo (49) habla del acceso a la atención médica para todos; otro (51) sobre el derecho a una vivienda adecuada. Incluso, existe una disposición que reconoce el derecho de todas las personas a la recreación y al deporte; estos son parte del sistema educativo y deben ser apoyados públicamente ("constituyen gasto público social", Art. 52). Las enmiendas a la Constitución de Indonesia establecen que el 20% del presupuesto estatal, como mínimo, debe gastarse en educación; el Estado también tiene el deber de cuidar a los pobres, "desarrollar un sistema de seguridad social y empoderar a los desfavorecidos" y "proporcionar servicios públicos que incluyen: instalaciones médicas".[264]

La Constitución croata establece un "derecho a la asistencia" para las "necesidades básicas" de los "ciudadanos débiles, indefensos y otros ciudadanos no atendidos" (Art. 3, sección 57); el "derecho a la atención médica" está "garantizado" a todos los ciudadanos (Artículo 58); Además, toda persona tiene "derecho a una vida sana" y a un "medio ambiente sano" (Artículo 69). Y en 1986, la Asamblea General de las Naciones Unidas adoptó una "Declaración sobre el Derecho al Desarrollo". El "derecho al desarrollo", según este documento, es un "derecho humano inalienable"; todo el mundo tiene "derecho a participar en el...desarrollo económico, social, cultural y político". Hay cláusulas sobre la paz, la eliminación del racismo, etcétera; pero también (Art. 8) "igualdad de oportunidades" con respecto al "acceso a los recursos básicos, la educación, los servicios de salud, la alimentación, la vivienda, el empleo y la distribución justa de los ingresos".[265]

Como de costumbre, la Declaración no tiene colmillos. A los gobiernos se les dice qué hacer, pero no hay manera de asegurarse de que sigan estas órdenes. Lo mismo puede decirse básicamente de las diversas disposiciones constitucionales sobre derechos sociales. Curiosamente, muchas de estas listas se encuentran en las constituciones de los países pobres o en desarrollo, y no en las constituciones de los países más ricos, que sí podrían permitírselo. No todos, por supuesto, están de acuerdo en que estos "derechos sociales" sean fundamentales. La opinión conservadora, en muchos países, rechazaría, por ejemplo, la noción de que el Estado debería proporcionar "servicios de atención médica"; o vivienda, o pensiones, y mucho menos buena comida y agua potable para todos. Ellos sienten que los gobiernos son tiránicos e ineficientes por naturaleza. Los servicios socializados también son una amenaza para la responsabilidad individual; son un bien precioso. El mercado hace las cosas bien; el gobierno no. Asuntos tales como la atención médica y la vivienda deben dejarse al libre mercado, tanto como sea posible. El debate sobre la reforma del sistema de salud en los Estados Unidos ha demostrado la fuerza política actual de este punto de vista, al menos en ese país.

Por supuesto, muchas personas están de acuerdo con las virtudes, en general, de un sistema de libre mercado, pero todavía piensan que un mercado libre necesita mucha ayuda, por decir lo menos; y que cuando los mercados fallan, el Estado debe intervenir; el Estado debe ayudar a los pobres y desafortunados, y debe proporcionar algún tipo de red de seguridad social. El debate sigue y sigue, y parece ir en círculos. En muchos países, gran parte de la discusión parece puramente académica. El estado de bienestar probablemente esté aquí para quedarse. Es genuinamente popular. Incluso en los Estados Unidos, el Seguro Social y el programa de salud *Medicare* son sagrados y, hasta ahora, intocables. A pesar de ello, ciertamente podemos preguntarnos si es útil o necesario hacer que la vivienda o la atención médica sean reconocidos como derechos constitucionales. La pregunta es, ¿qué se gana o se pierde, insertando el estado de bienestar en la constitución? ¿Y qué nos dicen estas disposiciones sobre los conceptos de derechos fundamentales?

Si miramos el tema de los derechos sociales históricamente, las líneas de evolución son razonablemente claras. La tendencia es inconfundible, a pesar de varios zigzags. Aproximadamente durante el último siglo y medio, la responsabilidad se ha desplazado gradualmente, desde los individuos, y de los libres mercados hacia algún tipo de responsabilidad colectiva, y hacia un papel más importante para los gobiernos. Todos los países desarrollados pueden describirse como estados reguladores del bienestar. El libre mercado está muy vivo y bastantes funciones estatales han sido "privatizadas", pero el Estado también controla y circunscribe el sistema de mercado. Este ha sido, por supuesto, un proceso lento, gradual y fragmentario. El derecho a la educación primaria gratuita, por ejemplo, aparece antes que el derecho a la atención médica gratuita. O pensiones de vejez. Los cambios, por supuesto, no tienen lugar en el vacío. Las pensiones de vejez tienen poco sentido en una sociedad agrícola. Se convierten en un problema cuando las personas trabajan en tiendas, fábricas y minas; y cuando la familia extendida decae bajo las condiciones de la vida urbana moderna. Las pensiones y otras disposiciones de bienestar sustituyen a las normas que hacían que los hijos adultos fueran los principales responsables del cuidado y la alimentación de los ancianos. Más significativo, quizás, es el hecho de que muchas sociedades sienten que son lo suficientemente ricas como para pagar por estos servicios. Cualquiera que sea su posición jurídica, una vez firmemente establecida, llegan a ser vistos como derechos, en lugar de privilegios.

El caso de los Estados Unidos demuestra lo que debería ser obvio: que existen diferencias políticas y culturales entre las sociedades. En una interesante encuesta realizada en 1977, y por lo tanto algo anticuada, se preguntó a personas en varios países si el énfasis principal en los "derechos humanos" debería estar en "derechos políticos, como la libertad personal y la libertad de expresión"; o si el énfasis "debería estar en los derechos económicos, como una alimentación y vivienda adecuadas". En Alemania, el 51% eligió derechos políticos, el 25% derechos económicos; el 24% estaba indeciso. En Francia fue exactamente al revés: 53% para los derechos económicos, 23,9% para los derechos políticos (22,9% indecisos).[266] Hoy en día, la mayoría de los países europeos dan por sentado el seguro de salud universal o, en algunos casos, un plan médico administrado por el Estado. Estados Unidos es un caso atípico; un plan de atención médica fue apenas adoptado bajo la administración de Obama, y enfrenta, al momento de escribir este libro, un destino incierto en los tribunales y en la vida política. Poderosas fuerzas económicas se han opuesto a la "medicina socializada", o lo que sea que definan como tal, y han sido enemigos implacables de programa de salud conocido como "Obamacare". Pero agentes poderosos como las compañías de seguros, las compañías farmacéuticas y las grandes empresas en general no tendrían tanto peso si no tomasen ventaja de las profundas raíces culturales e ideológicas. Sandra Levitsky estudió grupos de apoyo estadounidenses para cuidadores familiares en Los Ángeles. Estos eran hombres y mujeres que luchaban con su duro e ingrato trabajo de cuidar de, digamos, parientes ancianos y dementes. Los sujetos estudiados por Levitsky no pensaban tener derecho a recibir ayuda del gobierno; tenían un fuerte "compromiso normativo" con la idea de que "las familias deberían asumir por sí mismas la responsabilidad principal del cuidado a largo plazo".[267]

Esto lleva a una pregunta: ¿hay algo paradójico en el movimiento hacia los derechos sociales en los países desarrollados? ¿Es esto incompatible con el individualismo expresivo? ¿Cómo encaja el auge de la igualdad plural, lo que significa, básicamente, dar a todos el derecho a *ser* individuos? ¿Cuál es la relación del estado de bienestar con las normas, no de los filósofos políticos, sino de la gente común, en el mundo desarrollado (principalmente), sus patrones de pensamiento, comportamientos y costumbres?

¿Son las personas simplemente inconsistentes? ¿Creen que quieren libertad, autonomía y el derecho a elegir; pero al mismo tiempo, quieren lo que un gobierno paternalista puede darles: seguridad y beneficios? Millones de estadounidenses repiten el mantra de que el gobierno es el problema, no la solución. Están constantemente furiosos por los altos impuestos y la intromisión del gobierno en la economía. Sin embargo, ciertamente quieren educación gratuita, y les encantan los programas como el Seguro Social y Medicare, sin mencionar otros derechos "sociales", como la policía y las fuerzas armadas. Los europeos, quizás, son menos incoherentes; pero no del todo.

En todo caso, las ideas inconsistentes tal como las ideas en general son un fenómeno social. Tenemos que explicar cómo y por qué las personas son inconsistentes. O se puede argumentar que no hay una inconsistencia real aquí. La autonomía individual *depende* de la ley, del gobierno. Como muchos autores han señalado, la "libertad" no es sólo una "ausencia de interferencia con los derechos". También incluye la "capacidad real de ejercer esos derechos".[268] Las personas analfabetas y hambrientas no pueden hacer mucho con su paquete de derechos humanos. Como dijo Berthold Brecht, en la Ópera de *los Tres Peniques*, "*Erst kommt das Fressen, dann kommt die Moral*". Una barriga llena, en otras palabras, viene antes que cualquier otra cosa. Brecht tenía razón. Muchas personas han señalado que los derechos "negativos" como la libertad de expresión *implican* derechos "positivos", los llamados derechos sociales. Si la sociedad, y el Estado, no deben hacer nada que perjudique la autonomía y la dignidad, entonces la salud, la educación y una red de seguridad social son absolutamente imprescindibles.

De hecho, todos los países desarrollados tienen sofisticadas leyes de bienestar, aunque difieren en cuanto a su alcance y otros detalles. Algunos de estos países enumeran algunos de los derechos en la constitución. Pero si estos derechos se *sienten* como derechos no depende, por supuesto, del tipo de estatus legal que tengan. Depende de lo que el público espere. Y el público, en lugares como Francia o Suecia, espera mucho. De hecho, como ya he señalado, Estados como la India y Sudáfrica, que son los más explícitos a la hora de expresar los derechos sociales en las constituciones, son los *menos* propensos a ser capaces de hacer mucho con respecto a estos derechos. El público educado, en esos países, debe ser muy consciente de este hecho.

Países como Suecia y Estados Unidos son también lo que podríamos llamar sociedades de segundas oportunidades. No solo proporcionan una red de seguridad social, sino que también toman medidas para evitar que las personas caigan demasiado bajo y demasiado rápido. Este es el significado literal de una red de seguridad. También es lo que motiva una ideología de segundas oportunidades. Cuando un delincuente crece y enmienda sus caminos, su prontuario es borrado. Particularmente en los Estados Unidos, el sistema educativo se ha construido de tal manera que proporciona muchas oportunidades para compensar el fracaso pasado. Los estudiantes que lo hicieron miserablemente en la escuela secundaria pueden enmendar sus caminos en un centro universitario comunitario y, finalmente, pasar a una educación cada vez más superior. En los países europeos, esto ocurrió históricamente en menor medida. Al final de la adolescencia, quedabas marcado como miembro de la clase trabajadora o no, y era difícil escapar del estatus con el que te habían etiquetado. Pero allí también los sistemas están cambiando, y hay más movilidad social de lo que se veía históricamente.

Incluso el mundo de los negocios y las finanzas está lleno de segundas oportunidades. Ya no metemos a los deudores en la cárcel. Un objetivo básico de la ley de quiebras es darles una segunda oportunidad a los deudores. Tal vez sería más exacto llamar a esto un *resultado* básico. Una red de seguridad social y económica no solo se siente como simple justicia; también es, posiblemente, importante para la sociedad. Así como una red de seguridad puede alentar a los equilibristas, porque elimina un riesgo horrendo, también una red de seguridad económica puede fomentar la asunción de riesgos y el espíritu empresarial. Abrir un restaurante o una tienda de ropa es un negocio arriesgado. Así como también de tratar de comercializar un pequeño invento propio. Las personas pueden ser más propensas a innovar o asumir riesgos en los negocios, si el costo del fracaso no es la prisión del deudor o una vida de sacrificios para pagar cantidades desconcertantes de deuda. Nadie *quiere* declararse en quiebra; pero es mejor que muchas de las alternativas.

DERECHOS HUMANOS Y NATURALEZA HUMANA

Este libro ha puesto gran énfasis en las formas modernas de individualismo. El problema no es si a mí, a ti o a alguien más *le gusta* el individualismo moderno. Si estoy en lo cierto acerca de cómo son las personalidades modales de hoy, entonces *las personas* son individualistas, y si los filósofos o los teóricos políticos piensan que esto es bueno o malo es, en un sentido importante, irrelevante. Una amplia literatura critica éste o aquel aspecto del movimiento de los derechos humanos. Palabras como "hegemonía" y "neoimperialismo" están esparcidas por la literatura como frutillas en un pastel. También hay una rica literatura que critica, por razones éticas, cualquier movimiento que se centre en los derechos individuales. El "lenguaje de los derechos" no puede "dar soporte moral a la afirmación de que las personas deben, por ejemplo, ser alimentadas y alojadas adecuadamente...Implicar o afirmar que los seres humanos tienen 'derechos' a la alimentación, la vivienda, la atención médica e incluso el 'desarrollo', dice muy poco sobre quién o qué debe actuar para garantizar que esto ocurra". Lo que se necesita, entonces, es alejar "nuestros pensamientos" de los "derechos", hacia "nociones de cuidado y responsabilidad".[269] Cómo se lograría esto es un misterio para mí.

En el otro lado están los ideólogos, que piensan que los seres humanos son y siempre serán maximizadores racionales; que las personas son simplemente incapaces, en su mayor parte, de hacer cualquier cosa excepto buscar el Número Uno. La naturaleza humana es seguramente más flexible de lo que la mayoría de los economistas imaginan. Cuando hablamos de la naturaleza humana, tenemos que recordar que el homo sapiens es un animal *social.* Los hombres y las mujeres generalmente viven en familias; También forman parte de grupos, clanes y comunidades. Las personas son cohabitantes y apropiadoras empedernidas. En las sociedades desarrolladas, hay una reducción drástica de clanes, tribus y familias extendidas. De hecho, millones de personas viven solas. De hecho, a muchas de ellas les gusta. Pero para muchas de estas personas, una vida solitaria es solo el preludio de casarse y establecerse; o, para los viudos que viven solos, un desenlace. La familia en las sociedades modernas ha sido retorcida, remodelada y maltratada casi hasta el punto de no ser más reconocida, pero sobrevive, tal vez en diferentes formas. Algunas de estas formas parecen extrañas para las personas tradicionales: los matrimonios homosexuales (con o sin hijos), por ejemplo. Pero la familia, en cualquier versión, seguramente llegó para quedarse. Puede ser redefinida y restructurada, pero no puede morir. Los lazos entre los hijos y los padres siempre serán fuertes. Los bebés necesitan ser cuidados. De hecho, la sociedad no puede continuar sin lazos familiares.

En resumen, el hombre económico es una caricatura. Puede ser valioso, pero sigue siendo una caricatura. La sociedad moderna *creó* al hombre económico, como concepto, y en cierto grado como una realidad; pero el hombre económico no es "naturaleza humana"; no está genéticamente programado en las personas, de la misma manera que la vida como cazador solitario está incorporada en los genes del leopardo. Los humanos no son como los peces, donde las hembras dejan caer huevos en el océano, y los machos dejan caer esperma, y en su mayor parte nadan. En el año 3.000, el *homo economicus*, por lo que sabemos, podría estar tan extinto como el hombre de Neandertal. O quizás no. Esto es algo que simplemente no podemos saber.

El futuro de los derechos sociales no depende de cambios en la personalidad humana. En el mundo desarrollado, algunos derechos sociales han sido totalmente aceptados, como el derecho a una educación gratuita, por ejemplo. Las sociedades discuten sobre la educación superior, sobre si debería ser gratuita, estar abierta a más o menos estudiantes; en el nivel de la escuela primaria, hay discusiones sobre la forma que debe tomar la educación y el papel de las escuelas privadas. Pero casi nadie argumenta que el Estado debería salir del negocio por completo. Más bien, se toma como una obligación solemne gastar el dinero de los impuestos para enseñar a los niños a leer, escribir y hacer matemáticas. Esto es cierto independientemente de que exista o no un "derecho" constitucional formal a la educación. Del mismo modo, el derecho a la atención básica de salud está sólidamente arraigado en las leyes y en la conciencia, por ahora, en Canadá, Francia o Israel.[270] Como era de esperarse, la gente realmente quiere estos "derechos sociales"; y tan pronto como una sociedad es lo suficientemente rica como para dárselos, tienen la costumbre de exigir estos derechos. La lucha por los derechos sociales no es una lucha entre las sociedades neoliberales y capitalistas y el resto del mundo. Decirlo de esta manera deja de un lado el hecho de que las sociedades capitalistas ricas y neoliberales son precisamente las sociedades que *otorgan* estos derechos. El público lo quiere así. Las sociedades neoliberales pueden licenciar la recolección de basura a empresarios privados, o subastar la compañía telefónica estatal y la aerolínea nacional. Pueden esforzarse por fomentar los mercados y la competencia, pero siempre dentro de unos límites. Los países pobres, por otro lado, pueden hablar de derechos sociales y enmendar sus constituciones; pero ¿de dónde saldrá el dinero? Los mendigos pueden tratar de dividir unas cuantas cortezas de pan, si esto es todo lo que tienen; pero no pueden ir mucho más allá.

DERECHOS SOCIALES: IDEAL Y REALIDAD

Esta, de hecho, es la objeción más potente a los derechos sociales: no pueden ser implementados. Puedes poner estas palabras en una ley o en una constitución, pero las palabras nunca alimentaron a nadie ni les dieron un techo sobre sus cabezas. Un país no puede agitar una varita mágica, o agitar densas páginas de textos jurídicos, y con ello dar a las familias viviendas decentes y asequibles, o empleos para todos quienes quieran trabajar.

Incluso los países ricos se quedan cortos. La educación gratuita es, como dijimos, casi universal en alguna forma; y en la mayoría de los países la atención básica de salud. En algunos países, el gobierno ha construido un inventario de viviendas para personas que no pueden pagar alquileres a precio de mercado, viviendas municipales en Inglaterra, por ejemplo. Singapur ha proporcionado vivienda a la mayoría de su población. Décadas de agitación, discusión y fuertes movimientos sociales, seguidos y coronados por la legislación y la provisión de impuestos, produjeron el estado de bienestar. En otras palabras, se desarrolló en gran medida sin ayuda constitucional.[271] A estas alturas, las personas pueden sentir lo mismo sobre el derecho a la educación o la atención médica que sobre la libertad de prensa o de religión, dependiendo del país. Obviamente, el derecho a la vivienda no construye casas; y el derecho al trabajo no crea empleos. ¿Tienen las cláusulas constitucionales sobre derechos sociales algún impacto real? En algunos países, han abierto la puerta a reclamaciones judiciales, a demandas de que el Estado cumpla sus promesas constitucionales. Incluso se puede hablar, a estas alturas, de una "jurisprudencia de derechos sociales".[272] Sudáfrica y la India se encuentran entre los países que han contribuido a esta "jurisprudencia".[273] Un caso sudafricano de 2002 invocó la Sección 27 de la Constitución, que otorga a todos el derecho a "servicios de atención médica", y la Sección 28 (1), que otorga a los niños el derecho a "servicios básicos de atención médica". El demandante quería obligar al gobierno a "planificar e implementar un...programa para la prevención de la transmisión materno infantil del VIH".[274] El Tribunal admitió que la epidemia del SIDA planteaba "problemas desalentadores" al gobierno y reconoció "enormes demandas" de "acceso a la educación, la tierra, la vivienda, la atención médica, los alimentos, el agua y la seguridad social". Estos "derechos socioeconómicos" estaban "arraigados en la Constitución". Fue "una tarea extraordinariamente difícil" responder a la queja, pero sin embargo fue "una obligación impuesta al Estado por la Constitución". En consecuencia, el Tribunal dictó órdenes para tratar la cuestión del SIDA. Algunas de estas órdenes fueron bastante específicas, por ejemplo, la eliminación de las restricciones sobre el uso de un medicamento, Nevirapina, y una orden para tomar medidas para que el medicamento estuviese fácilmente disponible.

La Constitución de la India, en su artículo 39, ordena al Estado que tome medidas para garantizar "el derecho a un medio de vida adecuado" y pide la distribución de los recursos nacionales que "sirvan al bien común"; se deben tomar medidas para evitar "la concentración de riqueza y medios de producción". De hecho, los tribunales superiores se han enfrentado ocasionalmente a casos sobre cómo transformar estas directivas generales en derecho positivo. Por ejemplo, han insistido en una mejor atención para los enfermos mentales, incluso llegando a exigir que el gobierno aporte el dinero necesario. En otro caso, en 2001, la Corte Suprema de la India anunció un derecho a la alimentación, que dedujo del derecho general a la vida. La Corte comentó que "hay mucha comida disponible, pero la distribución...entre los muy pobres...es escasa e inexistente". La Corte emitió órdenes para remediar la situación, incluso un plan "que requería comidas de mediodía en las escuelas...No solo un suministro de alimentos, sino una comida cocinada adecuada".[275]

En otro caso, la Corte Suprema de la India declaró solemnemente que el derecho a la vida, garantizado por la Constitución de la India, también implicaba el derecho a un medio de subsistencia. Este caso, decidido en 1985, se refería a ocupantes ilegales en Mumbai; estos ocupantes ilegales habían estado viviendo en las calles, "en medio de la suciedad y la miseria".[276] El presidente del Tribunal Supremo comenzó su opinión con una vívida descripción de las terribles condiciones de vida en las calles de Mumbai: "Los perros rabiosos en busca de carne apestosa y los gatos en busca de ratas hambrientas les hacen compañía...No hay sanitarios disponibles para ellos...Las mujeres recogen piojos del cabello de las demás. Los chicos mendigan". Las personas en las calles "piden un juicio de que no pueden ser desalojados de sus miserables refugios sin que se les ofrezca alojamiento alternativo". Y afirman que "el derecho a la vida es ilusorio" a menos que el Estado resguarde su búsqueda de formas de ganarse la vida. Los ocupantes ilegales estaban, después de todo, entre las multitudes que acudían a ciudades como Mumbai, donde esperaban encontrar al menos una "mínima subsistencia".

La Corte sostuvo que el derecho a la vida incluye, de hecho, el derecho al trabajo. "Trabajar significa comer y también significa vivir". El "derecho a vivir y el derecho al trabajo son integrados e interdependientes". Por lo tanto, el "derecho mismo a la vida" de una persona que perdió su trabajo porque había sido desalojada había sido "puesto en peligro". Pero, después de estas elocuentes palabras, la decisión real de la Corte viene como una especie de anticlímax. La Corte estuvo de acuerdo con un argumento clave del gobierno de la ciudad: nadie tiene derecho a obstruir las calles o invadir "senderos, aceras" ni otros lugares públicos, jardines o parques infantiles, por ejemplo. La ciudad tiene derecho a despejar las calles y estos otros lugares, y a desalojar a las personas que viven allí. La Corte no vio una "solución marginal o a corto plazo a la cuestión de las colonias ilegales". El gobierno tenía el deber de hacer algo por estas desafortunadas personas. Y, a largo plazo, el país necesitaba "una reforma agraria profunda, reagrupación y distribución de recursos a la...mitad inferior de la población".

En un artículo académico — y a la luz de decisiones como las de la India — Sigrun Skogly se preguntó: "¿Existe el derecho a no ser pobre?"[277] Por supuesto, al menos literalmente, la respuesta tiene que ser no; pero según esta línea de pensamiento de alguna manera existe justificación para unos "principios rectores sobre la pobreza y los derechos humanos". La pobreza "no es sólo una falta de bienestar material, sino también una expresión de la privación de la dignidad humana".[278] Los pobres no sólo carecen de alimentos, vivienda, atención médica y cosas similares; precisamente porque son tan pobres, no pueden desarrollarse al máximo. Y esto, por supuesto, viola la premisa fundamental del movimiento de los derechos humanos.

Sin embargo, ¿qué significaría el derecho a no ser pobre, en términos prácticos? La implementación lo es todo. ¿marcan alguna diferencia las decisiones de la Corte Suprema de la India? Obviamente, los tribunales no pueden dirigir un país. Los tribunales carecen del dinero, del poder y de la organización necesaria para lograr el objetivo. La Corte Suprema de la India puede presionar un poco aquí y allá. Quizás pueda obligar a los gobiernos locales y nacionales a realizar cambios menores; y tales decisiones podrían hacer *alguna* diferencia en la India. Pero los tribunales no pueden (¿y quizás no deberían?) "intentar lo imposible".[279] Aunque a veces, por decirlo así, intentar lo imposible sirve de algo: incita hacia el logro de algunas cosas que, de hecho, son definitivamente posibles.

La Corte Constitucional de Sudáfrica es otro tribunal que, de vez en cuando, toma en serio los derechos sociales. Hubo un caso en el cual unas 900 personas habían estado ocupando, en chozas modestas, terrenos baldíos de propiedad privada. Se enfrentaron a una medida de desalojo. En su defensa, los invasores citaron el derecho constitucional a la vivienda. La Corte Constitucional estuvo de acuerdo en que la norma tenía algún significado; requería que el gobierno emprendiera algún tipo de programa habitacional razonable. Pero la Corte "se abstuvo de ordenar medidas concretas", y un periodista, que visitó la zona cuatro años después, informó que "las condiciones de vida de la comunidad eran tan inhumanas como lo habían sido al momento de la sentencia".[280] Obviamente, tanto en Sudáfrica como en la India ninguna sentencia judicial hará que los empleos, las casas y un mejor nivel de vida aparezcan como por arte de magia. Si la jurisprudencia tiene algún impacto es una cuestión empírica. Podría decirse que tanto los tribunales como la sociedad tienen el deber de "optimizar" estos derechos sociales "en la medida de lo posible, tanto jurídica como fácticamente". La total materialización de estos derechos "puede verse retrasada por impedimentos fácticos como la falta de recursos" (una declaración insuficiente, si alguna vez la hubo); pero algunos esperan que tal vez a lo largo del tiempo, la situación mejore y los derechos sociales puedan ser completamente realizados.[281]

Pero ¿cuándo será? Los países ricos y los países pobres ofrecen diferentes respuestas a esa pregunta. Para los países pobres, el gran día probablemente esté muy lejos. Para los países ricos, será el día en que el público lo exija. Es una cuestión de normas, así como de política. El público en los países ricos se siente con derecho a la libertad de expresión, la educación gratuita y la atención médica gratuita en la mayoría de ellos; pero no al libre acceso a un empleo. Eso podría suceder algún día. ¿Es acaso más probable que ello suceda si la petición toma la forma de reclamación por un derecho? Es decir, si la garantía de empleo se considera un derecho fundamental, en lugar de algo que los grupos de interés exigen y quieren, pero no como un derecho fundamental, ¿es más probable el éxito? La forma jurídica precisa es probablemente irrelevante. Lo que es crucial es la conciencia del derecho. Cuando esto ocurra, si es que ello ocurre, las sociedades que puedan permitírselo avanzarán hacia la realización de ese derecho.

Pero incluso en los países ricos, existen obstáculos prácticos e ideológicos. En una economía global, los obstáculos pueden ser mayores que nunca. En el mundo actual, las empresas cambian las fábricas a voluntad, de países con salarios altos a países con salarios bajos. Pueden subcontratar casi todo, excepto los cortes de pelo y apendicectomías. Millones de puestos de trabajo en el sector manufacturero han desaparecido en los Estados Unidos, Europa y Japón. El estado de bienestar dependía, en el pasado, de buenos empleos en fábricas que pagaban buenos salarios. Cientos de miles de estos empleos han desaparecido. La demografía también está causando problemas. Las personas se jubilan temprano, tienen pocos bebés y viven mucho tiempo. Alemania, Italia, Hungría, Japón, todos estos países están perdiendo población. Esto ejerce una enorme presión sobre las pensiones de retiro. No hay suficientes trabajadores jóvenes que contribuyan al sistema para apoyar a hordas de jubilados y personas mayores. Especialmente si las personas se jubilan a los 60 años y viven hasta los 90. Hay maneras de mitigar el problema: la inmigración es una; otra es deshacerse de la jubilación obligatoria. Estados Unidos y Australia, por ejemplo, lo han hecho. Pero estos crean nuevos problemas, o se resisten políticamente, o tienen un efecto demasiado pequeño. Y cuando el estado de bienestar está en problemas, cuando se tiene que luchar para mantener los derechos sociales ya existentes, es menos probable que las personas exijan aún más de estos derechos, estén o no enumerados en la constitución. Y si exigen estos derechos, el gobierno tendrá dificultades para darles lo que quieren.

DERECHOS CULTURALES

Otro grupo bastante nuevo de derechos — al menos en el sentido de haber sido reconocidos recientemente — son los llamados derechos culturales. En 1992, las Naciones Unidas adoptaron otra declaración, esta vez sobre "los derechos de las personas pertenecientes a minorías nacionales o étnicas, religiosas y lingüísticas". Los gobiernos están obligados a proteger "la identidad nacional o étnica, cultural, religiosa y lingüística de los menores" y tienen el deber de "fomentar las condiciones para la promoción de la esa identidad" (Art. 1).[282] Los derechos culturales técnicamente no son lo mismo que los derechos de las minorías; pero en la práctica, podemos tratarlos como sinónimos. La lengua y la cultura neerlandesas no corren peligro en los Países Bajos; pero la lengua y la cultura frisonas lo son. Los derechos de las minorías y culturales son, por lo tanto, "reconocidos" por los organismos internacionales, y son objeto de declaraciones internacionales encomiables. También son, sin duda, y más fundamentalmente, reconocidos por los propios grupos culturales. Los derechos culturales vienen en muchas formas y tamaños. Hay muchas maneras de ser o convertirse en una minoría. Los hablantes de alemán que viven en el extremo norte de Italia son una minoría solo por la forma en que se trazan las fronteras nacionales. Los vascos y los catalanes son minorías lingüísticas sin país, pero que viven en zonas geográficas compactas. El pueblo gitano, por otro lado, está disperso por toda Europa.[283]

Las minorías lingüísticas son particularmente activas en el mundo moderno. Exigen el derecho a usar su lengua y a enseñarla a sus hijos: vascos en España, bereberes en Argelia, húngaros en Rumania, quechuas en Latinoamérica. Otras minorías están pidiendo más ampliamente el derecho mismo a existir, el derecho a resistir el poder aplastante de las mayorías nacionales y globales. Los pueblos indígenas — tribus brasileñas, varios grupos de indios ("indígenas") en países latinoamericanos, nativos americanos, maoríes en Nueva Zelanda, aborígenes en Australia y muchos otros — es una lista considerable. Algunos de estos grupos se han vuelto bastante militantes. También tienen aspiraciones económicas concretas. Quieren recuperar su tierra, tierra que les fue robada, o quieren el derecho a cazar, pescar o atrapar ballenas; o algún tipo de soberanía o autonomía; o compensación en efectivo por los males que se les hicieron.

No hay escasez de tales errores. En la era del imperialismo, las grandes potencias se extendieron por los continentes, ampliando su poder y su influencia sobre la mayor parte del mundo. En algunos lugares, Australia, Estados Unidos, Chile, simplemente inundaron a los pueblos nativos. Tomaron sus tierras y los empujaron hacia montañas remotas, interiores y reservas áridas. En otros lugares, los cuadros de la civilización establecieron su dominio sobre masas de personas "primitivas" o "atrasadas". Las civilizaciones antiguas, en México, India o Vietnam, fueron conquistadas o borradas. Las catedrales fueron construidas sobre los templos aztecas. Casi toda África estaba repartida entre las grandes potencias. En Asia, Japón tomó una hoja del libro europeo para dirigir su propia marca de imperialismo salvaje. En todas partes, el imperialismo significaba saqueo y explotación; a veces, carnicería y genocidio. Incluso en su mejor momento, el imperialismo mostró poco o ningún respeto por las culturas y costumbres de los pueblos sometidos.

El imperialismo clásico se ha ido con el viento. Ello también le ha ocurrido a su mentalidad. Hoy en día, la academia desterraría a cualquier erudito que hablara o escribiera sobre personas "primitivas" o "sociedad salvaje". Cada vez más, las culturas mayoritarias han llegado a reconocer las culturas minoritarias y los pueblos indígenas, y sus derechos. "Asimilación", como dijimos, se ha convertido en una mala palabra. El multiculturalismo es el nuevo mantra.[284] Hay un fuerte movimiento en Latinoamérica por los derechos indígenas.[285] En Chile, por ejemplo, los mapuches exigen derechos a la tierra.[286] Constituciones de la década de 1990 en adelante, en Colombia, Ecuador y Perú, reconocen la diversidad étnica y cultural. Según la nueva Constitución boliviana (2009), las diversas comunidades indígenas, incluidos los "afrobolivianos", juntas "constituyen el pueblo boliviano" (Art. 3).[287] La Sección 27 de la Carta Canadiense exige la interpretación de la Carta "de manera consistente con la preservación del patrimonio multicultural de los canadienses". En virtud de la Ley de Multiculturalismo de 1985, es política oficial canadiense "preservar y mejorar el patrimonio multicultural de los canadienses" y "promover la comprensión de que el multiculturalismo refleja la cultura y la diversidad racial de la sociedad canadiense". Todos los "miembros de la sociedad canadiense" tienen la "libertad...para preservar, mejorar y compartir su patrimonio cultural"; y la ley enuncia la promesa de "alentar y ayudar a las instituciones sociales, culturales, económicas y políticas de Canadá a ser respetuosas e inclusivas del carácter multicultural de Canadá". La ley no es terriblemente específica sobre cómo se debe hacer todo esto; pero le da al gobierno discreción para hacer ofrecer apoyo, fomento y patrocinio de la investigación, entre otras cosas.[288] La legislación mexicana también expresa el deber de proteger la integridad de los grupos indígenas.[289] Los derechos indígenas también están ampliamente reconocidos en las diversas declaraciones y manifiestos de las Naciones Unidas. Por ejemplo, la Convención sobre los Derechos del Niño otorga a los niños "de origen indígena" el derecho a disfrutar de su cultura, religión e idioma.[290]

La "Declaración de Friburgo", publicada en 2007 y producida por el Instituto de Ética y Derechos Humanos de la Universidad de Friburgo, en Suiza, afirma la idea de los derechos culturales de una manera particularmente enfática. Primero viene un preámbulo resonante, que incluye la declaración (habitual) de que "los derechos humanos son universales, indivisibles e interdependientes", pero agrega que "los derechos culturales...son una expresión y un requisito previo para la dignidad humana". Esto resume perfectamente dos de los conceptos básicos que sustentan el movimiento de derechos humanos: primero, que los derechos humanos son inherentes y globales; en otras palabras, que la ley y la costumbre locales no pueden y no deben perjudicarlos; y segundo, que las personas tienen derecho a desarrollarse a sí mismas y a sus personalidades libre y plenamente, a través de sus elecciones individuales. Define (Art. 2) "identidad cultural" como la "suma de todas las referencias culturales a través de las cuales una persona, sola o en comunidad con otras, se define o se constituye a sí misma". Y una "comunidad cultural" es un grupo cuyos miembros comparten una "identidad cultural común". La Declaración continúa, con un lenguaje amplio, explicando qué derechos culturales considera esenciales. Toda persona (Art. 4) es libre de "elegir identificar o no...con una o varias comunidades culturales, sin consideración de fronteras".

Además, que nadie debe tener una "identidad cultural impuesta...contra la propia voluntad", o ser forzado a "ser asimilado en una comunidad cultural". El lector astuto notará, sin embargo, que existe, al menos en teoría, una cierta tensión entre los derechos humanos universales y el derecho a elegir una identidad y una comunidad cuyos principios y costumbres podrían entrar en conflicto con la "universalidad". Luego volveremos sobre este punto.

Si hablamos de "derechos culturales", debemos tener alguna noción de quién y qué constituye una cultura distinta. La palabra "cultura" no tiene un significado solido ni preciso; y a veces no es obvio entender qué constituye realmente una "comunidad cultural". En los Estados Unidos, por ejemplo, algunos litigios interesantes han girado en torno a si un determinado grupo puede considerarse como una tribu o comunidad indígena. Los navajos, que tienen su propio idioma y costumbres, y que viven en su mayor parte en un área geográfica compacta, obviamente forman una "comunidad cultural". Pero muchos grupos indígenas, históricamente distintos, existen en números pequeños; muchos de ellos han perdido su idioma y la mayoría de sus costumbres; y los miembros pueden vivir dispersos en varias ciudades y pueblos.

Algunas de estas comunidades están tratando valientemente de rescatar de entre los muertos su identidad perdida. Por supuesto, la oportunidad de obtener derechos sobre la tierra, los privilegios de pesca y caza, y a veces también dinero en efectivo, son estímulos poderosos. Estos beneficios parecen finalmente alcanzables en una era de mayorías llenas de culpa. No es que haya ninguna razón para dudar de la sinceridad de los miembros de estos grupos o cuasigrupos. Sienten que fueron víctimas en el pasado; y de hecho lo fueron. También comparten la pasión moderna por descubrir sus "raíces". Paradójicamente, esto tiene lugar en un período en el que las personas sienten que también tienen un derecho inherente a separarse enteramente de sus raíces, a superarse por completo, a deshacerse del pasado y adoptar una nueva identidad. La ideología de la elección permite ambos movimientos; ambos son opciones disponibles en la era del individualismo expresivo. Una persona tiene derecho a comer sushi y convertirse en budista, incluso si proviene de una clase media tradicional y metodista. Una persona también tiene derecho a identificarse con la cultura de su tatarabuela, que podría haber sido armenia o judía o cheroqui de pura sangre.

La culpa de la mayoría, como dijimos, juega un papel en la política de los derechos indígenas. Bastantes países — Estados Unidos, Canadá, Nueva Zelanda, Australia — se han declarado más o menos culpables de tratar a sus "pueblos originarios" de manera abominable. Todos estos países tienen buenas razones para avergonzarse de su historial en cuanto a las relaciones raciales. En todo caso, esta es la época de los movimientos de derechos civiles; Y las comunidades minoritarias comparten la cultura que produjo estos movimientos, y se han vuelto mucho más militantes. Pero la militancia, por supuesto, no es suficiente. Tampoco es que, durante el siglo XIX, los apaches y otros grupos indígenas hayan permanecido inertes o se hicieron los muertos. Ellos lucharon por sus derechos y el resultado fue catastrófico. Fueron derrotados en batallas, despojados de sus tierras, confinados a reservaciones; la comunidad mayoritaria blanca trató de acabar con las lenguas y religiones indígenas. En algunos casos, incluso despojaron a las tribus de sus hijos. Esto no solo ocurrió en los Estados Unidos; Australia es otro ejemplo atroz. Pero la cultura mayoritaria ha cambiado dramáticamente. Esta es la era de la igualdad plural. La igualdad plural y la libre elección son premisas fundamentales del movimiento de los derechos y de la sociedad moderna en general. Todos los países mencionados se esfuerzan ahora por satisfacer las demandas de las comunidades minoritarias. Los canadienses han reservado Nunavut para la gente de la región ártica. Los indígenas americanos, los maoríes y los aborígenes australianos han adquirido nuevos derechos. Los pueblos indígenas de Latinoamérica, como los mapuches de Chile, también se han levantado para exigir tierras, derechos y un lugar bajo el sol.

LA CUESTIÓN LINGÜÍSTICA

Una "comunidad cultural" que ha perdido su idioma, como mencionamos, se encuentra en terrenos mucho más inestables que una comunidad unida por un idioma común. El lenguaje es, por excelencia, el portador de la cultura. La Declaración sobre los Derechos de las Minorías menciona los derechos lingüísticos y pide a los Estados que tomen "medidas apropiadas...siempre que sea posible", para dar a las minorías "oportunidades adecuadas para aprender su lengua materna o recibir instrucción en su lengua materna" (Art. 4.3). En realidad, esto es extremadamente importante. Cuando un idioma muere — y las lenguas mueren a un ritmo muy rápido — la cultura muere con él, o al menos sufre un golpe mortal. Los esfuerzos heroicos pueden haber rescatado al cóndor de California del borde del abismo, y pueden salvar al panda gigante o al antílope árabe; pero nada puede detener la destrucción inexorable de las pequeñas y precarias lenguas del mundo. La extinción se avecina para miles de estas lenguas. Los idiomas no pueden sobrevivir sin estatus oficial y (hoy en día) sin canales de televisión. Y si el idioma no se enseña a los niños en las escuelas, tiene muy pocas posibilidades de sobrevivir en el mundo moderno.

De alguna manera, esta no es una situación nueva. Todos los idiomas principales, ya sea inglés, francés, chino, árabe o español, se abrieron camino hacia el estatus oficial sobre los cadáveres de los "dialectos" con los que competían, muchos de ellos antiguos y ricos en tradición, y muchos de ellos, de hecho, eran lenguas independientes. Si el trono de la reina Isabel Primera no hubiera pasado al Rey de Escocia cuando ella murió, y Escocia hubiera permanecido independiente, probablemente hoy habría un idioma escocés con estatus oficial y una literatura vibrante. Estaría relacionado con el inglés como el holandés es con el alemán, o el sueco y el noruego entre sí.

Como dijimos, la mayoría de los idiomas menores están condenados. Ninguna palabra animosa sobre los derechos culturales puede mantenerlos vivos. Las personas que hablan un idioma moribundo no se lo transmiten a sus hijos. Los ancianos a menudo no quieren hacerlo, y los niños lo desean aún menos. ¿Por qué deberían hacerlo? Los jóvenes en el mundo moderno sienten una fuerte necesidad por aprender y hablar el idioma mayoritario. Ya no viven en aldeas aisladas. El mismo tipo de destrucción del hábitat que condena a tantas plantas y animales condena a las lenguas habladas en pequeños y aislados rincones del mundo. A medida que las personas se conectan, a través de escuelas, carreteras, televisión e Internet; a medida que se mudan a un mundo más grande, dejan atrás la lengua de sus antepasados. Cuando los ancianos mueren, el idioma desaparece. Marie Smith Jones murió en Alaska en enero de 2008, a la edad de 89 años; su idioma, Eyak, murió con ella.[291] Ned Mandrell murió en 1974; ese fue el final del Manx. El último hablante de Ubykhia murió en un pueblo turco en 1992.[292] Innumerables lenguas diminutas, en las Américas, en África, Asia e incluso en Europa, están sufriendo un destino similar. Un puñado de personas mayores hablan estos idiomas; sus hijos hablan inglés, español o uno de los principales idiomas africanos. Sin embargo, el idioma está en el centro mismo de cualquier lucha para mantener viva una cultura minoritaria.

El lenguaje es un caso claro de una comunidad o marcador cultural, y esto es si acaso más cierto en los idiomas más pequeños. El inglés, por supuesto, tiene un enorme significado cultural, pero se habla en muchos países; transporta una carga cultural algo diferente en Irlanda, Barbados, Columbia Británica o las Islas Malvinas. Otros grandes idiomas del mundo, como el español o el árabe, comparten este rasgo. El español se habla, después de todo, en la República Dominicana, en Chile, en Panamá y en la propia España. El islandés y el Estonio, por otro lado, se hablan en un solo país, y estos idiomas en cierto sentido monopolizan el trabajo de llevar consigo la cultura de Islandia o Estonia. De hecho, esta es la norma para la mayoría de los idiomas oficiales del mundo. Básicamente, el japonés se habla sólo en Japón; el letón solo en Letonia, el polaco solo en

Polonia. Hay comunidades de emigrados; Pero ninguna lengua puede sobrevivir solo a través de las comunidades de emigrados.

El idioma es un aspecto único de la cultura. También es singular, en el sentido de que es el *menos* sujeto a la destrucción o erosión por la cultura global de masas. Los japoneses ya no usan trajes tradicionales; en su mayoría han renunciado a la adoración del emperador y la religión de los viejos tiempos; conducen automóviles, usan computadoras, juegan béisbol e incluso comen quesos franceses. De muchas maneras grandes y pequeñas, su cultura ha convergido con las de otros países desarrollados. Muchas viejas costumbres están muertas o muriendo. Sin embargo, los japoneses todavía hablan japonés. La modernidad ha tenido un impacto, sin duda, en el lenguaje. Ha absorbido un gran número de palabras inglesas e internacionales. Aun así, en comparación con la forma en que la modernidad ha impactado a la familia, los estilos de vestir o los negocios, la política y las formas de vida, el impacto de la modernidad en el idioma japonés es extremadamente pequeño. El lenguaje, por lo tanto, se erige como una excepción a una tendencia poderosa. Los coreanos que trabajan para corporaciones pueden usar trajes de negocios, los suecos pueden comer sushi y pizza, los panameños de élite pueden conducir automóviles y usar computadoras, pero en casa y en las calles todavía hablarán, respectivamente, coreano, sueco y español.

Las lenguas estándar son en sí mismas, como hemos señalado, el resultado de una especie de convergencia. Han desplazado a los “dialectos” y a los idiomas rivales que se hablan en el campo (generalmente es el dialecto de la capital el que prevalece: el francés parisino o el inglés de Londres). Hay, sin duda, diferencias entre, digamos Italia, donde los dialectos siguen siendo bastante fuertes, y el inglés, donde no lo son. Es probable que la mayoría de los dialectos de los países más grandes, el Plattdeutsch, por ejemplo, se extingan dentro de una o dos generaciones; tienen tan pocas posibilidades de sobrevivir como el Eyak o el Ubykhia, o los cientos de idiomas africanos, asiáticos y latinoamericanos que no tienen estatus oficial. Algunas lenguas minoritarias, el galés, el bretón o el euskera, están luchando con más fuerza. Tienen comunidades de oradores más grandes y vibrantes. En una era de derechos culturales, han logrado una serie de reivindicaciones. Pero la batalla no es fácil; y bien podrían perder al final. El galés, el euskera o el quechua sobrevivirán si los hablantes persuaden u obligan a los gobiernos centrales a permitirles sus propias escuelas, canales de televisión y periódicos. Algunos idiomas pequeños, como el islandés o el maltés, no están en peligro; tienen estatus oficial. Los idiomas mucho más grandes, que carecen de este gran don, pueden estar seriamente en peligro.

En la era de los derechos de las minorías, las lenguas minoritarias que han ganado algún tipo de reconocimiento pueden tener al menos una oportunidad de luchar. El catalán y el euskera tienen pleno reconocimiento en España; el romanche en Suiza. Los franceses en el pasado han sido extremadamente hostiles a sus lenguas minoritarias, como el bretón y el provenzal; pero esto puede estar cambiando. El hawaiano es un idioma oficial en Hawái, pero muy pocas personas lo hablan en casa; está luchando por su sobrevivencia, pero hay un fuerte movimiento que tiene como objetivo preservarlo y enseñarlo a los niños. Los irlandeses se aferran a la vida precaria en Irlanda. En Latinoamérica, el español y el portugués han desplazado a la mayoría de las lenguas indígenas; algunas han seguido siendo importantes. Algunas lenguas indígenas tienen millones de hablantes: aimara, guaraní, quechua, lo que les da un fuerte argumento para el reconocimiento. Según la Constitución de Paraguay, el español ("castellano") es un idioma oficial; pero también lo es el guaraní.[293] La nueva Constitución boliviana (2009) establece que las "lenguas oficiales del Estado" son el español ("castellano") y todas las lenguas indígenas; el texto continúa nombrando más de 30 de estas lenguas, desde el aimara hasta el zamuco (Art. 5).[294] Los que tienen millones de hablantes parecen bastante seguros, por ahora. El destino de los demás es dudoso.

La modernidad, entonces, ha condenado a la mayoría de las lenguas pequeñas; sin embargo, los grandes, los poderosos, como el español, el chino o el árabe, parecen no solo prosperar, sino que dan la impresión de constituir una excepción a las poderosas fuerzas de convergencia en la sociedad moderna. ¿Cómo es esto posible? Exploraremos esta pregunta en breve.

CONVERGENCIA Y SOCIEDAD

Para citar a un autor: "la difusión del Estado moderno hace que los derechos humanos sean relevantes en todo el mundo".[295] Existen normas universales de derechos humanos. Pero son universales, no debido a alguna ley natural, o debido a algún rasgo de la naturaleza humana. Son universales porque la modernidad es universal, o se está convirtiendo rápidamente en universal. Son universales en la medida en que han tendido a extenderse por todo el mundo. Son universales porque son globales; y son globales debido a la presencia de una cultura global única y abrumadora.

En términos generales, la convergencia es el hecho dominante de la vida moderna. En cualquier caso, es el hecho dominante de la vida en los países desarrollados, y también en los estratos de élite de otros países. Creo que no hay duda de que las culturas del mundo se parecen cada vez más, al menos entre los países más ricos.[296] Para volver a un tema anterior: imagínese a un estadounidense visitando Japón. Una buena parte de lo que ve le parece diferente, interesante, pero diferente. Extranjero. Alienígena. Extraño. Cuando regresa a casa y habla sobre su viaje, naturalmente enfatiza esas diferencias; lo extraño que parecía todo. Usted, también con bastante naturalidad, desecharía o pasaría por alto las muchas similitudes obvias.

Algunos estudiosos piensan que, debajo de un barniz de modernidad, uno puede detectar el latido de un corazón japonés único, el aliento de un alma japonesa única. Estos elementos de la cultura japonesa, se dice, han persistido a través de los siglos, y aún persisten, a través de todos los altibajos de la historia japonesa, y persistirán presumiblemente para siempre. Por supuesto, nadie puede probar o refutar esta tesis. Pero me parece muy poco probable. Por supuesto, tiene un grano de verdad, que también sería cierto para la cultura francesa o la cultura australiana. Sin embargo, me parece claro que Japón se asemeja *más* a otros países avanzados, que el Japón moderno al Japón medieval. Y el Japón medieval era muy diferente de la Inglaterra medieval, Rusia o Tailandia. Del mismo modo, la Inglaterra moderna se parece más al Japón moderno que a la Inglaterra medieval. El movimiento de la cultura, en otras palabras, ha sido *hacia* la convergencia, aunque nunca alcance la convergencia completa, y probablemente nunca lo hará. He usado Japón como ejemplo, porque los japoneses son particularmente insistentes en esta idea de algún tipo de esencia cultural interna. Pero los japoneses no son los únicos que se consideran únicos; mencionamos el "excepcionalismo estadounidense", por ejemplo. Y Estados Unidos *es* excepcional, hasta cierto punto, al igual que otros países. Pero Estados Unidos también tiene automóviles, computadoras, música rock y ascensores; tiene un impuesto sobre la renta y pensiones de vejez, y el resto de los ornamentos de un orden social moderno. Las superficies americanas y japonesas, y las superficies suecas, y las superficies españolas y taiwanesas, tienen mucho en común. He hecho hincapié en las similitudes con respecto a *la apariencia* y la tecnología. Pero también hay grandes convergencias en el derecho, en las normas sociales y en las formas de vida en general.

La convergencia es desagradable para los antropólogos, entre otros. Un antropólogo, en un estudio sobre la moral y la moralidad en el sur de Asia, comienza refiriéndose a una escena de la obra de Schiller, *Don Carlos* (y la ópera *Don Carlo* de Verdi); en esta escena, Don Carlos confiesa su amor por la reina, que está casada con su padre, Felipe II. Este amor prohibido es la semilla de una tragedia, que termina con "la perdición del héroe". Pero, dice el autor, una "audiencia tibetana no entendería de qué se trata toda esa agitación, porque los tibetanos no ven ningún problema en compartir una esposa entre padre e hijo".[297] Laura Bohannon pone de relieve un punto similar; durante un estudio de campo en África Occidental, estudiando el Tiv, trató de explicar la trama de *Hamlet* a unos ancianos. Cuando les dijo que la madre de Hamlet se casó apresuradamente con el hermano de su marido, el anciano dijo: "Lo hizo bien...También en nuestro país, el hermano menor se casa con la viuda del hermano mayor". El deseo de Hamlet de matar a su tío conmocionó al Tiv: "Para que un hombre levante la mano contra el hermano de su padre y quien se ha convertido en su padre, eso es algo terrible". La idea de que una viuda deba esperar un tiempo razonable, dos años, tal vez, antes de volver a casarse, fue recibida con burla. Demasiado tiempo, una mujer dijo: "¿Quién va a labrar el campo por ti mientras no tengas marido?" Bohannon había comenzado con la hipótesis de que "la naturaleza humana es más o menos la misma en todo el mundo", y que "al menos la trama general y la motivación de las tragedias más grandes siempre estarían claras, en todas partes". El objetivo del ensayo, aparentemente, es mostrar que esta noción de universalidad es profundamente errónea.[298]

Estas son anécdotas entretenidas e incluso explicativas. Pero son anécdotas sobre personas premodernas. Las personas educadas en el mundo desarrollado no tienen problemas para disfrutar de la literatura, por ejemplo, que expresa puntos de vista que les son completamente ajenos. Podemos admirar y *entender* a Shakespeare, a pesar de los fantasmas en *Hamlet*, las brujas en *Macbeth* y la aceptación de la monarquía por parte de Shakespeare. El público que disfruta de *Don Carlo* puede estar en Tokio, así como en Roma o Madrid. Los asistentes al teatro, en cualquier ciudad moderna, no tendrían problemas para disfrutar de una obra tibetana que expresara los antiguos valores tibetanos, siempre que la obra tuviera otros méritos y siempre que las notas del programa explicaran las costumbres tibetanas a la audiencia. Una y otra vez, uno escucha afirmaciones sobre un abismo insalvable entre culturas. Pero en el sector más avanzado del mundo moderno no hay un abismo insalvable. Por supuesto, hay enfrentamientos violentos y no violentos en las sociedades modernas sobre valores e intereses.

Hay resistencia, reacción, revuelta. Pero el tipo de falta de total comprensión, que implica el episodio de *Don Carlo*, una *incapacidad* para comprender las diferencias culturales es otro asunto. Laura Bohannon no tendría problemas para explicar *Hamlet* en ninguna parte del mundo desarrollado.

De aquí surge una idea central en este libro: la convergencia cultural. La convergencia cultural no es lo mismo que la homogeneidad cultural. La mayoría de los países, países modernos, países no modernos, no son, de hecho, homogéneos. Coexisten diferentes idiomas, razas, religiones. Algunos han argumentado, sin embargo, que sólo las sociedades culturalmente homogéneas pueden respetar los derechos humanos. Walker y Poe han tratado de demostrar esta hipótesis.[299] Ellos concluyeron que muy poca evidencia lo apoyaba — o apoyaba, de ser el caso, la idea opuesta. Algunos países que están divididos por motivos lingüísticos, étnicos o religiosos son firmes partidarios de los derechos humanos; otros no lo son.

Para empezar, no es tan fácil medir la homogeneidad. Islandia es un país muy homogéneo; Japón y Corea también son básicamente homogéneos, aunque no completamente. Pero también lo es Somalia — quizás la más homogénea de África: un idioma (somalí) y una religión (el islam). Entre los países modernos, observamos que Bélgica está dividida a lo largo de barreras lingüísticas; Canadá, tanto por líneas religiosas como lingüísticas. Suiza tiene cuatro idiomas oficiales, y tiene una fuerte división entre católicos y protestantes. Suiza parece un éxito rotundo; Canadá básicamente lo mismo; Bélgica, sin embargo, parece tambalearse al borde de la disolución. En general, es difícil argumentar, también, que los estados unitarios respetan los derechos humanos más (o menos) que los estados federales; o que los estados con más de un idioma oficial lo hacen peor (o mejor) que aquellos donde solo hay uno.

Sí, los países que respetan los derechos humanos son, de hecho, algo homogéneos. Pero no en términos de lenguaje, necesariamente; o religión; o diversidad étnica. Son más o menos homogéneos en términos de modernidad. Todas las religiones que existen bajo el sol se pueden hallar en los Estados Unidos. Ello es igual sobre todas las razas. Sin embargo, la gran mayoría de los estadounidenses participan en lo que podríamos llamar una cultura de la modernidad. Esto se refiere a las formas de pensar, comportarse y vivir; y también incluye un compromiso con al menos el menú básico de los derechos humanos. Y lo que es cierto para los Estados Unidos, también es cierto para otros países occidentales desarrollados. Indudablemente es cierto para Suiza; y Bélgica y Canadá también, en algún sentido.

Esto apunta a una especie de paradoja central que involucra al movimiento de derechos culturales. Cada vez más, el derecho y la sociedad reconocen los derechos culturales. Los derechos culturales están consagrados en las constituciones. Se hacen más y más fuertes, jurídica y socialmente. Canadá ha otorgado miles de millas cuadradas de tierra a los inuit, y ha creado un territorio completamente nuevo, Nunavut, esencialmente en nombre de los inuit. Desde 1976, Australia ha estado otorgando amplios derechos sobre la tierra a sus pueblos indígenas. La historia también se puede repetir en otros lugares. Sin embargo, al mismo tiempo, las propias culturas se vuelven cada vez más débiles. Boli y Elliott, como señalé anteriormente, han argumentado que la "celebración y promoción mundial de la diversidad" es básicamente una "fachada" que oscurece "la similitud subyacente y la homogeneidad".[300] Detrás de este barniz, de esta cubierta exterior, hay una convergencia cultural, fruto de la modernidad misma. De hecho, una paradoja más, los movimientos de los pueblos originarios son en sí mismos un signo de convergencia. Los pueblos indígenas promueven su causa a través de técnicas completamente modernas. Y la cultura que están preservando tan cuidadosamente es, en muchos sentidos, una pieza de museo. Lo que se pierde, se pierde para siempre. Las fuerzas de la modernidad, de la cultura global, son simplemente demasiado fuertes para ser resistidas por mucho tiempo. La vieja cultura sólo puede sobrevivir en la traducción, por decirlo así.

En todo caso, la convergencia es una fuerza demasiado poderosa para permitir excepciones evidentes, incluso el lenguaje. Esto ha llevado a la búsqueda de un idioma universal artificial. El esperanto ha sido el intento más notable. Creo que es justo decir que este experimento ha fracasado. Sin embargo, ha aparecido un idioma global: es el inglés. Su dominio es, en muchos sentidos, paralelo y similar al dominio de otras características globales de la vida moderna. Así como todos en el mundo desarrollado usan la misma tecnología, los mismos hábitos de trabajo, la misma ropa y arquitectura, fuera del hogar en muchos contextos todos hablarán el mismo idioma, el inglés. Las organizaciones internacionales, cada vez más, llevan a cabo sus reuniones en inglés. Las revistas científicas se imprimen en inglés. Los controladores aéreos, en todo el mundo, dan sus órdenes en inglés. Una mujer moderna en Japón usará vestimenta occidental. Ella puede en ocasiones, y por alguna razón específica, usar el kimono que cuelga en su armario. Por supuesto que habla japonés en casa. Pero si está en negocios o en el gobierno, si tiene conexiones con socios y clientes extranjeros, lo llevará a cabo en inglés. Y en muchos países de Europa, el inglés es una parte esencial de la educación. La mayoría de las personas educadas se esforzarán por lograr total fluidez y aptitud en el idioma.

Esto no es negar la importancia suprema de los derechos lingüísticos: ningún "derecho cultural" tiene mayor prominencia. Se han librado guerras por los derechos lingüísticos. Las minorías lingüísticas son una fuente de conflicto político: en Canadá, en Bélgica, en Sri Lanka, en España y en muchos otros países. Una catalana luchará por el derecho a hablar catalán y educar a sus hijos en catalán. Lo mismo para los vascos en España y los galeses en Gales. Pero el nacionalista catalán o vasco también hablará español y, cada vez más, inglés. De hecho, el idioma inglés, a medida que avanza con fuerza oceánica, también puede servir como una solución al menos parcial al problema de los derechos lingüísticos. El inglés está en todas partes en Singapur: en el aeropuerto, en los grandes almacenes, en los letreros de las calles. No es el idioma nativo de nadie; y al mismo tiempo el de todos. Hacer del chino el idioma oficial en un pequeño país con dos minorías lingüísticas, los malayos y los tamiles, habría sido una receta para el desastre. En Nigeria y en la India, el inglés es el idioma de las élites y el idioma de la educación superior; cumple esa función en las antiguas colonias británicas de otros países africanos, aunque es cierto que el francés también tiene una posición algo similar en sus antiguas colonias. En la nueva Sudáfrica, el inglés está empujando al afrikáans a un segundo plano, y también compite con los diversos idiomas bantúes. La radiodifusión es ahora más del 50% en inglés; Los afrikáans, zulúes y xhosa "alcanzan poco más del 5 por ciento cada uno". Las fuerzas armadas decidieron en 1996 "que el inglés sería el único idioma oficial para todo el entrenamiento y la comunicación diaria".[301] En la Unión Europea, las lenguas oficiales de todos los miembros tienen, en teoría, el mismo estatuto. Los reglamentos y directivas de la Unión Europea pueden traducirse a todas las lenguas, incluidos el maltés, el estonio y el eslovaco. Pero el idioma de trabajo real de la Unión Europea, cada vez más, es el inglés. El francés está en un distante segundo lugar: una estrella que se desvanece. En una encuesta reciente de europeos, casi el 70% estuvo de acuerdo con la afirmación de que "todos en la UE deberían poder hablar inglés".[302] No sólo debería, sino que lo hace: un gran número de personas en Europa al menos afirman que saben inglés, para las personas menores de 40 años, nada menos que el 87% en Finlandia y el 71% en Grecia.[303] Al igual que la vestimenta occidental, la tecnología occidental y la arquitectura occidental, el idioma inglés se ha vuelto virtualmente universal, sin desplazar a los idiomas locales, que sobreviven como portadores de culturas y tradiciones particulares.

El dominio del inglés es, en cierto modo, un accidente de la historia: en la época de Shakespeare, el inglés era un idioma europeo menor en el mejor de los casos. Su ascenso a la hegemonía mundial no se debe a que haya algo especial en el lenguaje mismo. Cualquier idioma puede servir para el mismo propósito.[304] Y para aquellos de nosotros que tenemos la suerte de nacer en comunidades de habla inglesa, el dominio inglés nos da una ventaja en la vida, una ventaja de derecho de nacimiento que realmente no merecemos. Podría haber sido mejor y menos "imperialista" si el esperanto o alguna otra construcción artificial hubiera tenido éxito. Pero inglés lo es; y el inglés se ha convertido en una necesidad absoluta, para cualquiera que quiera participar en el juego global, como persona de negocios, académico e incluso hasta cierto punto como turista. Si el lector tiene alguna duda sobre esto, intente registrarse en un hotel en Tokio con su noruego nativo o hausa.

UNIVERSALISMO Y RELATIVIDAD

Algunos países han tratado de suprimir sus lenguas minoritarias, a veces con resultados catastróficos. Sri Lanka es un ejemplo de este tipo de locura mortal. El Estado puede dar a la gente el derecho a hablar navajo o quechua, o galés, vasco o sorbio, y aprenderlo en la escuela, sin perjudicar realmente la cultura mayoritaria. El quechua o el aimara no son realmente amenazas para el español, que tiene 300.000.000 de hablantes. Tampoco el carelio o moksha amenazan al ruso. Otros tipos de "derechos culturales", sin embargo, pueden chocar fácilmente con lo que se entiende como derechos humanos importantes y "universales".

Los derechos culturales, como hemos visto, ocupan un lugar destacado en la lista de derechos humanos básicos. Pero hay tensión, tal vez inevitable, entre los derechos culturales y otros derechos. Después de todo, el movimiento de derechos humanos afirma un fuerte reclamo de universalidad. Los derechos pertenecen a todos, en todas las sociedades, y en igualdad de condiciones. En cierto sentido, esto es un rechazo del relativismo cultural. O, para ser más exactos, un rechazo de la idea de que la "cultura" puede prevalecer sobre los derechos fundamentales. Pero empíricamente hablando, si no moralmente, la universalidad descansa sobre bases inestables.

El género es un buen ejemplo. Nada es más básico en el movimiento de derechos humanos que la igualdad de género. Las mujeres deben tener los mismos derechos y oportunidades que los hombres. La discriminación sexual es mala. Sin embargo, en una cultura tras otra, los hombres y las mujeres tienen roles muy diferentes; y en muchas de estas culturas, el papel de la mujer está claramente subordinado. Muchos portavoces de estas culturas rechazan incluso el nivel de igualdad alcanzado en, digamos, Suecia. Los activistas de derechos humanos, sin embargo, tienden a tener una visión de la verdad y la justicia universales. El relativismo evoca respuestas que van desde la sospecha hasta la furia. Políticamente, pueden tener razón. La política, sin embargo, no es lo mismo que la verdad.

Como vimos, aquellos que niegan la universalidad a menudo etiquetan ciertos derechos como "occidentales" y, además, como groseros, fríos y ajenos a su forma de vida. El "individualismo" es denunciado como una importación extranjera. Estos críticos proyectan una imagen de formas cálidas y acogedoras de vida comunitaria, que, dicen, son rasgos de muchas sociedades no occidentales y tradicionales. Difundir los valores de los países occidentales es realmente una forma apenas disfrazada de neocolonialismo. Algunos "teóricos postcoloniales" argumentan que "el liberalismo moderno se basa en una afirmación de superioridad cultural". Los "valores universalizados", como el "individualismo", contrastan falsamente con las "sociedades supuestamente atrasadas y primitivas que fueron 'iluminadas' por el colonialismo".[305]

El colonialismo tiene muchas respuestas; no hay duda. Pero no hay necesidad de idealizar las culturas que las potencias coloniales destruyeron brutalmente. Los blancos de Europa no eran los únicos traficantes de esclavos. Y, dado que los "valores universalizados" son occidentales o al menos *provienen* de Occidente; e incluso admitiendo que el "individualismo" no es necesariamente mejor, más justo, más justo, que lo que reemplaza en las culturas indígenas, aun así, la pregunta debe hacerse, ¿hay alguna alternativa real? La vieja canción preguntaba, ¿cómo ibas a mantenerlos en la granja, después de haber visto a Paris? Es triste pero cierto que los miembros de las "culturas indígenas" tienen, de hecho, ahora, como se ha visto, París, Nueva York o Ciudad de México. El colonialismo fue, de hecho, un destructor de culturas. Pero igualmente poderosas, o más, han sido las fuerzas voraces de la globalización y la modernidad. No estoy seguro de por qué los pantalones vaqueros, el rock and roll, Coca-Cola y las telenovelas son tan seductoras; o tal vez adictivas. Pero este parece ser el caso. Lo que comenzó el imperialismo, la cultura de masas moderna lo acaba.

No tiene sentido negar que el imperialismo, la discriminación, el genocidio absoluto y ahora la cultura moderna de masas moderna han tenido a menudo un impacto catastrófico en las culturas indígenas. Las culturas han perdido sus almas junto con sus tradiciones. La pobreza, el alcoholismo y la drogadicción corren desenfrenados entre las chozas y cabañas; las tasas de deserción escolar son espantosas; no hay trabajo y muy pocas oportunidades económicas. El orgullo por la cultura y la educación por la cultura — un renacimiento cultural, en resumen — pueden ser terapéuticos. Podría hacer al menos una mella en la patología local. Aún mejor es la restauración de los derechos a la tierra y a los recursos. El dinero y la voluntad política pueden tratar de restaurar la salud de estas comunidades. Pero esto no significa una restauración genuina de la cultura. Nada puede retrasar los procesos desenfrenados de asimilación. Nadie puede volver a juntar a *Humpty-Dumpty.*

Por supuesto, las minorías deben tener lo que más quieren: tierras y recursos que les fueron arrebatados. Pero a menos que me equivoque gravemente, sus miembros también quieren, en general, el mismo paquete de derechos "universales" de que disfruta la mayoría. Esto es así, a pesar de que los "valores universalizados" no formaban parte del acervo cultural de los pueblos indígenas. No hay alternativa. Los descendientes de los aztecas pueden querer reconocimiento, dignidad, derechos lingüísticos, derechos a la tierra; pueden exigir muchas reivindicaciones; pero el sacrificio humano no está entre ellos.

La modernización produce resultados mixtos y no siempre deseables. Convierte a millones de personas de la cultura de los viejos tiempos a las maravillas del rock and roll, los pantalones vaqueros, las hamburguesas y las películas sobre Batman. Pero también puede convertir a las personas en ávidos fanáticos de los derechos humanos. El proceso es lento y desigual en algunos lugares, rápido en otros, y casi nunca suave. La modernización significa una mayor sensibilidad hacia los derechos humanos, no porque las personas se hayan vuelto más sabias y mejores, sino porque la globalización fomenta el peculiar dialecto moderno del individualismo; y eso implica, para la mayoría de las personas, igualdad plural, dignidad humana e igualdad legal y social. Pero este es un proceso complejo. Tiene muchas facetas y toma muchas formas. La libertad de religión disminuye más fácilmente en muchos países que los derechos de las mujeres, los derechos de los homosexuales o los derechos de los discapacitados.

Hay culturas, especialmente culturas religiosas, que son particularmente vehementes en resistir la modernización, los derechos humanos convencionales y la asimilación en el nuevo orden global. El fundamentalismo musulmán es una fuerza para tener en cuenta. El fundamentalismo renacido o renovado no es sólo un fenómeno musulmán. Tiene sus contrapartes cristianas, judías e hindúes, aunque estas tienden a ser menos violentas. Ha habido un sorprendente aumento en la fe profunda. Desafortunadamente, las profundas creencias que se desarrollan a veces entran en conflicto con los principios del movimiento (secular) de derechos humanos, principios sobre las mujeres y los homosexuales, muy notablemente. La cultura del individualismo y los derechos humanos obviamente no ha conquistado a *todos*. En los países subdesarrollados y semidesarrollados, la situación es mixta y compleja. Tailandia es un país que oscila entre lo viejo y lo nuevo. La globalización, según David Engel, no ha convertido a la gente tailandesa común a la cultura del individualismo y los derechos humanos.

De hecho, los cambios volcánicos en la sociedad tailandesa han llevado a muchas personas a apoyarse más en las formas de budismo. Mantienen y aprecian su profunda fe en espíritus y fantasmas y el asombroso poder de lo sobrenatural.[306]

LA DEFENSA CULTURAL

La modernidad y la asimilación no suceden de la noche a la mañana. No es como si las personas de las sociedades tradicionales de repente tuvieran visiones y se convirtieran al nuevo orden de cosas. Hay muchos pasos intermedios. La asimilación ocurre; pero no inmediatamente; y tal vez no en la primera generación. Esta ha sido la experiencia de países receptores de migración, como Estados Unidos o Australia. Pero hoy en día, hay muchos más países de receptores de inmigración. Italia, por ejemplo, que fue alguna vez un exportador principal de almas, es ahora un importador. En Europa, hay nuevas minorías, inmigrantes, en su mayoría, que están suspendidas, por así decirlo, entre dos mundos. O, mejor dicho, entre dos culturas, la vieja y la nueva. La cultura de la patria ancestral y la cultura del país donde viven, lavando platos, limpiando casas, recogiendo cultivos o cavando zanjas.

En el derecho y la justicia penales, ha habido una acalorada discusión sobre la llamada defensa cultural. Un hombre se ha mudado al país X, un rico país desarrollado, desde su patria tradicional y asolada por la pobreza. Se le acusa de un crimen; pero lo que hizo no fue un crimen en su antiguo país y cultura; de hecho, podría tratarse como un deber allí. Él hace de este punto una defensa contra los cargos presentados en su contra. ¿Deberían los tribunales del país X permitir esta defensa cultural? Alison Renteln ha argumentado que debería hacerlo. Sin ella, el Estado estaría violando su deber de aplicar la ley por igual a todos sus ciudadanos. "La justicia individual", escribe, "exige que el sistema jurídico se centre tanto en el actor como en el acto, y en el motivo y la intención. Esto, a su vez, requiere la introducción de información cultural en la sala del tribunal".[307]

Las culturas dominantes, señala, tienden a malinterpretar las prácticas culturales que son inofensivas pero extrañas. Los gobiernos, además, "temen el multiculturalismo porque expone la ficción de cualquier identidad nacional". Pero las democracias "deberían dejar que la gente elija sus propios planes de vida".[308] El derecho a elegir planes de vida está en el centro del espíritu de los derechos humanos. Renteln aconseja una política de tolerancia. Ella da el ejemplo de un hombre en Fresno, California, un hmong de Asia, cuya esposa estaba enferma. Intentó realizar "las ofrendas habituales: quemar papel moneda, sacrificar un pollo y un cerdo"; incluso probó "técnicas médicas occidentales". No hubo resultados. Frenético de preocupación, el hombre "decidió sacrificar a un pastor alemán de tres meses porque la visión nocturna del perro y su agudo sentido del olfato le permitían rastrear espíritus". Uno de los vecinos del hombre llamó a la policía. Fue acusado de un delito grave, crueldad hacia los animales. El juez se negó a permitir una defensa basada en la libertad religiosa. La defensa, sin embargo, podría haber tenido un impacto en el resultado. El hombre fue multado con una pequeña cantidad y puesto en libertad condicional.[309]

En un caso de Maine, *State v.* Kargar (1996), un refugiado de Afganistán, Mohammad Kargar, fue acusado y condenado por agresión sexual grave. Había besado el pene de su hijo pequeño. Hubo testimonios de que la gente en Afganistán hace esto todo el tiempo, que simplemente muestra amor por el niño y no tiene nada sexual. La condena fue revocada en apelación.[310] Los métodos judíos de sacrificio de animales han llevado a la controversia en algunos lugares. Los judíos ortodoxos solo comerán carne que haya sido sacrificada de acuerdo con la ley religiosa judía, que implica cortar rápidamente la garganta del animal. Esto puede ir en contra de las normas locales para el sacrificio de animales. Pero en la mayoría de los países europeos, en Canadá, Estados Unidos, Australia y Nueva Zelanda, la matanza ritual judía está permitida por la ley.[311] Los sijs usan un turbante, y este es un requisito religioso; en Inglaterra, después de una discusión considerable, los sijs fueron eximidos de las leyes que requieren cascos de motocicleta.[312] También ha habido controversia sobre la circuncisión, tanto masculina como femenina. La circuncisión masculina es una práctica antigua, ejercida por judíos y musulmanes como un deber religioso; Pero también puede ser defendido o atacado por motivos de salud. La circuncisión femenina es una práctica común en algunas partes de África. Hay una literatura enorme y polémica sobre el tema.[313] El debate sobre la circuncisión femenina plantea claramente la cuestión de un conflicto entre los derechos de la mujer y las tradiciones culturales; es al menos, así como suele ser enmarcado.

Un conflicto cultural se presentó ante la Corte Suprema de los Estados Unidos en *Santa Clara Pueblo v. Martínez* (1978).[314] Santa Clara Pueblo era una pequeña tribu de indígenas americanos, con algo más de mil miembros. Julia Martínez era un miembro de pura sangre de la tribu, y vivía en la reserva en Nuevo México. Se casó con un indio navajo y tuvo varios hijos. Bajo las reglas tribales, si un miembro masculino se casaba fuera de la tribu, los niños seguían siendo miembros de la tribu. Pero si una mujer miembro de la tribu se casaba, los niños perdían su membresía. Por lo tanto, los hijos de Julia no tenían derecho a votar en las elecciones tribales, ni siquiera el derecho a permanecer en la reserva si su madre moría.

La ley relacionada con los pueblos nativos en los Estados Unidos, y las reglas sobre el poder y la autoridad tribal, son una compleja jungla de disposiciones y doctrinas. La tendencia ha sido hacia una mayor y más autonomía para los grupos tribales reconocidos, incluido el Pueblo de Santa Clara. Pero una ley del Congreso, la Ley de Derechos Civiles de los Indios, extendió el alcance de gran parte de la Declaración de Derechos de los Estados Unidos a las diversas tribus, incluida la de Santa Clara. La ley también garantizaba a los miembros "igual protección por las leyes". La Corte Suprema había interpretado este concepto en el sentido de que la discriminación sexual viola los derechos constitucionales.

El tribunal de primera instancia rechazó la demanda de la señora Martínez. La cultura de Santa Clara, según la corte, era tradicionalmente patriarcal. Las reglas de membresía eran una parte vital de la estructura social de la tribu. "Abrogar las decisiones tribales, particularmente en la delicada área de la membresía, por cualquier 'buena' razón, es destruir la identidad cultural con el pretexto de salvarla". La gente de la tribu tenía el derecho de "decidir qué valores son importantes"; ellos, después de todo, "deben vivir con la decisión todos los días".[315] Sin embargo, la Corte de Apelaciones revocó esta decisión. La Corte de Apelaciones subrayó que la regla de membresía era discriminatoria, lo cual, por supuesto era así. Además, no logró "identificar racionalmente a aquellas personas que eran emocional y culturalmente santaclarenses". La Corte Suprema de los Estados Unidos, a su vez, revirtió *esta* decisión. Técnicamente, la Corte Suprema no llegó hasta la cuestión de fondo, es decir, la discriminación sexual; o el impulso exacto de los estatutos de derechos civiles sobre la ley tribal. Simplemente decidió que los casos de este tipo no correspondían a los tribunales federales. Correspondían a los tribunales tribales. La Corte se sintió bastante cómoda cediendo poder a las autoridades tribales. Decidirían sobre cuestiones de membresía, incluso si sus decisiones pudieran parecer discriminatorias, a los ojos de la cultura en general.[316]

En casos de este tipo, hay argumentos en ambos lados de la cuestión. En muchos de ellos, el impacto en la sociedad no es grande, excepto para el círculo inmediato de litigantes y sus familias. Ciertamente, los cimientos de la república estadounidense no se tambalearían si a los inmigrantes se les permitiera sacrificar un perro, o sacrificar animales al estilo kosher, o incluso dar a los órganos sexuales de un bebé un beso perfectamente inocente. Si los hijos de Julia Martínez pueden seguir siendo miembros del Pueblo de Santa Clara es un poco más profundo, pero la decisión es ciertamente defendible; y sólo afectaba a un pequeño número de personas.

En un extremo del continuo de "prácticas culturales" podemos colocar "costumbres" como el asesinato de supuestas brujas, o el "*asesinato muti*" en Sudáfrica. Esto se refiere a un "ritual durante el cual una víctima, que cumple con requisitos particulares – por ejemplo, un niño o una virgen — es elegida para obtener partes específicas de su cuerpo", ojos o genitales, por ejemplo, para ser "utilizados con fines medicinales". La ley sudafricana trata estos asesinatos simplemente como homicidio.[317]

Más graves y probablemente más extendidas son las prácticas que reflejan el lugar subordinado de las mujeres en la sociedad. Los matrimonios forzados, por ejemplo. Los padres de Nadia, marroquíes que viven en Noruega, alarmados por la forma en que se estaba mezclando con la cultura noruega, la llevaron contra su voluntad a Marruecos, para asegurarse de que se casara con un verdadero musulmán marroquí.[318] Aún más reprensible desde un punto de vista occidental es el llamado "homicidio por causa de honor". Las víctimas son mujeres cruelmente ejecutadas por sus propias familias, porque supuestamente han traído vergüenza y deshonor a sus familias. Los asesinatos por honor ocurren en muchos países, especialmente, pero no exclusivamente, países con mayorías musulmanas, como Jordania.[319] Los homicidios por causa de honor también son, por ejemplo, un problema en Brasil. Los padres, hermanos o esposos matan a las mujeres que son infieles a sus maridos, o que simplemente se casan en contra de los deseos de parientes varones o que violan las estrictas normas de su comunidad; o incluso, en algunos casos extremos, si fueron violadas, trayendo deshonor involuntariamente a la familia.[320] Con el crecimiento de una diáspora musulmana, el "homicidio por causa de honor" se ha extendido a países como Alemania. ¿Es la tradición y el honor familiar una defensa válida contra un cargo de asesinato, si un padre de un país musulmán conservador, pero que vive en los Estados Unidos o Alemania, mata a una hija que tuvo relaciones sexuales fuera del matrimonio? La mayoría de las personas en estos países rehúyen de la noción misma de permitir tal defensa. Pero ¿debería la ley tomar en serio la defensa cultural como un factor atenuante? Es una pregunta difícil.

Los hombres son los acusados en estos casos, en su mayor parte; pero no siempre. En un caso de Georgia, una mujer vietnamita, que disparó a su hijastra y a su esposo, trató de defenderse en parte sobre la base de un síndrome de esposa maltratada (pero solo había sufrido abuso psicológico); también trató de presentar pruebas sobre sus creencias religiosas vietnamitas, para demostrar que la forma en que su hijastra y su marido trataron a la familia lo que resultó en "pérdida de estatus, humillación y posibles consecuencias espirituales adversas". La Corte Suprema de Georgia estuvo de acuerdo en que esas pruebas se habían excluido debidamente del juicio.[321]

En Alemania, ha habido casos de hombres turcos o kurdos, u otros musulmanes, que han matado a esposas o hijas para salvar el "honor" de la familia. En 2003, un musulmán albanés — había vivido en Alemania durante 14 años — mató a su hija adolescente, que era rebelde, iba a fiestas, vestía ropa occidental y se había "enamorado de un joven. Su padre la estranguló y arrojó su cuerpo a un lago." Invocó la defensa cultural, pero fue condenado a cadena perpetua. Los tribunales alemanes, aparentemente, nunca han absuelto a alguien que haya invocado una defensa cultural; y estos tribunales han dejado claro que "ya no se tolerarán sentencias reducidas por razones culturales en casos de crímenes de honor".[322]

Parte del problema, obviamente, es la forma en que la etiqueta de "cultura" se adhiere en todo tipo de prácticas nocivas para las mujeres, o que refuerzan un sistema donde los hombres tienen un control dictatorial sobre las mujeres. No todas las prácticas, incluso las comunes, merecen ser veneradas como parte de una profunda tradición cultural. La cultura, además, es un "sistema abierto y flexible", y que está en constante cambio. Una concepción más rica y matizada de la cultura, como ha señalado Sally Merry, no elimina los conflictos entre "conceptos de derechos y creencias culturales", sino que dirige la atención hacia la "importancia de enmarcar reformas universalistas en términos culturales locales" y reconoce que "la cultura no es estática y que hay formas creativas de desafiarla".[323] La cuestión no es sólo que la cultura cambia, sino también que es posible *hacerla* cambiar. Y hacer que cambie de manera que armonice con las normas de los derechos humanos. Parte del impulso para el cambio proviene de fuera de la cultura, sin duda; pero mucho de esto también proviene del interior de la cultura. Y esto se debe, al menos en parte, a que las líneas entre el interior y el exterior son irremediablemente borrosas en esta era globalizada. Las mujeres en muchas sociedades "tradicionales" ya no son comparables a los miembros de alguna tribu aislada, en lo profundo de la selva amazónica. Son cada vez más parte del mundo más amplio, que rezuma en todos, excepto en los paisajes más remotos e intratables. La familia de Nadia ya no vivía, encerrada, en un pueblo marroquí. Vivían en Noruega, donde Nadia — y ellos mismos — estaban expuestos a nuevas normas e influencias Las personas verdaderamente tradicionales no migran. El hecho mismo de la migración, de Marruecos a Noruega, de Somalia a Minneapolis, no solo expone a hombres y mujeres a una nueva forma de vida; insinúa que están consciente o inconscientemente abiertos a esa exposición.

Los derechos de las mujeres son, quizás, el ejemplo más destacado del (supuesto) choque entre "cultura" y derechos fundamentales. Ocasionalmente, el problema es la forma en que los padres manejan, o no manejan, a sus hijos. En un caso, un tribunal dictaminó una cirugía para corregir el pie zambo de un niño; los padres, que eran hmong, se opusieron vehementemente. Aparentemente, la objeción se basaba en las creencias culturales hmong. La cirugía, sintieron los padres, podría "interferir con el orden natural; las desgracias bien podrían sobrevenir a otros miembros de la familia o la comunidad". El pie zambo, creían, era "un castigo por los errores cometidos por un antepasado".[324]

También se podría mencionar de nuevo el gran alboroto en Francia por las niñas que usan pañuelos en la cabeza en la escuela. Para los musulmanes devotos, el velo podría ser un deber religioso; para los franceses, la práctica parecía amenazar de alguna manera a la República o, en cualquier caso, amenazar la solidaridad y la identidad nacional. También hubo una campaña en Francia contra el burka, es decir, la "capa envolvente" que usan algunas mujeres musulmanas.[325] Una mujer musulmana, casada con un ciudadano francés, y con tres hijos, solicitó la ciudadanía, y fue rechazada, debido a su tocado; la razón fue la "asimilación insuficiente" en Francia.[326] Aquí hay una teoría de la identidad francesa que los acontecimientos pueden estar haciendo obsoleta. Los estadounidenses, que generalmente son respetuosos de la religión, casi cualquier religión, tienen dificultades para ver de qué se trata todo este alboroto. Pero el velo también fue un problema en Turquía, donde el choque entre el secularismo y el Islam es particularmente agudo.[327] Y en Alemania, los maestros que quieren usar pañuelos en la cabeza también han provocado controversia. Los gobiernos locales han sido hostiles a estos maestros, y la jurisprudencia es bastante mixta.[328] De hecho, algunos países europeos han dado la vuelta al concepto de "defensa cultural": para ellos, significa defender *su* cultura de la contaminación; la ola de inmigrantes de las sociedades tradicionales (especialmente las sociedades musulmanas) es la fuente de esta infección. La ciudadanía en Francia, Alemania o los Países Bajos, por ejemplo, no es fácil de obtener; el inmigrante tiene que demostrar conocimiento del idioma (una demanda no demasiado irrazonable), pero también aceptación de las costumbres y valores nacionales. Esto puede significar aceptar el espíritu de los derechos humanos: en Alemania, "compromiso con el sistema constitucional democrático libre". "Nuestra historia", dijo el ministro del interior en los primeros años del siglo XXI, "se ha desarrollado a lo largo de mil años"; Alemania no puede permitir que la "base de nuestra comunidad", "sea destruida por extranjeros".[329] Por supuesto, los "mil años" de historia y cultura alemanas incluían mucho de lo que no se puede estar orgulloso, incluidos Adolfo Hitler y los nazis, pero esto no era lo que el Ministro tenía en mente. *Hay* un problema de asimilación y choque cultural; pero la guerra contra el velo, y la creciente plaga de la xenofobia, muestra que el problema tiene dos caras: los inmigrantes tienen un problema para adaptarse; pero también lo tienen los ciudadanos del país de acogida.

Los países europeos, históricamente, no eran importadores sino exportadores de personas. Millones de personas fluyeron hacia Estados Unidos, Canadá, Argentina y otros países receptores de migrantes. Se asimilaban, a veces muy lentamente; y a menudo se enfrentaron a la discriminación y al poder de los movimientos nativistas. Pero en general, prosperaron en sus nuevos hogares, y la mayoría de ellos nunca miraron hacia atrás. Ahora el zapato está en el otro pie. Europa da la bienvenida oficialmente a la diversidad, y los inmigrantes tienen, en teoría, los mismos derechos. Pero Europa también teme al multiculturalismo. El multiculturalismo significa, por lo menos, respetar las culturas minoritarias. Pero las culturas minoritarias pueden despertar sospechas e incluso odio. Y estas culturas a veces pueden entrar en conflicto con lo que la mayoría define como derechos básicos y fundamentales.

El "aumento mundial hacia la política de identidad" tiene ventajas y desventajas, con respecto a los derechos humanos básicos. Por un lado, puede dar a las personas "integridad y dignidad edificantes", de las que las pequeñas culturas y los pueblos indígenas habían carecido en el pasado. Por otro lado, la presión por los derechos culturales puede agudizar la distinción entre los de dentro y los de afuera. Puede conducir a conflictos étnicos. Entonces, "por cada grupo que ha encontrado fuerza en un mayor sentido de identidad común, hay un desastre yugoslavo esperando a suceder".[330] La era del multiculturalismo es también una época de conflictos generalizados por motivos étnicos, religiosos y lingüísticos. Estos conflictos existen en todo el mundo: en Bolivia, en Sudáfrica, en Oriente Medio. Algunos países manejan bien estos conflictos; otros lo hacen muy mal. España, Suiza y Singapur han encontrado formas de acomodar la diversidad de idiomas. Sri Lanka no lo ha hecho. Turquía se ha resistido a las demandas kurdas de derechos lingüísticos. Los belgas aún no se están matando unos a otros por el lenguaje; pero la tensión está presente. Los conflictos étnicos afectan a muchos países africanos. El conflicto religioso también es endémico en muchos países: India y Nigeria, por ejemplo. Las sociedades exitosas son aquellas que han sido capaces de doblarse, comprometerse y acomodarse.

¿Y qué hay de los pequeños grupos que no hacen o no pueden hacer las paces con el mundo moderno? En un caso estadounidense bien conocido, *Wisconsin v. Yoder* (1972),[331] la ley estatal requería que los niños fueran a la escuela secundaria hasta cierta edad. La conservadora iglesia menonita amish se opuso a esta ley. Yoder y sus compañeros amish creían que la escuela primaria era suficiente para sus hijos. La escuela secundaria, sentían, solo enseñaría cosas que no tenían uso en la sociedad amish. Los amish rechazaron los valores de la sociedad en general, valores (aunque no lo expresaron de esta manera) del individualismo. Los amish enfatizaron los valores de la comunidad, y querían vivir separados de la sociedad grande y seductora que los rodeaba. La Corte Suprema, sorprendentemente, estuvo de acuerdo con los amish, citando el derecho constitucional al "libre ejercicio de la religión". La mayoría de los jueces tenían una visión bastante romántica de este pequeño grupo conservador, un grupo que, en cierto sentido, vivía en el pasado. La opinión estaba empapada en una especie de nostalgia por una forma de vida antigua y simple.[332]

Sin embargo, los amish probablemente tenían razón, en sus términos, al desconfiar de la escuela secundaria pública. La educación en ciencias y otros temas seculares podría amenazar el estilo de vida amish. Probablemente la mayoría de los jóvenes amish podrían resistir el atractivo del mundo exterior, incluso en la escuela secundaria. Pero algunos podrían no hacerlo. Los amish entendieron, intuitivamente, el problema central de las culturas minoritarias, en el mundo contemporáneo. Entendieron que solo el aislamiento podría mantener viva su forma de vida, en sus formas tradicionales y anticuadas. Ninguna cantidad de "multiculturalismo", ningún plato de derechos, ninguna celebración de las "raíces", puede preservar la mayoría de las culturas minoritarias, frente a la fuerza abrumadora de las formas modernas de vida. Estas formas modernas, la cultura de masas que se ha extendido por la mayor parte del mundo, son enormemente atractivas, seguramente en parte porque aprovechan y estimulan un tipo de individualismo que los amish del viejo orden deseaban rechazar.

Los príncipes gobernantes de Arabia Saudita parecen muy alejados en su forma de vida de los amish de Wisconsin, pero también luchan por evitar que el mundo exterior se filtre, hasta cierto punto. Ninguna otra religión que no sea el islam es tolerada. Las mujeres no pueden conducir automóviles ni trabajar en la mayoría de las ocupaciones. Y, sin embargo, los gobernantes se han sentido obligados, por ejemplo, a establecer una Universidad moderna, planeada como un enclave cuidadosamente en cuarentena, que se levantará de las dunas de arena y proporcionará entrenamiento y habilidades que el reino debe tener para sobrevivir.[333]

10 Soberanía y Derechos

En la literatura sobre derechos humanos, y más en general, en las discusiones sobre la política y las medidas y estrategias relacionadas con los derechos humanos, el concepto de soberanía proyecta una larga sombra. La soberanía es un concepto complicado, no siempre fácil de definir.[334] "Soberanía" generalmente se refiere a un aspecto del poder interno de los gobiernos, pero tiene un significado internacional importante. Aquí utilizo el término principalmente en su sentido internacional: el principio de que, dentro de sus fronteras, un país (más exactamente su gobierno) tiene autoridad absoluta, total y final sobre el territorio, la gente y los recursos. Ningún otro país o institución puede invadir esa autoridad. Ningún otro país o institución puede entrometerse en los asuntos de una nación soberana. Cada estado soberano tiene el monopolio del control sobre los asuntos internos. La soberanía es un "principio fundamental" en la literatura del derecho internacional. Los miembros de las Naciones Unidas son todos estados soberanos. China y Estados Unidos son estados soberanos; pero también Andorra o Liechtenstein o Nauru.

Sin embargo, por supuesto, esto nunca ha sido del todo cierto, y es quizás menos cierto que nunca en nuestros tiempos.[335] Se habla mucho de la decadencia de la soberanía, o incluso del fin de la soberanía tal como la conocemos. Es "no sólo la naturaleza de la soberanía, sino su propia existencia" lo que se pone en tela de juicio.[336] Como dijo un escritor, "la espalda de la soberanía se ha roto. Sus días como principio de ordenación absoluta han terminado".[337] La soberanía ha sido "socavada, tanto desde el exterior, a medida que los cambios tecnológicos aumentaron la permeabilidad de las fronteras, como desde dentro, a medida que se reconoce que los derechos humanos prevalecen sobre el derecho de los estados a ... violar estos derechos".[338]

La soberanía puede estar decayendo, pero ciertamente está lejos de estar muerta. Los Estados todavía guardan celosamente su autoridad. Pueden firmar todo tipo de convenciones y declaraciones con respecto a los derechos humanos; pero (como señalamos) a menudo lo hacen con pleno conocimiento de que estas piedades no pueden y no serán aplicadas. Los Estados resienten y tratan de repeler cualquier intento de los extranjeros de afectar su control sobre los asuntos internos. Los chinos se enfurecen ante el más mínimo indicio de intromisión en el Tíbet, y consideran al Dalai Lama como una seria amenaza para la integridad territorial. Los países ricos vigilan sus fronteras vigorosamente; tratan de controlar la inmigración; Hacen grandes esfuerzos para mantener alejados a los inmigrantes ilegales; limitan el número y los tipos de personas que reclaman el derecho al asilo. Los países pobres, lo suficientemente desafortunados como para vivir al lado de un estado fallido, o un estado devastado por la guerra, intentan controlar la avalancha de refugiados. Los estados autoritarios limitan el derecho de su pueblo a emigrar, o viajar al extranjero, como lo hace Cuba, y como era estándar en el bloque soviético antes de 1990.

Sin duda, la decadencia es más obvia con respecto a la soberanía económica. Esto es, en parte, un producto de la globalización. Sería una exageración decir que todos los países comercian con todos los demás países, pero ciertamente el alcance y la escala del comercio internacional son mucho mayores que nunca. Los flujos de divisas son, en todo caso, aún más universales. Transferencias de miles de millones o billones ocurren todos los días. Los estados tienen, de alguna manera, tan poco poder para controlar estos flujos como tienen para controlar el viento o la lluvia. Al igual que tanta riqueza en estos días, estos flujos de divisas toman la forma de puntos electrónicos. Las grandes corporaciones multinacionales, cuyas ventas empequeñecen el PNB de la mayoría de los países del tercer mundo, son casi soberanías por derecho propio. Tienen sucursales, oficinas e instalaciones en docenas de países. Cambian personal y fábricas como peones en un tablero de ajedrez. Esta forma de capitalismo "sin Estado" se desliza fácilmente más allá del control de los estados-nación.[339] Los sistemas globales complejos, "desde lo financiero hasta lo ecológico, conectan el destino de las comunidades en un solo lugar con el destino de las comunidades en regiones distantes del mundo". Las nuevas realidades explotan y desplazan la vieja concepción del poder estatal como una "forma absoluta, indivisible, territorialmente exclusiva y de suma cero de poder público".[340]

Por supuesto, hace una diferencia si un país es grande o pequeño, rico o pobre. Un país grande y rico tiene más control sobre su economía que uno pequeño y pobre. Un país grande y rico también puede intimidar o controlar a países pequeños y pobres, independientemente de las teorías sobre la naturaleza de la soberanía. Esto, por supuesto, no es nada nuevo; Y al menos los grandes países ricos ya no engullen a los pequeños países pobres, como lo hicieron en el siglo XIX. Cuando las potencias imperiales no se molestaron en anexarse, ellas (o sus grandes intereses comerciales) tendían a dominar y controlar. La "*United Fruit Company*" tenía un enorme poder sobre las repúblicas bananeras. Quizás más al punto, los Estados Unidos de América tenían aún más poder para controlar o acosar a las repúblicas bananeras. En el siglo XIX, las grandes potencias tallaron sus propias esferas de influencia en el cuerpo enorme, débil y flácido que era China. En nuestros tiempos, el colapso de la Unión Soviética robó a Rusia la mayor parte de su imperio, pero aún puede amenazar e incluso dominar a vecinos pequeños y débiles como Georgia o Moldavia, económica y políticamente. Algunos países dependen totalmente del comercio internacional; otros lo hacen mucho menos. Los países grandes tienen poder militar y político; los países pequeños no lo hacen. Los Estados Unidos se negaron a tolerar la invasión de Kuwait; pero nadie intervino contra su propia incursión en Granada. Cuando Nicaragua acudió ante la Corte Internacional de Justicia en la década de 1980 para quejarse de la intervención militar estadounidense, los Estados Unidos negaron que la corte tuviera jurisdicción; y cuando la Corte falló a favor de Nicaragua, Estados Unidos simplemente se negó a cumplir con la decisión. Y nadie podía pedirle cuentas.

Lo que es nuevo, sin embargo, es la magnitud de las conexiones que unen a los países. Incluso países poderosos como Japón y Alemania están vinculados al resto del mundo y dependen de otros países, porque su riqueza se basa en un comercio de exportación masivo. Estados Unidos importa mucho más de lo que exporta, y depende mucho menos de la exportación que (digamos) Alemania o Japón. Por otro lado, depende en gran medida de los extranjeros: De China, muy notablemente, para sostener los costos de su presupuesto. La mayoría de los gobiernos están convencidos de que el libre comercio es (al menos a largo plazo) bueno para todos; Y también lo es la interdependencia. Hay, por supuesto, también un lado oscuro. Las hipotecas de alto riesgo colapsan en los Estados Unidos, e Islandia quiebra. El Emirato de Dubái no puede cumplir con sus obligaciones, y los mercados de valores tiemblan en el este de Asia. Nuestros destinos, los destinos de todos nosotros, están vinculados.

El enorme tráfico de mercancías, de país en país, es lo que solemos pensar cuando hablamos de globalización. Pero la globalización es mucho más que comercio. También es, y quizás lo más básico, una cuestión de cultura. Es decir, vivimos en una época donde las ideas, costumbres, imágenes, hábitos de pensamiento, están en sí mismos altamente globalizados. En el pasado, el comercio era a menudo asimétrico. Europa compró sedas y especias de Oriente; Pero los patrones de consumo eran muy diferentes en diferentes partes del mundo. En términos de productos reales, el comercio sigue siendo asimétrico. Arabia Saudita exporta petróleo, Japón lo importa. Sólo unos pocos países fabrican aviones a reacción; Pero la mayoría de los países deben comprar a estos pocos fabricantes.

Pero el comercio ya no es *culturalmente* asimétrico. Hay convergencia en lo que la gente quiere, compra y consume. Los pantalones vaqueros son populares en todo el mundo. Los japoneses fabrican y venden coches; Pero también compran automóviles, y son bendecidos o maldecidos con la misma cultura automotriz que otras sociedades desarrolladas. Y una cultura informática también. Los japoneses también son ávidos viajeros y turistas. Escuchan música rock-and-roll. Algunos de ellos también escuchan a Beethoven. Tanto la baja cultura como la alta cultura se han extendido por todo el mundo. El tráfico es principalmente de oeste a este, de norte a sur. Pero no siempre. Los japoneses han tomado prestada la ley, la arquitectura, la música y la práctica comercial de Occidente. Pero el resto del mundo ha desarrollado un gusto por el arte y la arquitectura japonesa, sin mencionar una pasión más reciente por el sushi. Y los métodos japoneses de fabricación han sido ampliamente copiados en Occidente.

La tecnología está en el centro de la globalización. La televisión, Internet, el correo electrónico, los aviones a reacción, todo esto ha reducido el mundo y ha hecho realidad la idea de un solo mundo. Si estas tecnologías son más un efecto que una causa es una pregunta que no es fácil de responder. Tal vez ambos. La globalización de la cultura es, como hemos argumentado, una cuestión de convergencia, que a su vez es el producto del individualismo moderno, y esto es a su vez un producto del sistema capitalista y sus variantes, en cualquier caso, ayudado, instigado y moldeado, si no creado, por la tecnología moderna. Y, a su vez, el individualismo y la mentalidad moderna han nutrido la innovación en la tecnología.

La cultura y el comercio se han globalizado; pero el riesgo, por desgracia, también se ha globalizado. Riesgo económico, por un lado. Las quiebras bancarias en un país viajan con la velocidad de la luz a otros países. Los mercados globales significan inseguridad global para el trabajo.[341] También hay riesgos más físicos y tangibles que vienen con la globalización. Las plagas de insectos viajan en buques de carga de un país a otro. Peces que nadan en el lugar equivocado y engullen peces nativos, conejos que invaden países sin los depredadores adecuados, plantas que invaden las vías fluviales y estrangulan su vida vegetal, estos amenazan el orden natural y, a veces, la economía también. Los países gastan miles de millones luchando contra pequeñas polillas y escarabajos que cruzaron la frontera nacional sin visa, por así decirlo.

Los riesgos de los seres humanos también se han globalizado. Los ganaderos en Sudamérica provocan incendios que "crean nubes masivas de smog y ozono bajo", y esto contribuye a "problemas respiratorios generalizados".[342] La contaminación atmosférica no tiene problemas para circular a través de las fronteras nacionales. Ningún protector o alambre de púas puede mantener alejado el aire sucio. El desastre nuclear de Chernóbil, en 1985, fue una ilustración dramática de la globalización del riesgo. La soberanía y la independencia "no pudieron evitar que los gases radiactivos cubrieran gran parte de Escandinavia, otras partes de Europa y otras partes del mundo".[343] Las epidemias, por supuesto, nunca han mostrado respeto por las fronteras nacionales: piense en la Peste Negra, la pandemia de gripe de 1918 y otras plagas del pasado. La medicina moderna tiene una solución para muchas de las plagas clásicas. Pero el problema de las pandemias no ha desaparecido. El SIDA comenzó, tal vez, en África; y ahora es verdaderamente global. El brote de gripe porcina, en 2009, se notó por primera vez en México, pero se extendió rápidamente a otros lugares. Muy pronto, los funcionarios de salud admitieron que no tenían forma de "contener" esta enfermedad. Demasiadas personas viajan a muchos lugares; Es imposible identificar y poner en cuarentena a las personas que podrían estar incubando la enfermedad, o evitar que se suban a un avión y realicen sus actividades en todo el mundo. No hace falta decir que el calentamiento global y la destrucción de las selvas tropicales son problemas mundiales, con consecuencias mundiales.

En resumen, los hechos de la vida moderna hacen que algunos aspectos de la soberanía parezcan obsoletos, irrelevantes. Esta es la razón por la cual los estudiosos argumentan que la soberanía no es lo que solía ser (si es que alguna vez lo fue). La crisis económica de 2008-2009 comenzó, tal vez, en los Estados Unidos. La burbuja inmobiliaria estalló y condujo a una crisis que involucró hipotecas de alto riesgo, "titularización", misteriosos paquetes de activos y transacciones financieras arcanas. La crisis condujo a eventos que sacudieron a la sociedad islandesa, empujaron a Irlanda y Grecia a la crisis, elevaron la tasa de desempleo en España y Alemania, sacudieron la zona euro hasta sus cimientos y bajaron el comercio de exportación de Japón, Corea, Hong Kong y Singapur.

La soberanía se debilita cuando todo está conectado con todo y con todos los demás. La debilidad se muestra de varias maneras. Los procesos globales, "tanto naturales como creados por el hombre", demuestran, de manera dramática, que las "fronteras artificiales y socialmente construidas entre los estados" son "permeables"; Y esto socava "la expresión concreta de la soberanía".[344] El Estado, como ha dicho John Merryman, está perdiendo poder en dos direcciones. Alguna vez "todo el poder político y jurídico se centró en el estado", pero ahora el mundo se está moviendo "hacia una distribución más uniforme del poder a lo largo de un espectro que se extiende desde el individuo único, el portador de los derechos individuales, a través de los gobiernos locales, las organizaciones intermedias y los estados, hasta las organizaciones supranacionales".[345]

Por lo tanto, todo el concepto de derechos humanos también está en conflicto con la soberanía, y en un doble sentido. Primero, se come la soberanía desde adentro, al insistir en que el estado soberano no tiene poder para anular estos derechos. En segundo lugar, lenta y gradualmente, surge un orden legal internacional, que al menos *promete* triunfar sobre los derechos soberanos. Las normas y prácticas internacionales tienen un largo linaje, pero durante la mayor parte de su historia, fueron el tipo más suave de derecho indicativo; totalmente desdentado. Ahora le parecen estar brotando dientes. Más bien como dientes de leche, pero dientes, al fin y al cabo. La existencia misma de las Naciones Unidas, con sus resoluciones y sus fuerzas de mantenimiento de la paz, es una señal de este nuevo desarrollo. Las Naciones Unidas han tratado de desempeñar un papel en el mantenimiento de la paz a escala internacional. A veces ha sido eficaz, a veces no. La ONU puede ser torpe y burocrática; corrupta a veces; paralizada por la bufonería del gran poder; pero todavía está ahí, y funciona más o menos, en ciertos niveles. También se puede señalar instituciones como la nueva Corte Penal Internacional. Este Tribunal es un esfuerzo inacabado; pero ha acusado y juzgado a importantes figuras políticas, por ejemplo, Jean-Pierre Bema, ex vicepresidente del gobierno de transición de la República Democrática del Congo; y una vez candidato presidencial. Bema fue arrestado en 2008, acusado de crímenes de guerra y crímenes de lesa humanidad. La CPI también ha pedido el arresto y enjuiciamiento de otras figuras políticas importantes.

La Corte tiene al menos un significado simbólico. Representa los derechos universales. Hace una declaración. Afirma que, en aquellos asuntos en los que la Corte tiene jurisdicción, la soberanía ya no es tan pertinente como antes. Sin duda, los Estados tienen que dar su consentimiento a la jurisdicción de la CPI y el Consejo de Seguridad de la ONU también puede remitirle asuntos. Pero la CPI defiende la proposición de que existen normas internacionales; que los derechos humanos básicos trascienden las fronteras; que al menos en casos atroces, las normas y los derechos de justicia y humanidad son más altos y legítimos que cualquier reclamo de soberanía; y, sobre todo, que la humanidad puede hacer algo más que retorcerse las manos y deplorar. La Corte es nueva. Queda por ver si tendrá un gran impacto.

El movimiento de derechos humanos contribuye a la decadencia de la soberanía, tal como es. Pero la decadencia de la soberanía también, a su vez, tiene un impacto en el movimiento de derechos humanos. En el lado positivo: el alcance masivo del comercio mundial y la difusión masiva de una cultura de masas global, junto con el debilitamiento de la soberanía económica, tienen una cierta tendencia a promover la democracia y el estado de derecho. Ningún país existe de forma aislada. Alguna vez, Corea fue llamada el reino ermitaño. Pero hoy no hay reinos ermitaños. Incluso Bután muestra signos de entrar en el gran mundo. Si existe tal cosa como un reino ermitaño hoy, el mejor ejemplo sigue siendo Corea, es decir, Corea del Norte. Corea del Norte trabaja muy duro para bloquear la influencia del mundo exterior, y lo hace bastante bien. Los chinos están comprometidos en un experimento dramático: liberalizar su economía, mientras mantienen la tapa sobre los derechos políticos y humanos. Esto los pone en guerra con los disidentes, pero también en guerra con el nuevo mundo de Internet y la blogosfera, con Google y otros motores de búsqueda y sitios web. No está claro quién ganará esta guerra.

En el lado negativo: los derechos humanos, como ha señalado Johan Galtung, "están garantizados por los Estados, y los derechos de los Estados están siendo erosionados desde fuera y desde dentro por la globalización y la privatización".[346] Esta erosión es quizás lo más grave con respecto a los derechos sociales. La globalización limita el poder de los países, incluso de los países muy ricos, para garantizar un alto nivel de vida, incluida la atención médica, las pensiones y otras características del estado de bienestar. Las fábricas se levantan y huyen a países pobres con salarios bajos, sin mencionar los bajos estándares de salud y seguridad, y el total desprecio por el medio ambiente. El estado de bienestar dependía, en muchos países, de una rica oferta de empleos en las fábricas, el pago de salarios decentes y beneficios; La mayoría de estos trabajos han desaparecido. El terrorismo también se ha globalizado. El terrorismo no es nada nuevo; Hubo terroristas en el siglo XIX, y en la mayor parte del siglo XX. El terrorismo moderno parece diferente; Da la impresión de ser un *movimiento* mundial y su objetivo no es asesinar reyes, presidentes ni príncipes, sino hacer estallar a ciudadanos comunes que viven en el mundo desarrollado y a quienes caracterizan como infieles y enemigos. El miedo frío y húmedo a este enemigo invisible da a los Estados poderosos incentivos para recortar los derechos fundamentales, en nombre de la batalla contra el terrorismo. Los ciudadanos, en general, parecen aprobar.

La globalización también tiene un efecto negativo en los derechos culturales. Esto puede parecer paradójico. Después de todo, los derechos culturales deben gran parte de su fuerza al movimiento de derechos humanos. Los documentos básicos de derechos humanos reconocen los derechos culturales y los derechos de las minorías. Más concretamente, muchos países, como hemos visto, avergonzados por su historia de crueldad, han adoptado los derechos culturales de las minorías. Los resultados van desde los derechos lingüísticos, para los vascos, los sámi en Noruega y muchos más; derechos de caza y pesca; concesiones o re-concesiones de tierras; el derecho a matar focas y arponear ballenas; incluso el reintegro de cráneos y esqueletos de los museos de antropología. En general, como vimos, los pueblos indígenas tienen, por primera vez, una voz que se puede escuchar en los pasillos del poder.

Si la globalización difunde una cultura de derechos humanos, incluidos los derechos culturales, ¿cómo puede ser también el enemigo? Formalmente, por supuesto, no es el enemigo. Es destructivo, no tanto para *los derechos* culturales como para las culturas mismas. La comunicación es global. La televisión, Internet y las formas rápidas de viajar, todos tienden a hacer del mundo un lugar más pequeño. Y, como hemos visto, esto tiene un impacto asesino en las lenguas minoritarias y, más en general, en las culturas locales de todo el mundo. La pizza, los pantalones vaqueros y el rock and roll son síntomas de una cultura de masas universal, que desplaza a todo lo demás. Hemos argumentado que la convergencia cultural es una fuerza poderosa, y que parece casi irresistible. Quizás en el futuro sea menos irresistible. Pero por ahora, nada parece interponerse en su camino. La religión fundamental puede ser el enemigo más formidable. Las ideas tradicionales de soberanía parecen incapaces de detener la convergencia. Es casi imposible sellar las fronteras culturales, incluso Corea del Norte puede no tener éxito totalmente. También es cierto que la religión fundamentalista no presta atención a las fronteras nacionales. La yihad no puede reconciliarse con la soberanía tradicional. La gripe porcina no es la única pandemia. Los atentados suicidas también parecen ser una pandemia; y, como la gripe porcina, tiene poco respeto por la noción de estados soberanos todopoderosos.

HACIA UNA JURISDICCIÓN UNIVERSAL

También hay amenazas formales y legales a la soberanía. El espíritu de los derechos humanos es incompatible con la soberanía total. La soberanía no puede ser una excusa para un grave desprecio de los derechos humanos. Esta idea se deriva lógicamente de la noción misma de derechos humanos. Si la gente piensa que estos derechos son inalienables, si los consideran parte del derecho de nacimiento de todos, si se sienten que están fuera del alcance del gobierno, entonces la soberanía no importa ni debería importar. Para las normas que son inherentes y universales, debe haber algún tipo de autoridad, en algún lugar, que pueda castigar los crímenes de lesa humanidad y las violaciones graves de los derechos humanos, independientemente de las fronteras.

Esto está cobrando vida lentamente. El cambio real llegó recientemente. El período de la Segunda Guerra Mundial fue una especie de punto de partida. Nada similar a los juicios de Nuremberg tuvo lugar después de la Primera Guerra Mundial. Hubo algunos intentos débiles; Pero básicamente nadie fue castigado por crímenes de guerra ni por cualquier otro delito. Obviamente, las potencias victoriosas establecieron una comisión para investigar los crímenes de guerra. La comisión calificó los asesinatos turcos de armenios en los años alrededor de 1915 como "crímenes contra las leyes de la humanidad". Pero Estados Unidos y Japón se opusieron a este concepto. El último tratado con el gobierno turco dijo y no hizo nada para castigar a los responsables de estos horribles actos de asesinato. En otras palabras, no se hizo nada sobre estos "crímenes contra... humanidad".[347] En cuanto al Kaiser alemán, el público en los países aliados lo injurió, y hubo gritos para colgarlo, o algo peor. Perdió su trono, pero eso fue todo. Se exilió en Holanda. Murió a una edad madura, todavía en el exilio. Vivió lo suficiente para ver a Hitler conquistar los Países Bajos, pero no lo suficiente, desafortunadamente, para ver a Alemania aplastada y ocupada, y a sus líderes castigados por sus crímenes.

Sin embargo, a principios del siglo XXI, la idea de un cuerpo universal y aplicable de normas, castigando los crímenes contra la humanidad, había ganado terreno dramáticamente. Los juicios de Nuremberg defendieron la proposición de que las personas malvadas podían y debían ser responsabilizadas por sus actos malvados, y responsables de alguna manera transnacional. Los gobiernos victoriosos llevaron a juicio a los nazis. La idea de Nuremberg contenía al menos las semillas de un importante "corolario": que "un individuo podría... Solicitar directamente a un foro internacional que proteja las violaciones de sus derechos."[348] Estos ensayos fueron un hito importante; y un paso lejos de las nociones clásicas de soberanía. Pero, por supuesto, las potencias del Eje no tenían respeto por la soberanía. Los alemanes engulleron países pequeños y pacíficos como Dinamarca y Holanda. Los japoneses intentaron, sin éxito, tragarse a China, y más tarde invadieron gran parte del sur de Asia.

Cuando la Segunda Guerra Mundial llegó a su fin, los aliados tuvieron que decidir qué hacer con los líderes nazis, quienes fueron responsables de millones de muertes y atrocidades indescriptibles. Al final, los Estados Unidos, Gran Bretaña, Francia y la Unión Soviética establecieron un tribunal para escuchar las pruebas contra un grupo de líderes nazis. Estos hombres fueron acusados de violar el derecho internacional, y las leyes de guerra (consuetudinarias). Fueron acusados de librar guerras de agresión; quizás el más controvertido de los cargos contra los acusados.[349] Y también fueron acusados de crímenes contra la humanidad: "asesinato, exterminio, esclavitud, deportación y otros actos inhumanos cometidos contra la población civil... en violación o no la legislación interna del país donde se perpetró".

Este fue el "más innovador y controvertido" de los cargos contra estos hombres. Es el que más se cierne en nuestra conciencia hoy, aunque tal vez no en ese momento.[350] Es de la mayor importancia histórica. Pero, aun así, en muchos sentidos, no llegó tan lejos como podría haber llegado. La pregunta era, ¿podrían los aliados procesar a estos hombres por cometer crímenes contra judíos alemanes y otros, antes del estallido de la guerra? ¿No fueron estos actos, por malos que fueran, simplemente asuntos internos? Al final, estos delitos quedaron fuera de las acusaciones en Nuremberg.[351] Apenas había precedentes, en ese momento, para castigar a los hombres que eran responsables de crímenes contra sus propios ciudadanos, llevados a cabo bajo sus propias leyes y en tiempo de paz. Hubo muchos crímenes atroces cometidos por los nazis *durante* la guerra; no hubo necesidad, entonces, de entrar en este nuevo y delicado territorio, que planteó la delicada cuestión de la soberanía nacional mucho más agudamente.

Sin duda, también era posible cuestionar la idea de castigar a los hombres por violar el "derecho internacional". Después de todo, el "derecho internacional" era un cuerpo de doctrina bastante nebuloso; o, si no nebuloso, más una cuestión de costumbre que de derecho formal. ¿Era incluso "ley" en absoluto, ya que nadie tenía poder para hacer cumplir sus reglas y prácticas? Sin embargo, se han escrito libros y libros sobre derecho internacional; y hay suficientes tratados y convenciones para dar al derecho internacional una cierta cantidad de cuerpo tangible.

Los juicios de Nuremberg no escaparon a las críticas, como mencionamos. Sin duda, muchos sobrevivientes de los campos de concentración, y familiares de las innumerables víctimas nazis, habrían estado perfectamente felices de alinear a Hermann Göring y otros nazis importantes contra una pared y dispararles. Hubo, por otro lado, ataques a los juicios, argumentos de que eran injustos, a pesar de los abogados defensores y el aparato regular de un juicio. El *Chicago Tribune* llamó al tribunal un "tribunal canguro", un tribunal que no tenía "ningún asidero jurídico", un tribunal que inventa "sus reglas y su ley a medida que avanza".[352] El tribunal, según los críticos, simplemente estaba impartiendo la "justicia de vencedor". Los jueces soviéticos se sentaron en el banquillo junto con jueces estadounidenses, franceses e ingleses. Pero el propio régimen soviético estaba empapado en sangre; y, como Hitler, había librado una guerra de agresión contra Finlandia, se había tragado pequeños países pacíficos (los estados bálticos) y en 1939 se había apoderado de parte del cadáver desmembrado de la República Polaca. Aun así, no se puede negar el hecho de que hombres como Göring y los otros nazis importantes merecían, mil veces, cualquier castigo que la corte, o cualquier otra persona, les infligiera. Lo mismo ocurre con los matones de menor categoría y los asesinos en masa que llevaron a cabo los crímenes nazis a nivel de operaciones reales. Algunos de estos hombres fueron juzgados y ejecutados, o juzgados y encarcelados, después de procedimientos en varios países; pero con mucho menos publicidad que el gran juicio de Nuremberg. En el llamado juicio SS-Einsatzgruppen, los acusados fueron responsables del asesinato de millones, en su mayoría judíos; sin embargo, algunos clérigos alemanes denunciaron los juicios como poco mejor que actos de venganza. Estos hombres, según el argumento, fueron juzgados bajo leyes ex post facto, y los estadounidenses no tenían la "autoridad moral" para llevarlos a juicio.[353]

El Tribunal Militar Internacional para el Lejano Oriente, los llamados juicios de Tokio, recibió el mismo tipo de críticas. El general Hideki Tojo, primer ministro de Japón comentó que su juicio "fue un juicio político. Fue solo la justicia de los vencedores".[354] Algunos críticos japoneses y otros estadounidenses estuvieron de acuerdo, o sintieron que los juicios estaban teñidos de racismo, tal vez la guerra en sí misma no era más que una "guerra injusta contra la raza oriental", como dijo un crítico japonés.[355] Por supuesto, los japoneses cometieron atrocidades increíbles durante la guerra y en el curso de su conflicto con China. De hecho, se podría hacer una crítica bastante convincente contra los juicios de Tokio. El emperador Hirohito, en cuyo nombre se libró la guerra, nunca fue juzgado, nunca acusado de crímenes de guerra; de hecho, mantuvo su trono después de la guerra, y su familia también recibió inmunidad implícita. Esta fue una decisión política, y tal vez sabia.[356] Pero abrió los juicios de Tokio a una acusación de hipocresía, que era al menos ligeramente plausible.[357]

Los juicios de Nuremberg y Tokio fueron los más visibles de los juicios por crímenes de guerra, pero hubo muchos otros.[358] Entre 1946 y 1949, Estados Unidos juzgó a casi 200 alemanes que habían ocupado cargos importantes en el régimen nazi. El ejército estadounidense juzgó hasta 1.700 acusados.[359] Muchos países víctimas de Alemania o Japón llevaron a cabo sus propios juicios por crímenes de guerra. Noruega, por ejemplo, sentó a Vidkun Quisling, el líder nazi noruego, en el banquillo de los acusados en 1945, por alta traición. Polonia llevó a juicio al comandante de Auschwitz y lo condenó a muerte. Los holandeses juzgaron a criminales de guerra tanto en Europa como en el Lejano Oriente. Australia dirigía tribunales militares, con muchos japoneses como acusados. Hubo en total 296 de estos ensayos australianos. Algunos de los acusados fueron absueltos; La mayoría fueron declarados culpables y 148 fueron condenados a muerte. Un suboficial japonés, por ejemplo, fue declarado culpable y condenado a muerte por masacrar prisioneros de guerra. En un extraño juicio, llevado a cabo en Nueva Guinea, Australia acusó a un oficial japonés de canibalismo; él alegó hambre como su defensa; sin embargo, fue sentenciado a ser ahorcado.[360]

En el llamado Juicio de los Médicos, celebrado en Nuremberg, a los acusados se les imputó la comisión de experimentos sádicos e innecesarios con seres humanos.[361] Los Estados Unidos lo llevaron a cabo, en un tribunal militar estadounidense. La mayoría de los acusados eran médicos, por ejemplo, Karl Brandt, médico de Hitler, y Waldemar Hoven, médico jefe del campo de concentración de Buchenwald. El más infame de los médicos nazis, Josef Mengele, el “ángel de la muerte”, fue probablemente el peor y más sádico de estos médicos; pero Mengele había logrado escapar (nunca fue capturado y vivió su vida en América del Sur). Hubo veintitrés acusados en el juicio, que terminó en agosto de 1947. Quince acusados fueron declarados culpables; siete fueron condenados a muerte. Los jueces también formularon el llamado Código de Nuremberg, un código ético para investigadores médicos. Aquí también el tribunal, frente a actos de maldad monstruosa, condenó los actos de los acusados, a pesar de que la ley nazi, que estaba en vigor cuando los médicos realizaron sus experimentos, los habría absuelto por completo. De hecho, en muchos sentidos sólo estaban llevando a cabo la política nazi.

El doctor Leo Alexander había redactado un documento sobre los límites de la investigación médica; El juicio adoptó sus puntos y agregó otros. El Código de Nuremberg ha sido influyente desde entonces, como un documento básico de ética médica. El corazón del Código es la noción de que las personas no pueden ser tratadas como ratas de laboratorio. El "consentimiento voluntario del sujeto humano es absolutamente esencial", en palabras del Código. Un médico o científico no puede realizar experimentos con seres humanos, a menos que se cumpla este estricto requisito. Y cualquier experimento debe esforzarse por evitar sufrimientos innecesarios. El experimentador, si siente que hay alguna posibilidad de lesión o muerte para el sujeto, tiene que terminar el experimento.

El Código, entonces, es de alguna manera el abuelo de todos esos comités de sujetos humanos en universidades y otras instituciones de investigación, que monitorean la investigación médica, biológica y de ciencias sociales. La doctrina del "consentimiento informado" en la ley de responsabilidad civil estadounidense, que mencionamos anteriormente, data más o menos del mismo período.[362] Los médicos tienen el deber de informar a sus pacientes sobre los riesgos y los beneficios de cualquier procedimiento médico; y no pueden seguir adelante si el paciente dice que no. Los médicos son profesionales; tienen una licencia para ejercer la medicina y un aura de autoridad. Pero el paciente tiene la responsabilidad final con respecto a las elecciones de vida. El consentimiento informado, por lo tanto, es una doctrina que, como señalamos, refleja el carácter distintivo subyacente al movimiento de los derechos humanos: una doctrina de autonomía y dignidad individual, una doctrina que afirma la primacía de la elección.

En total, miles de acusados fueron juzgados en Alemania, en las zonas de ocupación aliadas, en la Unión Soviética y en muchos otros países. La mayoría de estos juicios se celebraron poco después del final de la guerra. Con el paso del tiempo, la Guerra Fría y una Alemania resurgente ayudaron a amortiguar el entusiasmo por estas pruebas.[363] Hubo ensayos esporádicos a lo largo de los años. Algunos de estos fueron juicios de nazis que habían escapado y escondido, a menudo en América Latina, solo para ser olfateados y descubiertos más tarde. El más famoso de estos hombres fue Adolf Eichmann. Eichmann, una figura clave en la matanza de judíos de Europa, fue capturado en América del Sur por la inteligencia israelí, trasladado a Israel, llevado a juicio en 1961 y ejecutado en 1962. Klaus Barbie, jefe de la Gestapo en Lyon, Francia, durante la ocupación nazi, fue capturado, extraditado a Francia y condenado a cadena perpetua en 1987. A principios del siglo 21, casi todos los nazis escapados estaban muertos. En algunos juicios, los miserables ancianos todavía fueron llamados a rendir cuentas por los horribles crímenes de su juventud. A finales de 2009, por ejemplo, John Demjanjuk fue juzgado en Múnich. Se alegó que Demjanjuk había sido guardia de prisión en un notorio campo de concentración, donde ayudó a los nazis a asesinar a miles de prisioneros. Demjanjuk, de 89 años, llegó a la corte en silla de ruedas. Todos los sobrevivientes del campo que podrían haber testificado habían muerto. Pero sus familias estaban ansiosas por demostrar que no habían olvidado ni perdonado.

Los juicios de Nuremberg, como dijimos, abrieron nuevos caminos; pero solo hasta cierto punto. Estos fueron juicios reales, con procedimientos reales, y una defensa real para los que estaban en el banquillo de los acusados. Algunos de los acusados fueron absueltos; Esto también sucedió en otros juicios por crímenes de guerra. Los juicios evitaron, como dijimos, las cuestiones más delicadas de soberanía. Un aspecto crucial de los juicios merece una mayor mención. Los acusados fueron juzgados como *individuos.*[364] Eran considerados responsables de lo que ellos mismos habían hecho. Muchos de los acusados, particularmente los alevines pequeños, argumentaron que solo estaban siguiendo órdenes. Sin embargo, el Estatuto de Nuremberg, en virtud del cual fueron juzgados, disponía específicamente lo contrario: "El hecho de que el acusado haya actuado de conformidad con órdenes de su Gobierno o de un superior no lo eximirá de responsabilidad"; podría, sin embargo, "considerarse como atenuante de la pena" (Art. 8). Tampoco fue la soberanía un escudo para estos acusados.

No podían decir, en su propia defensa, que lo que hicieron, en el momento en que lo hicieron, era legal bajo la ley de un estado soberano; o que eran funcionarios del gobierno (Art. 7). El mensaje central, entonces, no era un mensaje de venganza; era un mensaje sobre normas universales de conducta, normas que superaban a las leyes y códigos nacionales. No hay derecho a cometer "crímenes contra la humanidad", incluso si un superior le ordena hacerlo, e incluso cuando estos crímenes se ajustan a la ley de un estado soberano.

¿Es realista esperar que la gente desobedezca las órdenes de matar, órdenes de más arriba en la jerarquía de un estado despiadado y dictatorial? Los famosos experimentos de Milgram en la Universidad de Yale tenían específicamente esta pregunta en mente. Estos experimentos intentaron explorar la psicología de la obediencia.[365] Los súbditos de Stanley Milgram fueron llevados a lo que parecía un laboratorio y se les instruyó para llevar a cabo las órdenes de un hombre que parecía ser un científico. Llevaba una bata blanca, en cualquier caso. Se les dijo que estaban participando en un experimento sobre el proceso de aprendizaje. El "alumno" respondió preguntas; Cuando cometía un error, se suponía que los sujetos debían tirar de una palanca e infligirle al hombre una descarga eléctrica. Cuantos más errores, más choques, y a niveles cada vez más altos. La mayoría de la gente siguió servilmente las órdenes del hombre de bata blanca, incluso cuando el pobre e inocente hombre que estaba (mal) respondiendo a las preguntas gritaba de dolor. En realidad, por supuesto, este hombre era un actor, simplemente fingiendo estar herido, y no hubo descargas eléctricas en absoluto; Pero los sujetos del experimento *pensaron que* estaban infligiendo dolor real. Milgram estaba comprobando una opinión común: es decir, que los hombres que cometieron los crímenes nazis, los miles que participaron en acciones que mataron a millones de personas, eran matones, gánsteres, psicópatas. Milgram pensó lo contrario. Sus experimentos parecían comprobar su hipótesis; La gente común, al parecer, obedecería órdenes de la autoridad legítima, incluso cuando estas órdenes parecían inmorales o incluso criminales. Y este tipo de obediencia equivocada se podía encontrar en todas partes, en todos los países.

Obedecer órdenes ilegales, órdenes de matar a personas inocentes, no es, desafortunadamente, una cuestión puramente histórica. Figuró en la disputa sobre la masacre de My Lai durante la Guerra de Vietnam. No se permitió como defensa en el juicio de Eichmann; pero surgió durante la protesta por el maltrato estadounidense a los iraquíes detenidos como prisioneros en Abu Ghraib. Y, por supuesto, hubo y hay un animado debate sobre el infame memorando de tortura, tramado por abogados del gobierno durante la administración de George W. Bush. También hay debate sobre la forma en que la CIA y agencias similares en otros países tratan a los prisioneros, cómo extraen o intentan extraer información. "Solo estaba obedeciendo órdenes" nunca ha sido aceptado como defensa; y esto es generalmente reconocido en el derecho penal internacional.[366] Sin embargo, la realidad es otra. Innumerables líderes gubernamentales, agentes de la CIA, generales que organizan escuadrones de la muerte y jefes de grupos paramilitares son culpables de todo tipo de atrocidades. Tales personas rara vez van a juicio. O tal vez es más exacto decir, rara vez *fue* a juicio. Como veremos, los jefes de Estado ya no tienen tanta inmunidad.

Más de cincuenta años después de la muerte de Adolf Hitler en un búnker bajo las ruinas de Berlín, y después de los juicios de Nuremberg, y la muerte de Joseph Stalin, el genocidio y los crímenes contra la humanidad siguen siendo problemas importantes en el mundo. Ha habido horribles masacres en Camboya, bajo el tristemente célebre Khmer Rouge; también hubo genocidio en Ruanda y en la ex Yugoslavia, por nombrar algunos ejemplos atroces. La terrible situación en Darfur, en el Sudán, también puede equivaler a genocidio. Cualquiera que sea la etiqueta, estos han sido crímenes cometidos en una escala gigantesca: sufrimiento despiadado infligido a decenas de miles de personas indefensas, a veces millones. Los escuadrones de la muerte de Guatemala y las "desapariciones" en Argentina bajo el régimen militar fueron en menor escala; Pero eso es todo lo que se puede decir de estos episodios en los que se pisotearon las normas de decencia y los derechos humanos, y se extinguieron las vidas de los inocentes.

Estos eventos ciertamente sugieren que Milgram tenía razón. Los regímenes malvados, los regímenes asesinos, pueden encontrar manos para hacer su trabajo sucio, ya sea con entusiasmo o simplemente como seguidores serviles de la autoridad. Esta es, por decir lo menos, una conclusión deprimente. Pero en cierto modo, tiene su lado optimista. Tal vez la gente en Noruega o Nueva Zelanda también podría ser cruel, despiadada, asesina, bajo ciertas circunstancias. ¿Por qué, entonces, es casi imposible imaginar tales crímenes en Noruega o Nueva Zelanda? En parte porque estos países tienen instituciones sólidas y estructuras políticas sólidas; Estas estructuras actúan como un cortafuegos contra tales crímenes masivos. Al menos podemos esperarlo. La historia de posguerra de Alemania y Japón da algunas bases para este tipo de esperanza. Ahora son países sólidamente democráticos, con instituciones democráticas sólidas. Imaginar crímenes de la escala de Hitler para cualquiera de los dos países es ahora casi tan impensable como lo es para Noruega o Nueva Zelanda.

La estructura institucional es, sin embargo, sólo una parte de la historia. Otra parte es el propio movimiento de derechos humanos. Las normas que subyacen al movimiento de derechos humanos, si se toman en serio, son totalmente inconsistentes con los "crímenes de lesa humanidad". En la medida en que estas normas ganan fuerza en cualquier sociedad dada, estas es menos probable que ocurran crímenes. O, si ocurren, es menos probable que gocen de inmunidad e impunidad. Además, hoy, en la era del movimiento de derechos humanos, el tabú contra la intervención externa en la opresión doméstica y la matanza, sobre la base de que se trata de "asuntos internos", se ha ido debilitando lentamente. Una nación soberana puede más o menos perder soberanía, si va más allá de cierto límite; y ciertamente si se involucra en asesinatos en masa, incluso de sus propios ciudadanos. Cuanto peor sea el comportamiento, más cadáveres se amontonarán en las calles o en los territorios, más fuerte será el caso para la intervención humanitaria. La "noción de derechos humanos es axiomática para los ciudadanos liberales de hoy". La justicia para los musulmanes bosnios, o los tutsis, o el pueblo de Kosovo se basa en "derechos universales ... Los derechos humanos universales no respetan la 'moralidad geográfica' ni la soberanía".[367]

En el frente jurídico, hay mucha discusión sobre la llamada "jurisdicción universal". Exactamente lo que esto implica es una cuestión de debate. Un país como Bélgica normalmente tiene derecho a castigar sólo los delitos cometidos dentro de Bélgica; o, en determinadas circunstancias, si es cometido por un belga; o, también en algunas circunstancias, si el delito amenazaba de alguna manera a Bélgica. Bélgica, por lo tanto, tiene al menos cierta autoridad para hacer frente a los acontecimientos que tuvieron lugar fuera de sus fronteras nacionales, siempre que haya alguna conexión con la propia Bélgica. Los estados han tratado de procesar a los asesinos en masa que se entregan o vagan por la jurisdicción del estado. Incluso podrían, a veces, juzgar a estos asesinos en masa *en ausencia* si el vínculo adecuado está allí.

¿Puede haber una forma aún más expansiva de *jurisdicción universal*? ¿Podría Bélgica intentar castigar a las personas por crímenes contra la humanidad y similares, incluso si no existe absolutamente ningún vínculo entre el crimen y Bélgica o los belgas?[368] Este sería un tipo poderoso de jurisdicción; y ampliaría enormemente la idea de Nuremberg. Este tipo de jurisdicción universal no ha tenido mucha tracción hasta ahora. Y, si la idea se extendiera, habría muchos problemas: por ejemplo, la posibilidad desordenada de que muchos tribunales en muchos países juzgaran, o intentaran juzgar, a las mismas personas por los mismos delitos al mismo tiempo.

Además, no es fácil proporcionar una definición exacta de "crímenes de lesa humanidad". La Conferencia de Roma enumeró una serie de actos: asesinato, exterminación, esclavitud, tortura, violación, persecución contra "cualquier grupo o colectividad identificable por motivos políticos, raciales, nacionales, étnicos, culturales, religiosos, [o] de género", cuando "se cometan como parte de un ataque generalizado o sistemático dirigido contra cualquier población civil".[369] Los estatutos y estatutos que crean varios tribunales especiales a menudo intentan definir "crímenes contra la humanidad".[370] Los Convenios de Ginebra, por ejemplo, que tratan de las víctimas de la guerra, incluyen restricciones contra el maltrato de civiles y el trato humano de civiles en general.

Ha habido, y habrá, casos límite; Pero para los peores delincuentes, el caso a menudo es lo suficientemente claro. El general Pinochet fue un buen ejemplo. El general había tomado el poder en Chile, en un golpe de Estado que derrocó al gobierno de Salvador Allende. Pinochet instituyó entonces una dictadura sangrienta. Pinochet fue lo suficientemente tonto en 1988 como para permitir elecciones libres, que imaginó que estaba destinado a ganar. Pero, de hecho, perdió; y un gobierno democrático se hizo cargo en Chile. Pinochet, sin embargo, siguió siendo senador, y había al menos un entendimiento implícito de que no sería llamado a rendir cuentas. Pero en 1998, un juez de España, Baltasar Garzón, acusó a Pinochet de violaciones de los derechos humanos y le exigió que respondiera por sus crímenes. La excusa de Garzón fue que había ciudadanos españoles entre las víctimas del régimen de Pinochet. Pinochet en ese momento estaba en Inglaterra, de visita, y España pidió a Inglaterra que lo extraditara. El caso llegó a la Cámara de los Lores. El gobierno inglés encontró la situación embarazosa, y se negó a extraditarlo a España, con el argumento de que no era médicamente apto para ser juzgado. Pinochet partió inmediatamente hacia Chile. Sin embargo, nunca fue juzgado debido a su avanzada edad. El caso Pinochet, sin embargo, fue noticia en todo el mundo. A muchas personas les pareció una ilustración dramática de la noble idea de que los derechos humanos pueden saltar sobre los océanos y las fronteras nacionales.[371]

Sin embargo, muy pocos países parecen dispuestos a dar el siguiente paso y permitir la jurisdicción sin ningún vínculo con el país que afirma la jurisdicción. Pero Bélgica, en 1993, aprobó una ley "relativa al castigo de las violaciones graves del derecho internacional humanitario". Esta ley otorgó a los tribunales de Bélgica jurisdicción universal sobre crímenes de genocidio, crímenes de guerra y crímenes de lesa humanidad.[372] En 2000, un juez belga con sede en Bruselas dictó una orden de detención internacional contra Abudlaye Yerodia Ndombasi, miembro del gabinete del Congo. La acusación era que Yerodia había incitado al odio contra los tutsis, lo que resultó en una masacre de varios cientos de miembros de este grupo.

En el momento en que se emitió la orden de arresto, Yerodia era ministro de Relaciones Exteriores del Congo. El Congo afirmó que la orden era ilegal y llevó su caso ante la Corte Internacional de Justicia. Ese tribunal falló a favor del Congo y en contra de Bélgica. Las opiniones mayoritarias dijeron sorprendentemente poco sobre el concepto de jurisdicción universal. Algunas de las opiniones disidentes lo hicieron. La mayoría basó su opinión en su mayor parte en una doctrina de inmunidad. Un ministro de Relaciones Exteriores en el cargo normalmente es inmune a la persecución penal; La orden, por lo tanto, no debería haber sido emitida.

La decisión es claramente un golpe a la jurisdicción universal. Pero Bélgica ya era un caso atípico. Si España puede procesar a un dictador latinoamericano, por crímenes cometidos en su propio país, cada vez que deambula por su país, o si cometió un crimen contra un ciudadano de España, y viaja a un país desde el que puede ser extraditado a España, eso ya es un gran paso; y fue tomada en el caso del general Pinochet. Después de todo, si asesinas a suficientes personas, es probable que incluyas al menos a unos pocos extranjeros entre tus víctimas; y eso legitimaría un grupo de juicios en un grupo de países. Ponerse en contacto con el acusado puede ser una propuesta más complicada. Pero estos juicios, al menos, pueden poner un obstáculo en los planes de viaje de los dictadores. Y las acusaciones podrían avergonzar o incluso asustar a los dictadores,[373] y podrían tener algún impacto político, tanto en el país del dictador como en el extranjero. Los países "no tienen más remedio que tener en cuenta la creciente internacionalización de la justicia penal".[374]

A los gobiernos, en general, no les importa mucho la idea de la jurisdicción universal. Especialmente no les gusta la idea de que los jueces ordinarios puedan encargarse de acusar a los malhechores de todo el mundo, y menos cuando no existe un vínculo real con su país. Tal acción por parte de los jueces es, en cierto modo, una especie de política exterior, y los jueces no suelen hacer y llevar a cabo la política exterior. Algunos países, sin embargo, han aceptado la forma más débil de "jurisdicción universal": es decir, la permiten, pero requieren algún vínculo mínimo con su país. En España, sin embargo, el juez cruzado, Baltazar Garzón comenzó la saga de Pinochet (que lo hizo famoso), estuvo ocupado en 2009 investigando torturas en la Bahía de Guantánamo. Otro juez español estaba investigando las acusaciones de que Israel había violado las leyes de la guerra en Gaza. Otro más estaba tratando de conseguir que el gobierno chino defendiera sus acciones en el Tíbet. Todo esto fue extremadamente embarazoso para el gobierno español. Los gobiernos chino e israelí expresaron su extrema desaprobación. En mayo de 2009, el Congreso español actuó para controlar a estos jueces. La "jurisdicción universal" debía abarcar únicamente ciertos delitos, por ejemplo, el genocidio, el terrorismo, la piratería o el secuestro de aviones, el "apoderamiento ilícito de aeronaves", el tráfico ilegal de drogas y los delitos relacionados con la mutilación genital femenina. Pero éstos sólo podían ser ejercidos si los demandados se encontraban realmente en España, o si había nacionales españoles entre las víctimas o existía algún vínculo relevante con España; y sólo en ausencia de procedimientos en curso en algún tribunal internacional o en alguna otra jurisdicción competente.[375] Es evidente que era poco probable que el Tíbet o la Franja de Gaza cumplieran los requisitos para las nuevas normas españolas.[376] La Corte Suprema española acusó a Garzón de sobrepasar sus poderes, cuando planeaba investigar las atrocidades cometidas durante el franquismo.[377]

Por extraño que parezca, hay un tipo de jurisdicción universal que los Estados Unidos parecen reconocer. Esto es realmente peculiar, ya que Estados Unidos tiene una reacción casi alérgica a los tratados internacionales, y notoriamente se niega a firmar muchos de ellos: la Corte Penal Internacional, por ejemplo; una convención que prohíbe las minas terrestres para otro. Una poderosa corriente de opinión conservadora trata cualquier cosa internacional como si amenazara la libertad estadounidense o, Dios no lo quiera, podría poner a los estadounidenses en riesgo de ser juzgados por extranjeros en países extranjeros. Sin embargo, la Ley de Reclamaciones por Agravios de Extranjeros, aprobada originalmente en 1789, otorga a los tribunales federales de distrito jurisdicción original sobre las demandas por agravios presentadas por extranjeros, si el agravio violó un tratado o se "cometió en violación del derecho de gentes".[378] En 1991, la Ley de Protección de las Víctimas de la Tortura parecía permitir el derecho de acción a las víctimas de tortura sufrida en "cualquier nación extranjera", siempre que el demandante hubiera "agotado los recursos adecuados y disponibles" en el país donde tuvo lugar la tortura, y siempre que la tortura tuviera lugar "bajo autoridad real o aparente, o bajo apariencia de ley", en el país infractor.[379] Qué impacto han tenido estas leyes es otra cuestión. Es, por desgracia, poco probable que hayan hecho mucho para disuadir la tortura. Se han ganado algunos casos; Algunos hombres malvados han sido deportados. La vieja doctrina de la inmunidad soberana no ha sido un obstáculo importante hasta ahora.

La forma más amplia de jurisdicción universal, en resumen, no está en el horizonte, al menos por ahora. Pero la forma más leve puede estar ganando más aceptación. El parlamento canadiense, por ejemplo, promulgó un estatuto en 2000, la "Ley de Crímenes de Lesa Humanidad y Crímenes de Guerra".[380] El estatuto se aplicaba a los "crímenes de lesa humanidad", "genocidio" y "crímenes de guerra". Un infractor puede ser procesado (sección 9) si era ciudadano canadiense, o "empleado por Canadá en una capacidad civil o militar", o si la víctima era canadiense, o si el infractor estaba "presente en Canadá".[381] En los Estados Unidos, el Centro para la Justicia y la Rendición de Cuentas ha presentado casos civiles contra algunos de los peores abusadores latinoamericanos, que habían establecido su residencia en los Estados Unidos; y ha ganado algunas demandas notables por daños y perjuicios contra ellos.[382]

TRIBUNALES INTERNACIONALES

Si el problema con la "jurisdicción universal" es que podría resultar en una cacofonía desordenada de demandas, la mayoría de ellas inútiles, entonces el futuro de la "jurisdicción universal" podría estar, no en los tribunales nacionales, sino en los tribunales internacionales. Y aquí definitivamente hay algo de movimiento y algo de evolución hacia adelante.

El caso de la orden de detención contra el ministro de Relaciones Exteriores del Congo, la misma se presentó en Bélgica, con arreglo a la legislación belga; pero finalmente se decidió ante la Corte Internacional de Justicia. Este no es el único tribunal con el adjetivo "internacional" en su nombre. El Tribunal Penal Internacional para la ex Yugoslavia, establecido por la ONU en 1993, fue autorizado para procesar a personas culpables de genocidio y "crímenes contra la humanidad".[383] El tribunal tiene sede en La Haya. En 1999, este tribunal condenó a un general croata por crímenes contra la humanidad. Más tarde, Serbia extraditó a Slobodan Milosevic, que había sido el líder de ese país, para enfrentar cargos de genocidio y crímenes de lesa humanidad.[384] Murió en cautiverio. El tribunal ha emitido más de 150 acusaciones y ha condenado a bastantes procesados. Unos pocos siguen prófugos. La Resolución 955 del Consejo de Seguridad, de noviembre de 1994, por la que se crea el Tribunal Penal Internacional para Ruanda, expresó su "grave preocupación" por los informes de "genocidio y otras violaciones sistemáticas, generalizadas y fragantes del derecho internacional humanitario", cometidas en Ruanda. El tribunal ha estado trabajando activamente y, entre otras cosas, ha condenado al ex primer ministro de Ruanda por genocidio.

Una especie de tribunal híbrido — nacional e internacional — es el Tribunal Especial para Sierra Leona. Este tribunal se creó en virtud de un "Acuerdo entre las Naciones Unidas y el Gobierno de Sierra Leona" en agosto de 2000. Charles Taylor, ex presidente de Liberia, acusado de cometer atrocidades en Sierra Leona, está (a la fecha de redacción de este libro) siendo juzgado ante este tribunal en La Haya. Un segundo tribunal híbrido nacional e internacional está trabajando en Camboya a partir de 2009, otro país donde un régimen malvado masacró a un número asombroso de camboyanos. Se trata de las Salas Extraordinarias de los Tribunales de Camboya para el enjuiciamiento de los crímenes cometidos durante el período de Kampuchea Democrática, generalmente llamadas ECCC (o el Tribunal de los Jemeres Rojos).[385]

Este híbrido, que combina personal nacional e internacional, no lleva a cabo su trabajo en La Haya, sino que se encuentra en el país donde se llevaron a cabo los asesinatos; y promete ser mucho más barato de administrar que los tribunales de Ruanda y Yugoslavia. El ECCC, sin embargo, ha sido perseguido con acusaciones de incompetencia y franca corrupción. El primer juicio, de Kaing Guek Eav (generalmente conocido como Duch), que dirigía una famosa prisión de los Jemeres Rojos, comenzó en marzo de 2009 y ha atraído mucha atención en Camboya. Los tribunales híbridos, al igual que los automóviles híbridos, pueden tener un futuro real.

En junio de 1998, la Asamblea General de las Naciones Unidas convocó una conferencia en Roma; y en julio de ese año, la Conferencia de Roma aprobó un tratado para establecer una Corte Penal Internacional. La mayoría de los países que estuvieron allí votaron a favor de esta idea; 21 países se abstuvieron y siete votaron no, incluidos Estados Unidos y China. En 2002, un número suficiente de países lo habían ratificado para que la Corte seleccionara a los jueces y abriera sus puertas. Su mandato era juzgar a individuos, no estados, que fuesen culpables de crímenes de lesa humanidad. Con suerte, pondría fin a la paradoja señalada por Robin Cook, el Secretario de Relaciones Exteriores británico, de que una persona que mató a otra persona tenía más probabilidades de ser juzgada y castigada que "aquellos que planean un genocidio contra millones".[386]

A partir de 2010, más de 100 países han reconocido la jurisdicción de la Corte. La mayoría de los países europeos han aceptado firmar, junto con la mayoría de los países latinoamericanos. El tratado de Roma enumera cuatro tipos de delitos: genocidio, crímenes de lesa humanidad, crímenes de guerra y agresión. El tribunal tiene su sede en La Haya. En 2009, como mencionamos anteriormente, pidió la detención del presidente del Sudán, Omar al-Bashir, acusado de crímenes de lesa humanidad las atrocidades en Darfur.[387] Al-Bashir reaccionó a esta llamada con desafío. Ciertamente no tiene intención de rendirse a la Corte Internacional; En la actualidad, el tribunal no tiene forma de obligarlo a venir. Sin duda, hace que sus planes de viaje sean un poco más dudosos. La Corte ha actuado de otras maneras: procesó, por ejemplo, a dos dirigentes de milicias congoleñas, que presuntamente enviaron niños soldados a una aldea y la aniquilaron, matando a más de 200 hombres, mujeres y niños; Algunos fueron quemados vivos en sus casas.[388]

Es demasiado pronto para decir mucho sobre el éxito o el fracaso de estos tribunales internacionales. Se enfrentan a muchas dificultades, incluidas las financieras. Un cuidadoso estudio de Gary Jonathan Bass planteó la cuestión de si "los tribunales de crímenes de guerra funcionan". Básicamente, su respuesta fue no. Pero, agregó, "tienen un claro *potencial* para funcionar"; Y un "proceso jurídicamente bien desarrollado", pensaba, es mejor que la "apatía o la venganza".[389] Estos tribunales surgen y amplían las ideas básicas que animaron los juicios de Nuremberg. Hablamos de "estados canallas" y "estados fallidos"; Pero los pícaros y los fracasados son personas, no entidades abstractas. Las personas que dirigen los estados dan la orden de matar; Y las personas que los obedecen, a veces con entusiasmo, materializan esos asesinatos. Estas son las personas que, bajo las normas sociales que animan el movimiento de derechos humanos, pueden y deben ser consideradas responsables de sus sangrientos actos de asesinato en masa. Además, el hecho mismo de que estos tribunales sean *internacionales* los hace inusualmente significativos.

Al igual que ONG como Amnistía Internacional y Human Rights Watch, surgen del movimiento general de derechos humanos. Reflejan sus premisas básicas y sus supuestos subyacentes: que existen derechos fundamentales; que estos derechos pertenecen a todo ser humano; y que son superiores a la voluntad de los parlamentos, reyes, presidentes y quien enarbole la bandera de la soberanía estatal.

Estos son también tribunales de *justicia*, y ello es especialmente importante. La gente puede rivalizar y discutir sobre si se trata de una buena o mala ley, tal como lo hicieron sobre los procedimientos de Nuremberg y Tokio. Pero al final, estos son tribunales reales y llevan a cabo juicios reales con procedimientos y una verdadera oportunidad para que quienes están en el banquillo se defiendan. El legalismo de estos juicios puede ser "un fenómeno de élite"[390] – seguramente algunas víctimas y sus familiares estarían dispuestos a despedazar a estas personas malvadas miembro por miembro, o dispararles al apenas verlos. Pero llamar a estos juicios un "fenómeno de élite" no los hace poco importantes. Los juicios, completos con jueces ilustrados, fiscales, abogados defensores y reglas de prueba, le dicen al mundo que estos hombres tendrán que rendir cuentas, pero de manera ordenada. *Pueden* haber gobernado a través del terror y el poder despiadado, pero es el estado de derecho el que los condenará. La ley nacional no es defensa; ni lo es la obediencia a las órdenes; ni la autoridad para hacer lo que se les acusa de hacer. La Resolución por la que se estableció el tribunal de Ruanda lo hizo explícito:[391] la "posición oficial de cualquier persona acusada, ya sea como jefe de Estado o de Gobierno o como funcionario gubernamental responsable", no "exime a esa persona de responsabilidad penal" (Art. 6.2).[392] Los tribunales internacionales derogan a los nacionales; y las normas internacionales derogan a las nacionales.

11 Algunas Observaciones Finales

En este capítulo, me gustaría resumir algunos de los argumentos que he tratado de presentar en los capítulos anteriores; y agregar algunos comentarios a modo de predicción o, como se verá, de no-predicción.

Este libro ha tratado de poner el movimiento de derechos humanos en algún tipo de contexto social e histórico. Hay, como hemos señalado, una enorme y desalentadora literatura sobre los derechos humanos. Esta literatura, sin duda, no descuida la historia. Pero su historia suele ser una historia intelectual. Es una historia de pensadores y filósofos y sus escritos; en segundo lugar, es una historia de textos: quién los redactó, cuándo, quién estaba detrás de esta o aquella frase o disposición. Como señalé, gran parte de la literatura ha sido escrita por profesores de filosofía y teóricos políticos. La literatura tiene un sabor altamente normativo. No tengo nada en contra de ello. Los académicos que escriben sobre derechos humanos suelen ser bastante apasionados por el tema. Quieren más justicia, más humanidad, más dignidad humana. Todo esto es para bien. Los aplaudo. Pero comencé esta tarea asumiendo que había espacio en la tienda de la erudición para otras formas de ver este importante tema.

La otra forma es, en una palabra, sociológica. Esto tampoco es *terra incógnita*, pero aquí también hay muchas maneras de ver el tema. Lo que me intrigaba era la macro-pregunta: ¿Por qué? ¿Por qué el movimiento de derechos humanos es tan poderoso? ¿Por qué sus ideas han sido tan seductoras? En el pasado, y no hace mucho tiempo, casi *nadie* aceptaba, por ejemplo, la igualdad de hombres y mujeres como premisa fundamental. O, en su caso, la igualdad entre blancos y negros. ¿Por qué tantas personas han cambiado de opinión sobre las relaciones de género y raza? No servirá para invocar algún tipo de teoría de la evolución, alguna historia del progreso humano. Bien puede haber progreso humano; pero si es así, esto solo aplaza la pregunta. *¿Por qué* estamos progresando? No repetiré las respuestas que he tratado de dar. Se puso mayor énfasis en el aumento del individualismo expresivo, en los países desarrollados; y cada vez más, también en el resto del mundo. He tratado de mostrar cómo las premisas del movimiento de derechos humanos surgen de un tipo particular de suelo; y he presentado mi propia noción de por qué ha sucedido esto.

INDIVIDUALISMO Y SUS DESCONTENTOS

Prometí en el capítulo introductorio decir un poco más sobre el individualismo. Este concepto problemático ha sido, después de todo, central en mi argumento.

Quiero distinguir entre tres usos del término. En primer lugar, el individualismo puede ser tratado como una ideología normativa. Con esto quiero decir, el individualismo como una receta para la forma en que las personas y el mundo deben ser o comportarse. Este sentido me parece en gran medida un hombre de paja, algo contra lo que argumentar. Sería repulsivo sugerir que las personas y las economías son y deben estar aisladas, atómicas, cada perro para sí mismo. Las personas que se consideran "comunitarias" rechazan esta ideología (que casi nadie propugna realmente). Posiblemente algunos libertarios podrían encajar en esta categoría, pero sin duda de una forma más benigna. Ciertos economistas se acercan peligrosamente a asumir este tipo de individualismo, al menos en algunos de sus proyectos de construcción de modelos. Pero los economistas insistirían en que están describiendo el comportamiento humano, no diciéndole a la gente cómo deben comportarse.

El segundo significado es como una ideología empírica, es decir, una ideología en la que la gente, la gente real, realmente cree, por sí misma, en cualquier caso. No la creencia de que este es un mundo de perros que se comen entre sí, no la creencia en un estado de naturaleza Hobbesiano, que sería, como él mismo dijo, desagradable y brutal. Más bien, es la creencia de que lo que la gente necesita es el derecho y la oportunidad de ser cualquier tipo de perro que elijan ser. Fe en que nosotros, todos nosotros, necesitamos espacio para crecer, desarrollarnos, expandir nuestros horizontes; maximizar nuestras posibilidades, desarrollar nuestras propias personalidades, luchar por lo mejor de nosotros mismos. Ello por supuesto, siempre y cuando no interfiramos o dañemos a otras personas.

Obviamente, en el mundo en que vivimos, este tipo de desarrollo personal es, en el mejor de los casos, posible solo en un grado limitado. Muchos de los juegos de la vida son juegos de suma cero. Hay ganadores y perdedores. Eso está perfectamente claro. E igualmente claro es el hecho de que las personas no están realmente solas. Después de todo, *somos* animales sociales, vivimos en familias, nos ayudamos unos a otros, nos necesitamos unos a otros; nosotros hacemos sacrificios, y otras personas a su vez hacen sacrificios por nosotros. Pero esta filosofía de tratar de alcanzar nuestra "mejor marca personal" es ciertamente popular; y se basa en el *tercer* significado, es decir, el individualismo como un hecho social.

Esto también es una cuestión de más o de menos. Las sociedades son complicadas. Cada uno de nosotros también es complicado. Millones de personas son pasivas, ocultas, tradicionales, tímidas, temerosas de hacer cambios; algunas de estas personas difícilmente pueden llamarse individualistas. La sociedad también contiene un deslumbrante arcoíris de ocupaciones, pasatiempos y formas de vida; contiene artistas, empresarios, estilistas, así como asesinos con hachas, monjas de clausura y soldados profesionales. Todos estos están en diferentes relaciones con otras personas, y consigo mismos. Sin embargo, en general, me parece que el individualismo expresivo es una fuerza poderosa en las sociedades desarrolladas; y mucho más de cómo lo ha sido en el pasado. Hay abundante evidencia, en muchas áreas de la vida, que sugiere el poder del individualismo expresivo. La religión, por ejemplo.

El asombroso porcentaje de estadounidenses que cambian de religión es una pieza de esta evidencia. El asombroso número de europeos que cambian de trabajo, de países, de hábitos alimenticios y de bebida también es una prueba. Debemos recordar, sin embargo, que todos los cambios modales en la personalidad y en la cultura tienden a ser relativos, no absolutos. Nunca se aplican a todos en todas partes ni en todo momento.

Pero ¿qué pasa con la "comunidad" en una era de individualismo? Nadie podría negar que la "comunidad" es valiosa; y que las personas deberían tener el derecho de elegir cualquier "comunidad" que les convenga. ¿Hay algo más doloroso que la soledad absoluta? Las personas anhelan los apegos, a familiares y amigos, y en su defecto, a algún tipo de comunidad (o tanto a la familia, los amigos *y* la comunidad). Y, de hecho, la sociedad moderna ofrece muchas oportunidades para elegir una comunidad — la comunidad de nuestra elección. Uno puede, si califica, alistarse en el Cuerpo de Infantes de Marina o en la Legión Extranjera Francesa. Puede convertirse en un activista cívico. Puede unirse a una comuna real, o entrar en un monasterio o convento, si fuera el caso. Ciertamente puede tratar de estar cerca de su familia y amigos. Puede trabajar duro para expandir los círculos en los que se gira.

Históricamente, pocas "comunidades" han sido comunas o asentamientos utópicos, o asentamientos colectivos como los clásicos kibutz israelíes. La mayoría, si no todas, las comunidades se han basado en jerarquías y distinciones sociales. De hecho, algunas "comunas" modernas son en efecto pequeñas dictaduras, gobernadas por algún gurú, que les dice a los miembros qué hacer y cuándo hacerlo. La mayoría de las personas encuentran esta forma de vida repulsiva. Podrían encontrar una carrera en el "jército igualmente repulsiva, y por la misma razón. Las personas siempre serán animales sociales, pero esto no significa que necesariamente quieran vivir en una "comunidad" estructurada y jerárquica. Amigos, sí; grupos y círculos de personas de ideas afines, sí; clubes sociales y reuniones familiares, sí; pero "comunidades" organizadas, no.

EL FINAL DE LA HISTORIA; Y EL PRINCIPIO

El futuro es un misterio, un espacio en blanco, un viaje a lo desconocido: esto es completamente obvio y banal. Podemos extrapolar un poco las cosas; pero realmente no podemos predecir. Lo que sucederá el próximo año es imposible de adivinar; y lo que sucederá el próximo siglo o milenio es peor que desconocido, es totalmente inconcebible. Pero de alguna manera es fácil olvidar este simple hecho. Es tentador imaginar que hemos llegado a algún tipo de clímax: el fin de la historia. Es fácil asumir que algún tipo de limpieza es todo lo que queda por hacer.

La idea del "fin de la historia" es aún más seductora cuando vemos, o creemos ver, algún tipo de tendencia a largo plazo. El mundo ha estado evolucionando en dirección de la libertad, de la democracia liberal, de los estados de bienestar y la expansión de los derechos humanos. El derecho divino de los reyes no existió hace mucho tiempo. Primero los nobles, luego los hombres acaudalados obtuvieron derechos, y luego conquistaron el voto. Los hombres sin propiedad fueron los siguientes, como votantes; seguidos por las mujeres y varios grupos externos. Sería natural imaginar que esta tendencia continuará inevitablemente. La democracia parece estar en marcha. El sueño nazi de mil años de Reich se convirtió en una docena de años y terminó en destrucción total. Alemania es hoy un Estado democrático, con un tribunal constitucional y una carta de derechos fundamentales. La Unión Soviética, un imperio masivo y poderoso, se desintegró hacia el final del siglo 20. Hoy en día, cada vez más países se han convertido en democracias, con más o menos respeto por el estado de derecho. El resto seguramente se alineará. Al menos eso creemos. Confiamos en que con el tiempo incluso Arabia Saudita o China o Laos o Zimbabue enmendarán sus caminos y terminarán siendo democráticos y comprometidos con los derechos humanos, al igual que Suecia o Australia. Y, en el camino, la última tribu en la selva amazónica se pondrá pantalones vaqueros y camisetas, comerá hamburguesas y se unirá al resto del mundo.

Estos son pensamientos naturales (o sueños). Pero las personas iluminadas se han equivocado muchas veces en el pasado. Un ciudadano establecido de la Inglaterra victoriana probablemente estaba igual de convencido sobre el fin de la historia. Sabía hacia dónde se dirigía el mundo y por qué. El buen victoriano podía mirar hacia el pasado un siglo imperial, y extrapolar a partir de lo que vio; la tendencia natural era clara. Los pueblos avanzados (todos ellos europeos) se apoderarían del resto del mundo, y quizás gradualmente llevarían la civilización a las almas ignorantes en África y Asia. O al menos a aquellos que *podrían* ser civilizados. El resto trabajaría y serviría a sus superiores. El libre comercio fue otro hecho universal. Y también lo fue el avance de la moral civilizada, el fin, tal vez, del crimen, la prostitución y otras formas de vicio. El deseo sexual sería domesticado y encerrado dentro de la jaula matrimonial a la que pertenecía. La ciencia y la tecnología, y tal vez la eugenesia, ayudarían a lograr un mundo mejor, y ciertamente un mundo más civilizado.

En una película muy interesante, *Iceman,*[393] los científicos descubren a un hombre de la edad de hielo, congelado en un glaciar ártico. De alguna manera logran revivirlo y devolverlo a la vida. Los científicos lo mantienen en un entorno artificial, diseñado para parecerse más o menos al entorno en el que vivió mucho antes. Pero más adelante en la película, logra escapar. Por la puerta del laboratorio, se encuentra de repente en medio de una ciudad moderna. La película retrata brillantemente su total desconcierto en este mundo: un mundo de centros comerciales, automóviles y autobuses que pasan zumbando, y toda la parafernalia de la vida en el mundo desarrollado. ¿Qué demonios podría hacer el pobre hombre de hielo con todo esto?

Si de alguna manera logramos extraer ADN de algún cadáver británico del siglo 19, y lo devolviéramos a la vida, el pobre victoriano estaría casi igualmente desconcertado y desorientado. Este es un mundo en el que Burundi y Vanuatu son miembros de las Naciones Unidas y en el que Belice tiene una embajada en Londres. También es un mundo, por supuesto, de automóviles, jets, ordenadores y antibióticos; un mundo de Internet y comunicación instantánea a través de grandes distancias. Y también es un mundo de películas triple X y derechos de los homosexuales, y, probablemente lo más dramático de todo, un mundo de derechos de las mujeres, un mundo en el que las relaciones entre hombres y mujeres han cambiado. Dramáticamente, no en todos los países, sin duda, pero seguramente si en el suyo. Casi nada de esto era predecible; en algunos casos, como dije, hombres y mujeres habrían hecho exactamente el tipo opuesto de predicción. Y no tengo ninguna duda que, si nos convirtiéramos en hombres y mujeres de hielo, y volviéramos a la vida en un futuro lejano, e incluso en un futuro no muy lejano, nos encontraríamos igualmente en el mar, incapaces de comprender (quizás solo al principio) de qué se trataba este desafiante nuevo mundo y cómo enfrentarlo.

Así que me resistiré a intentar, aunque sea débilmente, hacer conjeturas sobre hacia dónde va el movimiento de los derechos humanos. Sabemos a dónde ha ido. Sabemos hacia dónde *parece* dirigirse. Pero decir algo más sería una tontería. Sabemos, o podemos adivinar, que la tecnología jugará un papel masivo en lo que sea que el futuro tenga reservado. La tecnología es responsable de gran parte de cómo es nuestro mundo. Seguramente será responsable de la forma del mundo venidero. Y la tecnología puede alterar nuestras cómodas suposiciones y predicciones. Como he dicho en otra parte, la tecnología ya podría proporcionar a un dictador herramientas de opresión con las que Hitler o Stalin, y mucho menos Genghis Khan, difícilmente podrían haber soñado. Cómo controlar y dominar estas herramientas es un tema que habrá que afrontar algún día. Y pronto.

Un segundo punto: vivimos en lo que Ulrich Beck ha llamado una sociedad del riesgo.[394] Los grandes riesgos, los riesgos globales, tienen que ver con nosotros. Riesgos de guerra nuclear, por supuesto. El mundo ha vivido con esta amenaza desde 1945. Todavía existe. Pero es más probable que el mundo, tal vez, termine no con un estallido sino con un sollozo, para tomar una frase de T. S. Eliot. Dicho de otra manera, no con un estallido, sino en virtud de una erosión lenta; la decadencia de las condiciones que hacen la vida cómoda para aquellos de nosotros que vivimos en países cómodos: degradación del medio ambiente, o venenos en el aire y el agua o el derretimiento de los polos o el cambio masivo inducido en la temperatura y el clima. O, tal vez, con un estallido de otro tipo: un colapso total del sistema financiero, en un mundo unido, con consecuencias letales; o un estallido de pobreza, desesperación y hambre absoluta; entonces, frente a una desigualdad cada vez mayor, las revoluciones violentas y las guerras podrían estallar y extenderse. Las bombas pueden destruir en minutos carreteras, escuelas, edificios y ciudades que tardaron años en construirse. Las guerras pueden desgarrar el tejido de sociedades que fueron creadas pacientemente por generaciones enteras. Este tipo de apocalipsis también es posible.

Y, sin embargo, un tercer punto: este libro ha subrayado un conjunto de normas sociales y una personalidad modal. Estos fueron fundamentales para comprender cómo y por qué surgió, cómo se desarrolló y cómo se propagó el movimiento de derechos humanos. El movimiento se basa, he argumentado, en unas pocas premisas básicas, premisas ampliamente compartidas por la gente en los países desarrollados y por las élites en los países menos desarrollados. Estas normas y premisas muestran todos los signos de expandir su alcance a otras poblaciones también. Y estas normas y premisas se basan a su vez en cambios en la sociedad que han alterado la forma en que las personas piensan y se comportan. El movimiento de derechos humanos es impensable, creo, sin el surgimiento del individualismo expresivo. Pero este tipo de personalidad apenas existía, por lo que podemos decir, en la Europa medieval o en la China clásica o entre los incas o los aztecas. Así que aquí también tenemos que resistir la seductora noción del fin de la historia. Lo que ha llegado a ser también puede pasar. La personalidad humana es plástica y maleable. No hay razón para pensar que algún tipo de personalidad modal seguirá siendo la misma, por los siglos de los siglos.

He asumido, por ejemplo, que las personas en el mundo moderno, en términos generales, valoran mucho la privacidad. Quieren espacio, quieren estar (en cierto sentido) solos; y quieren ser libres para crear sus propias vidas. Y, sin embargo, la generación más joven de cierta manera nunca está realmente sola. Siempre están conectados, a alguien o algo. Sus iPads y teléfonos inteligentes les dan acceso constante a todos los que conocen y les importan. Ya me cuesta ponerme, psicológicamente, en los zapatos de las personas en Facebook y que envían mensajes de texto y Twitter obsesivamente; o las personas que están dispuestas a exponer sus cuerpos y almas en blogs o en Internet, o que llenan los programas de telerrealidad. De la misma manera, me resulta difícil entender la mentalidad de las personas que se inmolan en nombre de la religión, llevándose consigo a docenas de personas inocentes que estaban en el lugar equivocado y en el momento equivocado. O la mentalidad de las multitudes que tomaron dosis fatales de Kool-Aid en Guyana, a instancias retorcidas de su gurú. Estas personas, los yihadistas, los fanáticos suicidas, son, esperemos, una pequeña minoría. Pero nadie puede predecir en qué dirección soplarán los vientos de la personalidad.

Este libro ha asumido que el movimiento de los derechos humanos aprovecha las normas sociales que son, en cierto sentido, bastante fundamentales. Qué tan profundas son estas normas, cuán firmes son, es otra pregunta. Estas *son* normas de las élites occidentales y no veo nada malo en eso. Y estas normas se basan en otras aún más básicas de autonomía individual. Como dije, estas normas se están extendiendo. Los grupos internacionales llevan estas normas a aldeas remotas y a sociedades tradicionales; grupos locales que firman el carácter distintivo. La cultura global de masas prepara el camino. Sally Merry, por ejemplo, ha documentado vívidamente el proceso de infección global, por así decirlo, que ha llevado las normas contra la violencia de género de Occidente a Oriente. Los hombres han estado golpeando, violando y dominando a las mujeres durante siglos. Pero ahora, un gran número de mujeres en muchos países se muestran dispuestas a resistir. El cambio parece estar en camino. Es un "proceso lento", porque significa cambiar la forma en que piensas de ti mismo y la forma en que te comportas. Requiere, para la mujer, un "yo definido por los derechos", y este es un "cambio sustancial de identidad tanto para la mujer como para el hombre". Las mujeres son "invitadas a asumir un yo más autónomo".[395] Esto no es fácil. El espíritu de los derechos humanos, y la personalidad de los derechos humanos, se ha expandido dramáticamente durante mi vida, aunque nunca sin resistencia; pero tiene un largo camino por recorrer.

Sin embargo, hasta ahora, el movimiento de derechos humanos es genuinamente *popular*, ciertamente en el mundo desarrollado. Millones de personas quieren estos derechos para sí mismas; y también para otras personas. Pero esto también puede cambiar, incluso en estos países. En algunos aspectos, para muchas personas, la mentalidad que subyace al movimiento puede ser tan delgada como el papel. O puede volverse delgada, en el futuro. Puede ser fuerte ahora, esto es difícil de decir, pero ello no garantiza su fuerza futura. Hay competidores poderosos. Siempre lo ha habido. De alguna manera, el carácter distintivo de la autonomía individual es profundamente insatisfactorio. Los jóvenes pueden disfrutar haciendo lo suyo, salir de casa y vagar por el mundo con una mochila a cuestas; las personas mayores pueden disfrutar cambiando de dirección (y cónyuges) y comenzar de nuevo con una nueva piel, después de mudar la vieja; pero millones de otras personas seguramente sienten hambre por otra cosa, más satisfactoria, más básica. De alguna manera, y en algunos momentos, nada puede ser más satisfactorio que la sujeción abyecta a un movimiento o una meta o una creencia que es superior a uno mismo; o a un gurú, un líder, un héroe, con carisma y una causa.

Pero este no es el único problema que podría enfrentar el carácter distintivo de los derechos humanos. Hay otros peligros. Ya es fácil persuadir a muchas personas, o incluso a la mayoría de las personas, de que la guerra contra el terrorismo exige medidas enérgicas. O que los abrumadores riesgos y peligros de la vida moderna exigen un nuevo enfoque. Las viejas actitudes hacia los derechos pueden llegar a parecer ingenuas y poco realistas. La lucha contra el crimen es otra excusa popular para la erosión de los derechos. O batallas contra ideologías malvadas. La gente estaba dispuesta a tolerar un comportamiento escandaloso en los Estados Unidos, en nombre de la guerra contra el comunismo; y esta excusa se utilizó en algunos países latinoamericanos para justificar ofensas aún peores contra las libertades civiles: escuadrones de la muerte y dictaduras militares, por ejemplo. El comunismo perdió su control; pero el terrorismo lo reemplazó como un coco multifacético. Si los riesgos, o el pánico, aumentan, se podrían poner sobre la mesa medidas más fuertes contra el "terror". Y esto podría erosionar algo de lo que el movimiento por los derechos humanos ha logrado.

La terminación es la siguiente: la tecnología, y el peso aplastante de las posturas de las circunstancias, pueden hacer mayorías de las minorías descabelladas y desviadas. O no. Tal vez los últimos párrafos pintan un panorama demasiado sombrío. Tal vez la comunidad mundial encuentre formas de resolver sus problemas más apremiantes. Tal vez el futuro vea más progreso hacia un orden mundial justo y generoso. En cualquier caso, termino este libro, como debo, con un acertijo que solo se puede resolver con el paso del tiempo.

Notas

Capitulo 1

1 Emilie M. Hafner-Burton, Kiyoteru Tsutsui, y John W. Meyer, "International Human Rights Law and the Politics of Legitimation", *International Sociology* 23:115, 119 (2008). Sobre el impacto de los tratados, convenciones y similares en los derechos del niño, ver Elizabeth Heger Boyle y Minzee Kim, "International Human Rights Law, Global Economic Reforms, and Child Survival and Development Rights Outcomes," *Law and Society Review* 43: 455 (2009).

2 Oona A. Hathaway, "Do Human Rights Treaties Make a Difference?" Yale Law Journal 111: 1935, 1989 (2002).

3 En Estados Unidos, los conservadores se han resistido con éxito a los derechos económicos y sociales; e incluso los principales documentos de derechos humanos son vistos con sospecha, como una interferencia con los derechos de los Estados, por ejemplo. Tony Evans, "Introduction: Power, Hegemony, and the Universalization of Human Rights," in Tony Evans, ed., Human Rights Fifty Years On: A Reappraisal (1998), pp. 2, 9-10.

4 Jack Donnelly, *Universal Human Rights in Theory and Practice* (2d ed., 2003), p. 7.

5 Helen M. Stacy, *Human Rights for the 21st Century: Sovereignty, Civil Society, Culture* (2009), p. 29.

6 Emilie M. Hafner-Burton y Kiyoteru Tsutsui, "Human Rights in a Globalizing World: The Paradox of Empty Promises," *American Journal of Sociology* 110:1373 (2005).

7 Wade M. Cole, "Sovereignty Relinquished? Explaining Commitment to the International Human Rights Covenants, 1966-1999," *Am. Sociological Rev.* 70:472 (2005); Hafner-Burton y Tsutsui, op. cit. *supra.*

8 Beth A. Simmons, *Mobilizing for Human Rights: International Law in Domestic Politics* (2009), pp. 12, 373.

9 Oona Hathaway, op. cit., at 2019, 2020. Admite que donde hay, como suele haber, "poco control o aplicación...la ratificación de los tratados puede servir para compensar, en lugar de aumentar, la presión para lograr un cambio real en las prácticas."

10 Todd Landman, *Protecting Human Rights: A Comparative Study* (2005), p. 6.

11 Hafner-Burton y Tsutsui, "Human Rights", op. cit. *supra.*

12 Para una crítica mordaz de los dos campos, y de su trabajo, ver Neil Stammers, *Human Rights and Social Movements* (2009), pp. 11-14.

13 Michael Freeman, *Human Rights: An Interdisciplinary Approach* (2002), pp. 6-7. Ver también Eva Brems, "Methods in Legal Human Rights Research," en Fons Coomans et al., comp., *Methods of Human Rights Research* (2009), p. 77. Brems encuestó a investigadores de derechos humanos, preguntándoles sobre su "metodología" y en su mayoría encontró que básicamente no tenían ninguna; y que su trabajo era fuertemente normativo.

14 Con seguridad, hay críticas a los movimientos de derechos humanos. Como veremos, hay quienes que lo consideran viciado e imperialista. Pero estos casi nunca son ataques a la sustancia básica o central de los derechos humanos.

15 Por ejemplo, Paul Gordon Lauren, *The Evolution of International Human Rights* (2d ed., 2003); Lynn Hunt, *Inventing Human Rights: A History* (2007).

16 Entre las palabras que tratan de llenar este vacío entre las ciencias sociales y el estudio de los derechos humanos, se podría mencionar Michael Freeman, op. cit., y Lydia Morris, comp., *Rights: Sociological Perspectives* (2006). Pero incluso los ensayos de la colección de Morris no parecen particularmente sociológicos. Una obra bienvenida a la literatura es Neil Stammers, *Human Rights and Social Movements* (2009). También quiero mencionar a Fons Coomans et al., comp., *Methods of Human Rights Research* (2009).

17 Ver Gunnar Beck, "The Mythology of Human Rights," *Ratio Juris* 21:312 (2008) Para Beck, los derechos humanos "carecen del estatus normativo primordial que comúnmente se asume para justificar su estatus legal privilegiado… [L]os jueces hacen derechos, y sus decisiones siguen siendo políticas" Ibid., 346.

18 Jack Donnelly, "Human Rights, Globalizing Flows, and State Power", en Alison Brysk, comp., *Globalization and Human Rights* (2002), pp. 226, 228.

19 Colm O'Cinneide, "The Right to Equality: A Substantive Legal Norm or Vacuous Rhetoric?" en *UCL Human Rights Review* 1:80 (2008).

20 District of Columbia v. Heller, 554 U.S. 570 (2008). Ver también McDonald v. City of Chicago, 561 U.S., 130 S. Ct. 3020 (2010) (Extendiendo la aplicación de Segunda Enmienda de la Constitución a los estados).

21 Esto es también realidad en algunos estados estadounidenses, por ejemplo, Massachusetts y Iowa

22 1 Cranch (5 U.S.) 137 (1803).

23 Por ejemplo, en Sturges v. Crowninshield, 4 Wheat. (17 U.S.) 122 (1819), La Corte Suprema anuló un estatuto sobre insolvencia a New York.

24 El G*rundgesetz* alemán entró en vigor en 1949. Sobre la historia de este documento, ver Maximilian Steinbeis, Marion Detjen y Stephan Detjen, *Die Deutschen und das Grundgesetz: Geschichte und Grenzen unserer Verfassung* (2009). Para Japón, ver John W. Dower, *Embracing Defeat: Japan in the Wake of World War II* (1999), pp. 346-404.

25 C. Neal Tate, "Why the Expansion of Judicial Power?" en C. Neal Tate y Torbjorn Vallinder, comp., *The Global Expansion of Judicial Power* (1995), pp. 27, 30.

26 Ran Hirschl, *Towards Juristocracy: The Origins and Consequences of the New Constitutionalism* (2004), p. 43.

27 C. Neal Tate, "Why the Expansion of Judicial Power?" en Tate y Vallinder, *Global Expansion of Judicial Power*, pp. 27, 28-29, 36.

28 Art. 3 (3); sobre el movimiento politico detrás de esto, ver Katharina C. Heyer, "The ADA on the Road: Disability Rights in Germany," *Law and Social Inquiry* 27:723 (2002).

29 Hay extensa literatura sobre la constitución Sudafricana; ver, por ejemplo, Mark S. Kende, *Constitutional Rights in Two Worlds: South Africa and the United States* (2009).

30 Ver The Figures in James L. Gibson, *Overcoming Apartheid: Can Truth Reconcile a Divided Nation?* (2004), p. 307.

31 Por supuesto, en cierto sentido, la distinción puede no ser artificial — esto es, si corresponde a un hecho real de la cultura jurídica, es decir, a una noción que existe como un hecho social.

32 Ver, por ejemplo, Peter Jones, "Human Rights, Group Rights, and Peoples' Rights," *Human Rights Quarterly* 21:80 (1999).

33 Ver la discusión sobre este punto en Kenneth Karst, *Belonging to America: Equal Citizenship and the Constitution* (1989), pp. 160-162.

34 Rory O'Connell, "Let's Talk: Dealing with Difference in Human Rights Law," in Koen De Feyter y George Pavlakos, comp., *The Tension Between Group Rights and Human Rights: A Multidisciplinary Approach* (2008), pp. 131, 141.

35 Ver también la discusión en Stephan Breitenmoser, "The Protection of Groups and Group Rights in Europe," en De Feyter y Pavlakos, comp., *The Tension Between Group Rights and Human Rights* (2008), p. 245.

36 John Boli y Michael A. Elliott, "Façade Diversity: The Individualization of Cultural Difference," *International Sociology* 23:540, 542 (2008).

Capitulo 2

[37] Ver Brian Z. Tamanaha, *On the Rule of Law: History, Politics, Theory* (2004), pp. 114ff.

[38] Para una revision de la literatura, ver Stephan Haggard, Andrew MacIntyre, y Lydie Tiede, "The Rule of Law and Economic Development," *Annual Review of Political Science* 11:205 (2008).

[39] Frank R. Upham, "Speculations on Legal Informality: On Winn's 'Relational Practices and the Marginalization of Law'," *Law and Society Review* 26:233, 237 (1994); la referencia es a Jane Kaufman Winn, "Relational Practices and the Marginalization of Law: Informal Financial Practices of Small Businesses in Taiwan," *Law and Society Review* 28:193 (1994). Winn argumenta que el destacado crecimiento de Taiwan le debe poco o nada al sistema legal formal.

[40] Ibid., p. 221.

[41] Un texto clásico es el de James Buchanan y Gordon Tullock, *The Calculus of Consent: Logical Foundations of Constitutional Democracy* (1962).

[42] Ran Hirschl, *Toward Juristocracy* (2004), *supra* nota 26.

[43] Mutua, *Human Rights*, p. 151. La Constitucion "le roba a la ANC... cualquier habilidad para efectuar reformas significativas".

[44] Ran Hirschl, "The 'Design Sciences' and Constitutional 'Success,'" *Texas Law Review* 87:1339 (2009).

[45] Hirschl, op. cit., p. 1373.

[46] Ver Lawrence M. Friedman, *The Legal System: A Social Science Perspective* (1975), pp. 193-194. No tengo dudas de que "la cultura jurídica," así definida, es real, e importante. La frase en si misma tal vez no es la ideal, porque la palabra "cultura" es muy resbaladiza y carga mucho bagaje. Por esta razón, el concepto ha sido objeto de una gran crítica., ver, por ejemplo, Roger Cotterrell, "The Concept of Legal Culture," en David Nelken, comp., *Comparing Legal Cultures* (1997), p. 13.

[47] Guenter Bierbrauer, "Toward an Understanding of Legal Culture: Variations in Individualism and Collectivism between Kurds, Lebanese, and Germans," *Law and Society Review* 28:243 (1994).

[48] *Pew Global Attitudes Project* (2009), p. 65; www.pewglobal.org.

[49] Arif Payaslyoglu y Ahmet Icduygu, "Awareness of and Support for Human Rights among Turkish University Students," *Human Rights Quarterly* 21:513 (1999).

[50] La Fuente es *Pew Global Attitudes Project* (2002). A pesar del hecho de que el 77% en Egipto y el 70% en Irán respondieran que sí, causa sospecha sobre que exactamente pensaba la gente que estaba respondiendo. Curiosamente, la India tuvo el porcentaje más bajo de afirmaciones – 53%.

51 Estas figuras también provienen del *Pew Global Attitudes Project* (2002). Pero Turquía con un 80% de afirmaciones e Indonesia con un 65% demuestran que algunos países musulmanes son más tolerantes. Sorprendentemente, en Ucrania solo el 30% respondió que sí; y en Corea del Sur, solo el 48%. Una vez más, esto lleva a preguntarse como entendieron la pregunta los diferentes encuestados.

52 James L. Gibson y Gregory A. Caldeira, "The Legitimacy of Transnational Legal Institutions: Compliance, Support and the European Court of Justice," *Am. J. Political Science* 39:459, 470 (1995).

Capitulo 3

53 Hay una gran cantidad de literatura de los Derechos Humanos sobre las ideas de era de la Iluminación. Ver, por ejemplo, Paul Gordon Lauren, *The Evolution of International Human Rights* (2d ed., 2003); Lynn Hunt, *Inventing Human Rights: A History* (2007); Stephen James, *Universal Human Rights: Origins and Development* (2007).

54 Sobre este punto, ver en particular Neil Stammers, *Human Rights as Social Movement* (2009).

55 Se hace referencia a estos tribunales en Jenny S. Martinez, "Antislavery Courts and the Dawn of International Human Rights Law," *Yale Law Journal* 117:550 (2008).

56 Ibid., p. 590.

57 Ibid., p. 632.

58 Wiktor Osiatynski, *Human Rights and Their Limits* (2009), p. 63. El señala que la acción humanitaria implica una víctima pasiva que requiere asistencia y protección; una palabra clave es "necesidad" más que "derecho." Ibid., p. 61.

59 17 Statutes 598 (Act of March 3, 1873); sobre el fondo, ver Donna Dennis, *Licentious Gotham: Erotic Publishing and its Prosecution in Nineteenth-Century New York* (2009).

60 Ver, en general, Lawrence M. Friedman, *Guarding Life's Dark Secrets: Legal and Social Controls over Reputation, Propriety, and Privacy* (2007).

61 La defensa de la esclavitud por parte de los apologistas sureños se basa en parte en el carácter sagrado de los derechos de propiedad.

62 Lochner v. New York, 198 U.S. 45 (1905).

63 Anthony Woodiwiss, *Human Rights* (2005), p. 55.

64 "Ciertas comunidades antes pertenecientes al Imperio de Turquía" sin embargo, habían "logrado un nivel de desarrollo en el que su existencia como naciones independientes podría ser reconocida

provisionalmente," aunque con la ayuda de los poderes gobernantes "hasta el momento en el que pudieran valerse por sí mismas."

65 Elizabeth Borgwardt, *A New Deal for the World: America's Vision for Human Rights* (2005), pp. 14-45.

66 Borgwardt, *Un Nuevo Acuerdo,* trata la Carta del Atlántico y su historia en detalle.

67 Ver, en general, Johannes Morsink, *The Universal Declaration of Human Rights: Origins, Drafting, y Intent* (1999); además, Mary Ann Glendon, *A World Made New: Eleanor Roosevelt and the Universal Declaration of Human Rights* (2001).

68 El artículo añade como finalidad "el fortalecimiento del respeto de los derechos humanos y de las libertades fundamentales"; y la educación también "promoverá la comprensión, la tolerancia y la amistad entre todas las naciones".

69 Paul Gordon Lauren, *Evolution of International Human Rights,* p. 191.

70 La señora Roosevelt "recibió instrucciones sistemáticas de evitar cualquier medida de aplicación que pudiera entrar en conflicto con la legislación nacional"; y más tarde, durante la era del presidente McCarthy y más allá, los "temores de un gobierno mundial", particularmente entre los conservadores, se esforzaron hacia la misma dirección. Roger Norm y Sarah Zaidi, *Human Rights at the UN: The Political History of Universal Justice* (2007), p. 237.

71 Mary Ann Glendon, op. cit., p. 235.

72 Christopher Harland, "The Status of the International Covenant on Civil and Political Rights (ICCPR) in the Domestic Law of State Parties: An Initial Global Survey Through UN Human Rights Committee Documents," *Human Rights Quarterly* 22:187 (2000).

73 Sobre el rol de la CEDAW en campañas de combate a la violencia contra la mujer, ver Sally Engle Merry, *Human Rights and Gender Violence: Translating International Law into Local Justice* (2005), especially cap. 3.

74 En marzo y abril de 1993, los países asiáticos se reunieron y adoptaron lo que se llamó la Declaración de Bangkok, que reafirmaba el compromiso con la Declaración Universal de Derechos Humanos, pero que también reafirmaba "los principios de respeto a la soberanía nacional... y la no injerencia en los asuntos internos de los Estados"; habló del "derecho al desarrollo como un derecho universal e inalienable" y enfatizó la "no utilización de los derechos humanos como instrumento de presión política". La Declaración de Bangkok ofrecía algo para casi todo el mundo: denunciaba el racismo, el colonialismo, el apartheid, el "neonazismo, la xenofobia y la limpieza étnica", y para todos, excepto Israel, en el sentido de que la Declaración afirmaba "el apoyo a la lucha

legítima del pueblo palestino" y denunciaba las "graves violaciones de los derechos humanos" en los territorios ocupados.

75 Michael Ignatieff, *Human Rights as Politics and Idolatry* (Amy Guttmann, ed., 2001), p. 6.

76 Eric Neumayer, "Is Respect for Human Rights Rewarded? An Analysis of Total Bilateral and Multilateral Aid Flows," *Human Rights Quarterly* 25:510 (2003).

77 Ver, en general, Maria T. Baldwin, *Amnesty International and U.S. Foreign Policy* (2009).

78 Baldwin, ibid., p. 23.

79 Michael Freeman, *Human Rights* (2002), p. 143.

80 347 U.S. 483 (1954). El caso es, por supuesto, el objeto de una extensa literatura; muy notables son Richard Kluger, *Simple Justice* (1975); y Michael J. Klarman's comprehensive history, *From Jim Crow to Civil Rights: The Supreme Court and the Struggle for Racial Equality* (2004).

81 Gerald N. Rosenberg, *The Hollow Hope: Can Courts Bring About Social Change?* (2d ed., 2008).

82 Sally Engle Merry, *Human Rights and Gender Violence: Translating International Law into Local Justice* (2005), pp. 218-219.

83 Merry, op. cit., pp. 144-146.

84 Ver Norbert Loesing, *Die Verfassungsgerichtsbarkeit in Lateinamerika* (2001).

85 Ver parte 1, sección 4 de la NZBORA: ningún tribunal puede declarar que una ley "ha sido derogada o revocada implícitamente, o que es de alguna manera inválida o ineficaz", simplemente porque es incompatible con cualquier disposición de esta Carta de Derechos.

86 Ver Ran Hirschl, *Toward Juristocracy: The Origins and Consequences of the New Constitutionalism* (2004), pp. 24-25. La ley también establecía que el fiscal general debía presentar a la Cámara de Representantes cualquier disposición de un Proyecto de Ley que pareciera ser incompatible con los derechos y libertades de la Carta de Derechos.

87 El régimen comunista en Albania terminó en 1991; y en 1996, Albania acordó pagar una indemnización; los británicos en respuesta liberaron los activos de Albania que habían retenido.

88 Gentian Zyberi, *The Humanitarian Face of the International Court of Justice* (2008), p. 282.

89 Bosnia y Herzegovina v. Serbia y Montenegro, caso 91, CIJ (Feb. 2007).

90 Sobre el asunto de la barrera de separación, ver Gentian Zyberi, *The Humanitarian Face*, pp. 212-226.

91 Por ejemplo, sobre el asunto de los derechos consulares de los nacionales mexicanos, juzgados en tribunales estadounidenses y condenados a muerte, se hizo caso omiso a la sentencia de la Corte Internacional de

Justicia en el caso México v. Estados Unidos (2004); y el prisionero en cuestión fue ejecutado.

92 Nina-Louisa Arold, *The Legal Culture of the European Court of Human Rights* (2007), p. 20.

93 Alec Stone Sweet y Helen Keller, "The Reception of the ECHR in National Legal Orders," en Helen Keller y Alec Stone Sweet, comp., *A Europe of Rights: The Impact of the ECHR on National Legal Systems* (2008), pp. 3, 5.

94 Nina-Louisa Arold, *The Legal Culture of the European Court of Human Rights* (2007), pp. 26-27.

95 Steven Greer y Andrew Williams, "Human Rights in the Council of Europe and the EU: Toward 'Individual,' 'Constitutional' or 'Institutional' Justice?" *European Law Journal* 15:462, 464 (2009).

96 Alec Stone Sweet y Helen Keller, "The Reception of the ECHR in National Legal Orders," en Helen Keller y Alec Stone Sweet, comp., *A Europe of Rights: The Impact of the ECHR on National Legal Systems* (2008), pp. 5, 6-7.

97 Keller y Stone Sweet, "Assessing the Impact of the ECHR on National Legal Systems," in ibid., p. 677.

98 Nina-Louisa Arold, *The Legal Culture of the European Court of Human Rights* (2007), p. 160.

99 Arold, *The Legal Culture*, p. 161.

100 Aileen Kavanagh, *Constitutional Review under the UK Human Rights Act* (2009), p. 3.

101 Christian Tomuschat, *Human Rights: Between Idealism and Realism* (2d ed., 2008), p. 113; Human Rights Act 1998, cap. 42. A comprehensive treatment of the case law is in Cavanagh, *Constitutional Review.*

102 Jeffrey Jowell y Jonathan Cooper, "Introduction," en Jeffrey Jowell y Jonathan Cooper, comp., *Delivering Rights: How the Human Rights Act is Working* (2003), pp. 1, 3.

103 Pero, por supuesto, esto es costoso y requiere de mucho tiempo; y en los tribunales británicos, el litigante podría ser condenado en costas, así que, en opinión de algunos académicos es "poco probable que el litigio en Inglaterra proporcione un beneficio sustancial a un demandante", incluso si finalmente gana ante el tribunal europeo. Richard Clayton, "Remedies for Breach of Human Rights: Does the Human Rights Act Guarantee Effective Remedies?" en Jowell and Cooper, *Delivering Rights,* pp. 147, 159.

104 Sobre este punto, ver Nina-Louisa Arold, *Legal Culture*; y Alastair Mowbray, "The Creativity of the European Court of Human Rights," *Human Rights Law Review* 5:1 (2005).

105 Ver Katharina Gebauer, *Parallele Grund- und Menschenrechtsschutzsysteme in Europa?* (2007).

106 European Court Reports 2002, p. 1-06279.

107 Dinah Shelton, "The Promise of Regional Human Rights Systems," in Burns H. Weston y Stephen P. Marks, *The Future of International Human Rights* (1999), pp. 351, 353.

108 Para una discusión elaborada, ver Eva Brems, *Human Rights: Universality and Diversity* (2001), pp. 91-182.

109 Lucy Bannerman, "Former Slave, Hadijatou Mani, is Suing State of Niger Over Cruelty," *The Times of London,* April 9, 2008, en http://www.timesonline.co.uk/tol/news/world/africa/article3708849.ece.

110 Blake v. Guatemala, 1998 Inter-Am. Ct. H. R. (ser. C) No. 36 (Ene. 24, 1998).

111 Lawrence R. Helfer y Anne-Marie Slaughter, "Toward a Theory of Effective Supranational Adjudication," *Yale Law Journal* 107:273, 329 (1997).

112 Helen Stacy, *Human Rights for the 21st Century,* p. 169.

113 H. Abigail Moy, "The International Criminal Court's Arrest Warrants and Uganda's Lord's Resistance Army: Renewing the Debate over Amnesty and Complementarity," *Harvard Human Rights Journal* 19:267 (2006).

114 Marlise Simons y Neil MacFarquhar, "Warrant Issued for Sudanese Leader over Darfur War Crimes," *New York Times,* Mar. 5, 2009, p. A6.

115 Stephanie McCrummen y Colum Lynch, "Sudan Ousts Aid Groups After Court Pursues President," *Washington Post,* Marzo 5, 2009, p. A1; Eric Reeves, "Arrest Warrant Too Costly for Darfur," *Boston Globe,* Mar. 21, 2009, p. A11.

116 Para el argumento respecto a que la "universalidad de los derechos humanos se deriva de la universalidad de la capacidad de sufrimiento humano," ver Eva Brems, *Human Rights: Universality and Diversity* (2001), p. 306.

117 Diane Elson, "Women's Rights are Human Rights," en Lydia Morris, comp., *Rights: Sociological Perspectives* (2006), 94, 96.

118 Michael Ignatieff, *Human Rights as Politics and Idolatry* (2001), p. 79.

119 Lynn Hunt, *Inventing Human Rights: A History* (2007), p. 33-34.

120 Ver, en general, Eva Brems, *Human Rights: Universality and Diversity* (2001).

121 Cosmo Howard, "Introducing Individualization," en Cosmo Howard, comp., *Contested Individualization: Debates about Contemporary Personhood* (2007), pp. 1, 2.

122 Anna Yeatman, "Varieties of Individualism," en Cosmo Howard, comp., *Contested In- dividualization,* p. 45.

123 Robert Bellah et al., *Habits of the Heart: Individualism and Commitment in American Life* (1985), pp. 334, 336, 382.

124 Michael Les Benedict, "Victorian Moralism and Civil Liberty in the Nineteenth- Century United States," en Donald G. Nieman, comp., *The Constitution, Law, and American Life: Critical Aspects of the Nineteenth-Century Experience* (1992), pp. 91, 104.

[125] Ronald Inglehart, Christian Welzel, *Modernization, Cultural Change and Democracy: The Human Development Sequence* (2005), p. 152.

[126] David Riesman, *The Lonely Crowd: A Study of the Changing American Character* (1950). A modo de contraste, el estadounidense del siglo XIX estaba "enfocado hacia adentro", siguiendo las normas de trabajo duro y carácter implantadas en él o ella cuando era joven; E incluso antes la gente estaba "dirigida por la tradición". Ibid., pp. 11, 14.

[127] Ver Sheena S. Iyengar y Mark R. Lepper, "Rethinking the Value of Choice: A Cultural Perspective on Intrinsic Motivation," *J. Personality and Social Psychology* 76: 349 (1999).

[128] Ver Michael J. Rosenfeld, *The Age of Independence: Interracial Unions, Same-Sex Unions, and the Changing American Family* (2007).

[129] Ulrich Beck y Elisabethe Beck-Gernsheim, *Individualization: Institutionalized In- dividualism and its Social and Political Consequences* (2002), p. 7.

[130] Constanza Tobio, "Marriage, Cohabitation, and the Residential Independence of Young People in Spain," *International Journal of Law, Policy, and the Family* 15: 678 (2001).

[131] Rhoda E. Howard-Hassmann, "The Second Great Transformation: Human Rights Leapfrogging in the Era of Globalization," Human Rights Quarterly 27:1, 34-35 (2005). Howard-Hassmann señala que, en el pasado, los países occidentales, a medida que se modernizaban, podían participar en algunas "actividades creadoras de riqueza" muy dudosas, como "la esclavitud, el colonialismo, el genocidio, las transferencias masivas de población o las deportaciones de ciudadanos que no querían". Se supone que los "países de reciente industrialización" no deben hacer estas cosas (aunque, debo añadir, algunos de ellos prestan poca o ninguna atención a estas restricciones); Pero "lo que se pierde como ventaja de los Estados, se gana como ventaja de [sus] ciudadanos". Ibid.

[132] Paul Gordon Lauren, *The Evolution of International Human Rights: Visions Seen* (2d ed., 2003), pp. 279-280. Clifford Bob señala que "las nuevas tecnologías y normas internacionales pueden ser una bendición para las víctimas y los activistas, uniendo al mundo y dificultando que los regímenes represivos actúen con impunidad contra sus propios ciudadanos". Pero, por otro lado, la "ideología del libre comercio" y la "expansión de las corporaciones multinacionales" pueden afectar negativamente "los derechos laborales...entornos vulnerables, y ... control local" Clifford Bob, "Globalization and the Social Construction of Human Rights Campaigns," en Alison Brysk, comp., *Globalization and Human Rights* (2002), pp. 133, 144.

Capitulo 4

133 Sobre la tensión que esta idea crea en el campo de los derechos humanos, ver Christian Tomuschat, *Human Rights: Between Idealism and Realism* (2d ed., 2008), pp. 86-87.

134 Shmuel N. Eisenstadt, "The Resurgence of Religious Movements in Processes of Globalization–Beyond the End of History or the Clash of Civilizations," en Koenig y de Guchteneire, *Democracy and Human Rights in Multicultural Societies* (2007), pp. 239, 242.

135 "British Leader Stirs Debate with his Call to Raise Veils," *New York Times*, Oct. 7, 2006, p. 8.

136 Janice Gross Stein, en Janice Gross Stein et al., Uneasy Partners: *Multiculturalism and Rights in Canada* (2007), pp. 5-6. No es del todo cierto que no existan normas de modestia para los hombres; un joven de la Franja de Gaza denunció, en 2009, que "hace poco, cuando pidió a sus amigos que le dieran un masaje en la espalda en la playa", un "hombre vestido de civil" le dijo que "no debía tocarse" y que debía ponerse la camisa; en otra ocasión, en la calle, un hombre le dijo que "no usara pantalones cortos ni camisa sin mangas". Taghreed El-Khodary y Ethan Bronner, "Hamas Fights, Often Within its Ranks, Over Gaza's Islamist Identity," New York Times, Sept. 6, 2009, p. A4.

137 En España, el 76,4% de los adultos se consideraban católicos en 2006; pero solo el 17% de estos "autodeclarados católicos" asistían regularmente a los servicios religiosos; los matrimonios civiles eran comunes, la tasa de fertilidad era baja y, aunque la Iglesia "prohíbe el sexo homosexual", una encuesta realizada en 2004 encontró que el 79% de los adultos en España estaban de acuerdo en que "la homosexualidad es una opción personal tan respetable como la heterosexualidad". Celia Valente, "España a la vanguardia de las políticas europeas de igualdad de género," en Silke Roth, comp., *Gender Politics in the Expanding European Union* (2008), pp. 101, 107-108.

138 Estas tablas de la Encuesta Mundial de Valores se citan en Rolf Nygren, "Can We Predict the Future of Family Law?" en Harry N. Scheiber y Laurent Mayali, comp., *Japanese Family Law in Comparative Perspective* (2009), p. 21, 25.

139 The Pew Forum on Religion & Public Life, *U.S. Religious Landscape Survey. Religious Affiliation: Diverse and Dynamic* (February, 2008), p. 22. Esta cifra incluye los cambios dentro de las filas del protestantismo, por ejemplo, de metodista a bautista; excluyendo estos cambios, sigue siendo el caso que muchos (28%) cambian de "una tradición religiosa importante a otra". Y el 44% puede subestimar el asunto, porque no incluye a "individuos que han cambiado de afiliación dentro de

una familia denominacional en particular, por ejemplo, de las Iglesias Bautistas Americanas en los EE.UU. a la Convención Bautista del Sur". Tampoco incluye a las personas que cambiaron "en algún momento de sus vidas, pero luego regresaron a su afiliación de la infancia", ni las cifras "capturan múltiples cambios en la afiliación por parte de los individuos." Ibid.

140 Pew Forum, p. 12. Otro 2.4% se llama así mismo "agnóstico", aunque el 12.1% define su religión como "ninguna en particular."

141 Thorleif Pettersson, "Religion in Contemporary Society: Eroded by Human Well- being, Supported by Cultural Diversity," en Yilmaz Esmer y Thorleif Pettersson, comp., *Measuring and Mapping Cultures: 25 Years of Comparative Value Surveys* (2007), pp. 127, 131-133.

142 Ver, en general, Edwin B. Firmage y Richard C. Mangrum, *Zion in the Courts: A legal History of the Church of Jesus Christ of Latter-Day Saints* (1988); Sarah Barringer Gordon, *The Mormon Question: Polygamy and Constitutional Conflict in Nineteenth Century America* (2002).

143 Shawn F. Peters, *Judging Jehovah's Witnesses: Religious Persecution and the Dawn of the Rights Revolution* (2000). En Minersville School District v. Gobitis, 310 U.S. 586 (1940), la Corte Suprema sostuvo que un Distrito escolar podía expulsar a un estudiante que era miembro de esta religión, por no saludar a la bandera. Pero tres años más tarde, en el caso West Virginia State Board of Education v. Barnette, 319 U.S. 624 (1943), la Corte Suprema dio marcha atrás y declaró inconstitucional la ley local que exigía el saludo.

144 Makau Mutua, *Human Rights*, pp. 110-111.

Capitulo 5

145 Herbert McClosky y Alida Brill, *Dimensions of Tolerance: What Americans Believe About Civil Liberties* (1983), p. 49.

146 David G. Barnum y John L. Sullivan, "Attitudinal Tolerance and Political Freedom in Britain," *British Journal of Political Science 19:136, 139 (1989).* Sin embargo, alrededor de la mitad permitiría que el grupo hiciera un discurso público. Los resultados fueron sorprendentemente similares a los resultados de una encuesta comparable en los Estados Unidos.

147 Ver Paul M. Sniderman et al., *The Clash of Rights: Liberty, Equality, and Legitimacy in Pluralist Democracy* (1996), p. 236.

148 El estudio es Alfred Winslow Jones, *Life Liberty and Property: A Story of Conflict and a Measurement of Conflicting Rights* (1941).

149 James L. Gibson, "Truth, Reconciliation, and the Creation of a Human Rights Culture in South Africa," *Law and Society Review* 38:1 (2004).

150 Stephen F. Szabo, "Social Perspectives and Support for Human Rights in West Germany," *Universal Human Rights* 1:81 (1979); ver Gráfica 1, en 84. El estudio encontró diferencias de clase en el grado de apoyo a los derechos humanos: las personas ricas y educadas mostraron más apoyo que las de la clase trabajadora; pero las diferencias no eran enormes.

151 Barnum y Sullivan, op. cit., p. 145. Por ejemplo, el 70% de los diputados pensaban que los miembros del grupo menos querido deberían poder postularse para un cargo público (el 27% del público lo hizo); y otros resultados fueron igualmente sorprendentes. Los autores concluyeron que "las élites políticas son las principales responsables de salvaguardar y perpetuar los principios de la democracia en Gran Bretaña." Ibid., p. 146.

152 Michal Shamir, "Political Intolerance among Masses and Elites in Israel: A Reevaluation of the Elitist Theory of Democracy," *Journal of Politics* 53:1018, 1036 (1991).

153 Darren W. Davis y Brian D. Silver, "Civil Liberties vs. Security: Public Opinion in the Context of the Terrorist Attacks on America," *American J. of Pol. Sci.* 48:28, 33 (2004).

154 Alex Inkeles, *One World Emerging? Convergence and Divergence in Industrial Societies* (1998), p. 239.

155 A la pregunta de si el gobierno debería tener el derecho de "prohibir ciertas opiniones políticas o religiosas", solo el 13% en Estados Unidos dijo que sí, frente al 27% en Francia, el 39% en Gran Bretaña y el 41% en Alemania. Solamente el 14% dijo que sí en Corea del Sur, y el 16% en Taiwán. Pero en Kenia los síes fueron del 67%, y en Tailandia del 63%. Por supuesto, uno se pregunta cómo se entendió la pregunta en estos diversos países. *Pew Global Attitudes Project* (2002). En la mayoría de los países, una gran mayoría apoyó el derecho a manifestarse pacíficamente y en contra del derecho del gobierno a "prohibir las manifestaciones pacíficas que considere que serían políticamente desestabilizadoras".

156 John Boli y Michael A,. Elliott, "Facade Diversity: The Individualization of Cultural Difference," *International Sociology* 23:540, 542 (2008).

Capitulo 6

157 Makau Mutua, *Human Rights: A Political and Cultural Critique* (2002), p. 15. Mutua también argumenta que Occidente fue en gran medida indiferente a "la esclavitud de los africanos, con sus consecuencias bárbaras y dimensiones genocidas", y la colonización de asiáticos, africanos y latinoamericanos, con todas las "atrocidades escalofriantes"; Occidente no se sintió persuadido a crear un movimiento de derechos humanos,

hasta que se enfrentó al "exterminio genocida de los judíos en Europa, un pueblo blanco." Ibid., at p. 16.

158 Takeyoshi Kawashima, "The Status of the Individual in the Notion of Law, Right, and Social Order in Japan," en Charles A. Moore, comp., *The Status of the Individual in East and West* (1968), pp. 429, 431.

159 Christian Tomuschat, *Human Rights: Between Idealism and Realism* (2d ed., 2008), p. 81.

160 Michael Ignatieff, *Human Rights as Politics and Idolatry*, p. 60.

161 Kawashima, op. cit., p. 437, 438.

162 Neil A. Englehart, "Rights and Culture in the Asian Values Argument: The Rise and Fall of Confucian Ethics in Singapore," *Human Rights Quarterly* 22:548, 549 (2000).

163 Helen Stacy, *Human Rights for the 21st Century*, p. 167.

164 Englehart, ibid., en 559.

165 Ibid., en 564.

166 Stephen James, *Universal Human Rights: Origins and Development* (2007), p. 251.

167 Ibid. De hecho, argumenta Stephen James, la "incorporación" de los derechos humanos universales en "el derecho internacional se logró frente a la resistencia generalizada y persistente de Occidente, incluida la estadounidense". ibid.

168 Volker H. Schmidt, "One World, One Modernity," en Volker H. Schmidt, ed., *Modernity at the Beginning of the 21st Century* (2007), pp. 205, 213.

169 S. N. Eisenstadt, "Multiple Modernities," en S. N. Eisenstadt, ed., *Multiple Modernities* (2002), pp. 1, 3.

170 Ver Alex Inkeles, *One World Emerging? Convergence and Divergence in Industrial Societies* (1998), especialmente pp. 19-23. Inkeles aduce que las "sociedades industriales del mundo convergen en una estructura social común," ibid., p. 26.

171 Eisenstadt, op. cit., p. 5.

172 Para un excelente relato sobre la version de Confucio, ver Tu Weiming, "Implications of the Rise of 'Confucian' East Asia," en Eisenstadt, ed., *Multiple Modernities* (2002), p. 195.

173 Sally Engle Merry, *Human Rights and Gender Violence: Translating International Law Into Local Justice* (2005), p. 3.

Capitulo 7

174 Blackstone, *Commentaries*, Libro 1, Cap. 15: "Por matrimonio, el marido y la mujer son una sola persona de derecho, es decir, el ser mismo o la existencia legal de la mujer se suspende durante el matrimonio".

175 Sobre estas leyes ver, por ejemplo , Norma Basch, *In the Eyes of the Law: Women, Marriage, and Property in Nineteenth-Century New York* (1982); Lawrence M. Friedman, *A History of American Law* (3d ed., 2005), pp. 146-148.

176 Ver, en general, Sally G. McMillen, *Seneca Falls and the Origins of the Women's Rights Movement* (2008).

177 Dorothy McBride Stetson, *Women's Rights in France* (1987), pp. 34-36.

178 "Women Finally Join Men as Voters in Swiss State," *Chicago Tribune*, Abril 29, 1991, p. M4.

179 Bill Marsh, "The Basics: Women Gain Votes (Some Even Matter)," *New York Times*, Mayo 22, 2005.

180 Susan Deller Ross, *Women's Human Rights: The International and Comparative Law Casebook* (2008), pp. 7-8.

181 Sobre las campañas a favor y en contra de ERA, ver Deborah L. Rhode, *Justice and Gender* (1989), pp. 63-80.

182 208 U.S. 412 (1908).

183 El caso fue Reed v. Reed, 404 U.S. 71 (1971). Como suele suceder, se estableció un gran principio en un caso que en sí mismo afectaba a muy pocas personas. El caso surgió en Idaho. Si un residente de Idaho fallecía sin testamento, el tribunal nombraba a un administrador para que se encargara de la herencia. Según la ley, se prefería a los hombres sobre las mujeres para este rol. Los Reed se separaron. Su hijo murió, dejando una pequeña herencia. Cecil Reed fue nombrado administrador; y su esposa, Sally, se opuso.

184 Hay una extensa literatura al respecto, ver, para una visión general, Deborah L. Rhode, *Justice and Gender* (1989). En Craig v. Boren, por ejemplo, 429 U.S. 190 (1976), una ley de Oklahoma permitía a las mujeres comprar cerveza a los 18 años; los hombres no podían hacerlo hasta que cumplieran 21 años. La Corte Suprema anuló la ley, poniendo fin a lo que era una forma de discriminación contra los hombres jóvenes.

185 442 F.2d 385 (5th Cir. 1971).

186 458 U.S. 718 (1982).

187 Esta fue una decisión cerrada, 5-4; los disidentes sintieron que "la educación diferenciada es una tradición honorable", y señalaron que había otras escuelas estatales donde Hogan podía estudiar enfermería.

188 Bradwell v. Illinois, 83 U.S. 130 (1873).

189 Statistisches Bundesamt, *Justiz auf einen Blick* (2008), p. 43.

190 Stetson, op. cit., pp. 145-151.

191 Allgemeines Gleichbehandlungsgetsetz (AGG), August 14, 2006. La ley también tiene como objetivo la discriminación por motivos de origen étnico, religión, discapacidad ("Behinderung"), edad o "identidad sexual".

192 Ronald Inglehart y Christian Wetzel, *Modernization, Cultural Change and Democracy* (2005), p. 284.

193 Sobre el movimiento alemán en general, ver Stefanie Ehmsen, *Der Marsch der Frauenbewegung durch die Institutionen* (2008), que compara Alemania y Estados Unidos.

194 Ver más adelante, p. 75.

195 Beth Simmons, *Mobilizing for Human Rights: International Law in Domestic Politics* (2009), p. 255.

196 410 U.S.113 (1973); la base para esta decisión fue el llamado derecho a la privacidad. Sobre esto, y el asunto de la privacidad en general, ver más adelante, capítulo 8.

197 BVerfGE 39, No.1 (1975).

198 Myra Marx Ferree et al., *Shaping Abortion Discourse: Democracy and the Public Sphere in Germany and the United States* (2002), pp. 42-43.

199 Kathrin Zippel, "Violence at Work? Framing Sexual Harassment in the European Union," en Silke Roth, comp., *Gender Politics in the Expanding European Union* (2008), pp. 60, 68.

200 Myra Marx Ferree, "Framing Equality," en Silke Roth, *Gender Politics*, pp. 237, 234- 235.

201 Ver John Dupre, "Global versus Local Perspectives on Sexual Difference," en Deborah L. Rhode, *Theoretical Perspectives on Sexual Difference* (1990), p. 47; y Deborah L. Rhode, "Definitions of Difference," ibid., p. 197.

202 Rebecca Pates, "Are Women Human? Prostitution and the Search for the Right Rights," en Koen De Feyter y George Pavlakos, comp., *The Tension Between Group Rights and Human Rights: A Multidisciplinary Approach* (2008), pp. 175, 178-179.

203 1992 Australia Ley 135, Sección 3.

204 Lawrence M. Friedman, *The Republic of Choice: Law, Authority, and Culture* (1990), p. 160.

Capitulo 8

205 En este capítulo, estoy en deuda con Scott Schackelford y Andrew Shupanitz por su valiosa asistencia.

206 Daniel J. Solove, "Conceptualizing Privacy," *California Law Review* 90:1087 (2002). Sin embargo, Solove no se da por vencido; más bien, intenta abordar la privacidad de una manera "pragmática" y "contextual".

207 277 U.S. 438 (1928). Olmstead era el jefe de una "conspiración de asombrosa magnitud"; empleaba a "no menos de 50 personas", junto con "dos embarcaciones marítimas para el transporte de licor", embarcaciones más pequeñas para el "transporte costero", una oficina central y un "gran depósito subterráneo para almacenamiento", entre otras cosas. No cabe duda de que la Corte se mostró reacia a excluir las pruebas que se utilizaron para desmantelar una operación tan grande y descarada.

208 Sección 605 de la Ley Federal de Comunicaciones, 48 Stat. 1064, 1103-1104 (Ley de Junio 19, 1934).

209 389 U.S. 347 (1967). Ver también Berger v. New York, 388 U.S. 41 (1967), decidido poco antes que Katz. En este caso, la oficina de un abogado había sido intervenida en busca de pruebas de soborno. Esto se hizo en virtud de una ley de Nueva York que autorizaba este tipo de espionaje cuando había "motivos razonables para creer que se pueden obtener pruebas de un delito".

210 488 U.S. 445 (1989).

211 533 U.S. 27 (2001).

212 Wolfgang Kilian, "Germany," in James B. Rule y Graham Greenleaf, comp., *Global Privacy Protection: The First Generation* (2008), pp. 80, 81.

213 Skinner v. Oklahoma, 316 U.S. 535 (1942); el caso y sus antecedents se discuten en Victoria F. Nourse, *In Reckless Hands: Skinner v. Oklahoma and the Near Triumph of American Eugenics* (2008).

214 381 U.S. 479 (1965).

215 405 U.S. 438 (1972).

216 410 U.S. 113 (1973). Hay una extensa literatura sobre este caso, y las políticas sobre el aborto. Ver especialmente, David J. Garrow, *Liberty and Sexuality: The Right to Privacy and the Making of Roe v. Wade* (1994).

217 478 U.S. 186 (1986).

218 539 U.S. 558 (2003).

219 Sobre la protección de la privacidad en la República de Korea, ver Whom-Il Park, "Republic of Korea," en James B. Rule y Graham Greenleaf, comp., *Global Privacy Protection: The First Generation* (2008), p. 207.

220 La cláusula añade: "salvo en los casos y de conformidad con el procedimiento previsto por la ley para proteger la salud, la moral, el orden público o los derechos y libertades de los demás, para prevenir un delito penal o para aprehender a un delincuente".

221 La Constitución de Arizona y la Constitución del Estado de Washington tienen una sección de su declaración de derechos que establece que

"Ninguna persona será molestada en sus asuntos privados, ni su hogar invadido, sin la autoridad de la ley". Ariz. Const. Art. 2, sec. 8; Wash. Const. Art. 1, sec. 7.

222 Gryczan v. State, 283 Mont. 433, 942 P.2d 112 (1997). La privacidad, dijo el tribunal, era un "derecho fundamental" según la Constitución de Montana. De hecho, la Corte Suprema de Montana ha invocado las disposiciones de privacidad de la Constitución de Montana con cierto vigor, y a finales de 2009, estaba considerando si la Constitución de Montana otorgaba a un hombre que moría de leucemia linfocítica el derecho a morir, con la ayuda de su médico. Kirk Johnson, "La Corte de Montana decidirá el reclamo del derecho a la ayuda médica para morir", *New York Times,* Sept. 1, 2009, p. A1.

223 Samuel D. Warren y Louis D. Brandeis, "The Right to Privacy," *Harvard Law Review* 4:193 (1890).

224 Ver Robert E. Mensel, "'Kodakers Lying in Wait': Amateur Photography and the Right of Privacy in New York, 1885-1915," *American Quarterly* 43:24 (1991).

225 Sobre este punto, ver Lawrence M. Friedman, *Guarding Life's Dark Secrets* (2007), pp. 214-215.

226 115 Cal. App. 4th 425, 9 Cal. Rptr. 3d 257 (2004).

227 El juez Sills disintió en este punto, negándose a "aceptar esta castración del derecho constitucional a la privacidad de nuestro estado". Sills consideró que "hay una expectativa de privacidad incluso en cuanto a la identidad de uno cuando se usa un cibercafé".

228 Tily B., Inc. v. City of Newport Beach, 69 Cal. App. 4th 1, 81 Cal. Rptr. 2d 6 (1998).

229 Williams v. City of Minneola, 575 So. 2d 683 (Fla. App., 1991).

230 La responsabilidad a nivel del tribunal de primera instancia podría basarse en "infligir escandalosamente angustia emocional por conducta imprudente". Había, sin duda, algunas cuestiones de hecho difíciles que un jurado (o juez) tendría que decidir, por ejemplo, "¿era razonablemente previsible que los apelantes se enteraran de los eventos relacionados con las fotos de su familiar muerto?".

231 Ver Diane Zimmerman, "Requiem for a Heavyweight: A Farewell to Warren and Brandeis's Privacy Tort," *Cornell Law Review* 68:291 (1983).

232 376 U.S. 254 (1964).

233 Curtis Publishing Co. v. Butts, 388 U.S. 130 (1967).

234 5 U.S.C. sec. 552, enmienda.

235 Lawrence M. Friedman, *The Republic of Choice: Law, Authority, and Culture* (1990).

236 El caso principal fue Salgo v. Leland Stanford Jr. University Board of Trustees, 317 P.2d 170 (Cal. App. 1957); ver Lawrence M. Friedman, *American Law in the 20th Century* (2002), pp. 365-367.

237 Lawrence M. Friedman, *Private Lives: Families, Individuals, and the Law* (2004), pp. 114-123.

238 Lawrence M. Friedman, "The One-Way Mirror: Law, Privacy, and the Media," *Washington University Law Quarterly* 82:319 (2004).

239 Friedman, *Guarding Life's Dark Secrets*, p. 228.

240 113 F.2d 806 (2d Cir. 1940).

241 In *Briscoe v. Reader's Digest*, 4 Cal. 3d 529, 483 P.2d 34 (1971), La responsabilidad a nivel del tribunal de primera instancia podría basarse en "infligir escandalosamente angustia emocional por conducta imprudente". Había, sin duda, algunas cuestiones de hecho difíciles que un jurado (o juez) tendría que decidir, por ejemplo, "¿era razonablemente previsible que los apelantes se enteraran de los eventos relacionados con las fotos de su familiar muerto?".

242 El caso es *Entscheidungen des Bundesverfassungsgericht* 35, no. 16, p. 202 (1973).

243 El tribunal hizo hincapié en una serie de factores que le parecieron importantes. El demandante no tenía antecedentes penales; parecía genuinamente arrepentido; y el documental anunciaría al mundo que era homosexual, lo que (según el tribunal) dañaría su posición en la comunidad.

244 Sobre este caso, ver Lawrence M. Friedman y Nina-Louisa Arold, "Cannibal Rights," *Northwestern Interdisciplinary Law Review*, 4, pp. 235-3246 (2011). Y ver en general A. W. Brian Simpson, *Cannibalism and the Common Law* (1985).

245 La defensa de Meiwes, tal como era, se basaba en la noción de que su víctima había pedido ser asesinada, lo que, según la ley alemana, reduciría el delito de asesinato a una especie de homicidio involuntario.

246 Mark D. West, *Secrets, Sex, and Spectacle: The Rules of Scandal in Japan and the United States* (2006), p. 65.

247 Disponible en http://www.guardian.co.uk/media/2008/jul/24/privacy.newsoftheworld2.

248 Von Hannover v. Germany, App. No. 59320/00, 40 Eur. H. R. Rep. 1 (2005).

249 James Q. Whitman, "The Two Western Cultures of Privacy: Dignity Versus Liberty," *Yale Law Journal* 113:1151, 1219 (2004).

250 Laura K. Donohue, *The Cost of Counterterrorism: Power, Politics, and Liberty* (2008), pp. 216, 218.

251 Peck v. United Kingdom, 36 ECHR 28/04/2003.

[252] R. v. Brentwood Borough Council, ex parte Peck [1998], EMLR, CO/1673/96, 1997.

[253] Los daños fueron de 11.800 euros "por concepto de daños morales," y 18.075 euros "por concepto de costas y gastos."

[254] Los tribunales británicos, como hemos señalado, no están exactamente obligados por el Convenio Europeo; pero con arreglo a la legislación británica, los tribunales deben interpretar las leyes británicas, en la medida de lo posible, de conformidad con la Convención.

[255] Ver Mark Andrejevic, *iSpy: Surveillance and Power in the Interactive Era* (2007), pp. 11-14.

[256] Sarah Lyall, "Britons Weary of Surveillance in Minor Cases," *New York Times,* October 25, 2009, en http://www.nytimes.com/2009/10/25/world/europe/25surveil- lance.html.

[257] Ibid., "British Public Tires as Role of Big Brother Gets Bigger," p. 6.

[258] Laura K. Donohue, *The Cost of Counterterrorism: Power, Politics, and Liberty* (2008), p. 3.

[259] Rolf Goessner, *Menschenrechte in Zeiten des Terrors: Kollateralschaden an der "Heimatfront"* (2007), p. 47.

[260] Ver James Q. Whitman, *Harsh Justice: Criminal Punishment and the Widening Divide between America and Europe* (2003).

[261] Ver James Cavallaro y Mohammad-Mahmoud Ould Mohamedou, "Public Enemy Number Two? Rising Crime and Human Rights Advocacy in Transitional Societies," *Harvard Human Rights Journal* 18:139 (2005). Los autores señalan que en los estados autoritarios la policía "tiende a reprimir no sólo la disidencia sino también la criminalidad", y "es ampliamente percibida como eficaz en el control del crimen". Ibíd., pág. 145. Y cuando "la indignación pública contra el crimen lleva a la exigencia de una justicia severa, los que defienden los derechos... se exponen a los ataques". Ibid., at 151.

Capitulo 9

[262] Ver, por ejemplo, la discusión en Tara Usher, "Adjudication of Socio-Economic Rights: One Size Does Not Fit All," *UCL Human Rights Review* 1:155 (2008).

[266] *Pew Global Attitudes Project* (2002): 97% en Argentina e Indonesia, más de 90% en la mayoría de los países Europeos; más bajo en India (70%) y en los Estados Unidos (77%).

[267] Bivitri Susanti, "The Implementation of the Rights to Health Care and Education in Indonesia," en Gauri y Brinks, comp., *Social Justice* (2008), pp. 224, 233.

265 El artículo 8 añade, "Deberían adoptarse medidas eficaces para garantizar que la mujer desempeñe un papel activo en el proceso de desarrollo"; y las "reformas" deben llevarse a cabo con "miras a erradicar todas las injusticias sociales". En virtud del artículo 2, "la persona humana es el sujeto central del desarrollo y debe ser el participante activo y beneficiario del derecho al desarrollo".

266 Stephen F. Szabo, "Contemporary French Orientations Toward Economic and Political Dimensions of Human Rights," *Universal Human Rights* 1:61 (1979).

267 Sandra R. Levitsky, " 'What Rights?' The Construction of Political Claims to American Health Care Entitlements," *Law and Society Review* 42:551 (2008).

268 Sandra Fredman, *Human Rights Transformed: Positive Rights and Positive Duties* (2008), p. 30.

269 Fiona Robinson, "The Limits of a Rights-Based Approach to International Ethics," en Tony Evans, comp., *Human Rights Fifty Years On: A Reappraisal* (1998), pp. 58, 72.

270 Aunque, obviamente, este es un tema controvertido en los Estados Unidos (hasta el 2010).

271 De hecho, en los Estados Unidos (de manera bastante excepcional), la Constitución, en manos de una Corte Suprema conservadora a finales del siglo XIX y principios del XX, impidió el desarrollo de la legislación social. El caso más famoso, o notorio, fue Lochner v. Nueva York, 198 U.S. 45 (1905), que derogó una ley del estado de Nueva York que regulaba las condiciones de trabajo en las panaderías. Otro caso notable fue Hammer v. Dagenhart, 274 U.S. 251 (1918), que anuló una ley del Congreso diseñada para impedir el flujo de mercancías a través de las fronteras estatales que habían sido fabricadas con mano de obra infantil.

272 Ver, en general, los ensayos in Malcolm Langford, ed., *Social Rights Jurisprudence: Emerging Trends in International and Comparative Law* (2008); y Varun Gauri y Daniel M. Brinks, comp., *Courting Social Justice: Judicial Enforcement of Social and Economic Rights in the Developing World* (2008).

273 Ver, en general, Jamie Cassels, "Judicial Activism and Public Interest Litigation in India: Attempting the Impossible," *Am. J. Comparative Law* 37:495 (1989).

274 Minister of Health v. Treatment Action Campaign, 2002 (10) BCLR 1033 (CC), Corte Constitucional de Sudáfrica.

275 Sandra Fredman, *Human Rights Transformed* (2008), pp. 128-131.

276 Olga Tellis y Otros v. Corporación Municipal de Bombay y Otros, AIR 1986, SC 18, in 1985 Indlaw SC 161.

277 Sigrun I. Skogly, "Is There a Right Not to Be Poor?," en *Human Rights Law Review* 2:59 (2002).

[278] Skogly, "Is There a Right Not to Be Poor?," p. 77.

[279] Ver Cassels, "Judicial Activism," supra, nota 273.

[280] Koen De Feyter, "In Defence of a Multidisciplinary Approach to Human Rights," en Koen De Feyter y George Pavlakos, comp., *The Tension Between Group Rights and Human Rights: A Multidisciplinary Approach* (2008), pp. 24-25.

[281] Fredman, *Human Rights Transformed,* p. 80.

[282] Se supone que los Estados deben "tomar medidas" para hacer realidad estos derechos; pero, por supuesto, como de costumbre, no hay ningún modo de hacer cumplir la ley. Existe una amplia bibliografía sobre los derechos culturales y de las minorías. Ver, por ejemplo, Michael Freeman, *Human Rights: An Interdisciplinary Approach* (2002), pp. 114-123.

[283] Existe un prejuicio generalizado contra los "gitanos"; la imagen principal de los "gitanos" es como nómadas, mendigos, adivinos y ladrones. Sobre el tema de su cultura, ver Joke Kusters, "Criminalising Romani Culture through Law," en Foblets y Renteln, comp., *Multicultural Jurisprudence* (2009), p. 199.

[284] Aunque no sin un número significativo de críticas de la tendencia "multi-kulti"; ver *The Economist,* Nov. 11, 2010, http://www.economist.com/node/17469563

[285] Ver la colección de ensayos en Rachel Sieder, comp., *Multiculturalism in Latin America: Indigenous Rights, Diversity, and Democracy* (2002).

[286] "Chile's Mapuche: The People and the Land," *The Economist,* Nov. 7, 2009, p. 39.

[287] La Constitución del Ecuador establece que el país es un "Estado pluricultural y multiétnico" (Art. 1); y el Estado Peruano "reconoce y protege la pluralidad étnica y cultural de la Nación" (Art. 2). Citado en Donna Lee Van Cott, "Constitutional Reform in the Andes: Redefining Indigenous-State Relations," en Sieder, comp., *Multiculturalism in Latin America,* pp. 45, 47.

[288] "An Act for the Preservation and Enhancement of Multiculturalism in Canada," R.S.C. 1985, c. 24, enmendado.

[289] Francisco Lopez Bárcenas, "Derechos indígenas en México," en Manuel Calvo García, comp., *Identidades Culturales y Derechos Humanos* (2002), p. 161.

[290] S. James Anaya, "The Human Rights of Indigenous Peoples," en Felipe Gomez Isa y Koen de Feyter, comp., *International Protection of Human Rights: Achievements and Challenges* (2006), pp. 593, 600. Anaya da otros ejemplos, por ejemplo, un Convenio sobre la Diversidad Biológica, que "afirma el valor del conocimiento indígena tradicional en relación con la conservación, el desarrollo sostenible y los derechos de propiedad intelectual". op. cit., pp. 600-601.

291 "Marie Smith, last speaker of the Eyak language," *The Economist*, Feb. 7, 2008.

292 Daniel Nettle and Suzanne Romaine, *Vanishing Voices: The Extinction of the World's Languages* (2000), pp. 1-2.

293 Constitución Política del Paraguay, 1992, Art. 140. Este artículo establece que Paraguay es un "país bilingüe y pluricultural" y que las "lenguas indígenas... forman parte del patrimonio cultural de la nación". En virtud del artículo 77, existe el derecho a la educación en la lengua materna, aunque en el caso de las minorías étnicas cuya lengua materna no es el guaraní, se puede elegir entre el guaraní y el español.

294 Este artículo de la Constitución también establece que el gobierno central y los gobiernos departamentales deben utilizar al menos dos idiomas oficiales: uno de ellos el español; y el otro, que se decidirá, teniendo en cuenta las circunstancias locales y las necesidades y preferencias de la población local. Las Constituciones de Colombia, Bolivia, Ecuador y Perú instan a la promoción de la educación bilingüe y (a excepción de Bolivia) oficializan las lenguas indígenas en los territorios indígenas. Donna Lee Van Cott, "Reforma constitucional en los Andes", en Sieder, ed., *Multiculturalism en Latin America*, pp. 45, 47.

295 Marie-Bénédicte Dembour, "Following the Movement of a Pendulum: Between Universalism and Relativism," en Jane K. Cowan et al., *Culture and Rights: Anthropological Perspectives* (2001), pp. 56-59.

296 La convergencia de valores es difícil de medir; ver, por ejemplo, Yilmaz Esmer, "Globalization, 'McDonaldization' and Values: Quo Vadis," in Yilmaz Esmer y Thorleif Pettersson, comp., *Measuring y Mapping Cultures: 25 Years of Comparative Value Surveys* (2007), p. 79.

297 Christoph von Fuerer-Haimendorf, *Morals and Merit: A Study of Values and Social Controls in South Asian Societies* (1967), p. 1.

298 Laura Bohannon, "Shakespeare in the Bush," en James P. Spradley y David W. McCurdy, comp., *Conformity and Conflict: Readings in Cultural Anthropology* (1971), p. 22.

299 Scott Walker y Steven C. Poe, "Does Cultural Diversity Affect Countries' Respect for Human Rights?" *Human Rights Quarterly* 24:237 (2002).

300 John Boli y Michael A. Elliott, "Façade Diversity: The Individualization of Cultural Difference," *International Sociology* 23:540, 542 (2008).

301 Suzanne Romaine, "The Impact of Language Policy on Endangered Languages," en Matthias Koenig y Paul de Guchteneire, *Democracy and Human Rights in Multicultural Societies* (2007), pp. 217, 228.

303 Chris Longman, "English as Lingua Franca: A Challenge to the Doctrine of Multilingualism," en Dario Castiglione y Chris Longman, comp., *The Language Question in Europe and Diverse Societies: Political, Legal and Social Perspectives* (2007), pp. 185, 206.

303 Philippe Van Parijs, "Europe's Linguistic Challenge," en Castiglione y Longman, *The Language Question in Europe* (2007), pp. 217, 229.

304 El chino, sin embargo, está frenado por causa de su complicado sistema de escritura.

305 Colin Samson y Damien Short, "The Sociology of Indigenous Peoples' Rights," en Lydia Morris, comp., *Rights: Sociological Perspectives* (2006), pp. 168, 183.

306 David M. Engel, "Globalization and the Decline of Legal Consciousness: Torts, Ghosts, and Karma in Thailand," *Law and Social Inquiry* 30:469 (2005).

307 Alison Dundes Renteln, *The Cultural Defense* (2004), p. 187; State v. Kargar, 679 A.2d 81 (Me., 1996).

308 Renteln, *The Cultural Defense*, p. 218.

309 Ibid., p. 99.

310 Alison Renteln, *The Cultural Defense*, pp. 59-60.

311 Ver la discusión en Sebastian Poulter, *Ethnicity, Law and Human Rights* (1998), pp. 123-146.

312 Sebastian Poulter, *Ethnicity, Law and Human Rights*, pp. 291-301.

313 Ver, por ejemplo, Leslye Obiora, "Bridges and Barricades: Rethinking Polemics and Intransigence in the Campaign Against Female Circumcision," *Case Western Reserve Law Review* 47:275 (1997).

314 436 U.S. 49 (1978), discutido en Ayelet Shachar, *Multicultural Jurisdictions: Cultural Differences and Women's Rights* (2001), pp. 18-20.

315 Martinez v. Romney, 402 F. Supp. 5, 18, 19 (D.N.M. 1975).

316 Ver Santa Clara Pueblo v. Martinez, 436 U.S. 49 (1978). Por supuesto, muchos expertos en derecho indio defienden esta decisión, por ejemplo, Alvin J. Ziontz; véase su libro, *A Lawyer in Indian Country: A Memoir* (2009), en el que describe cómo la tribu arapahoe del norte debatió el tema y votó abrumadoramente a favor de adoptar "normas de inscripción nuevas y más liberales". Esta, dice Ziontz, es la forma en que estas cuestiones deben ser decididas: por las propias tribus, "no por un juez no indio en un tribunal federal a cientos de kilómetros de distancia". Ibid., p. 235.

317 Pieter A. Carstens, "The Cultural Defence in Criminal Law: South African Perspectives," en Marie-Claire Foblets y Alison Dundes Renteln, comp., *Multicultural Jurisprudence* (2009), pp. 175, 186.

318 Alison Renteln, *The Cultural Defense*, p. 123-124. Los matrimonios arreglados y forzados son comunes, por supuesto, en muchas sociedades.

319 Catherine Warrick, "The Vanishing Victim: Criminal Law and Gender in Jordan," *Law and Society Review* 39:315 (2008); ver también, Douglas Jehl, "Arab Honor's Price: A Woman's Blood," *New York Times*, June 20, 1999, p. 1.

320 Sin embargo, una "nueva generación de activistas ha comenzado silenciosamente a luchar contra estos crímenes de honor", Jehl, op. cit., y la familia real de Jordania se ha pronunciado en contra de la práctica. ver Warrick, op. cit.

321 Nguyen v. State, 271 Ga. 475, 476, 520 S.E.2d 907 (1999) (El testimonio de expertos sobre las tradiciones culturales de la acusada con respecto al estatus y el respeto es inadmisible para respaldar la alegación de defensa propia cuando "no había evidencia de que las personas que compartían [su] origen cultural creyeran estar en peligro de recibir algún daño físico como resultado de la pérdida de estatus y el trato irrespetuoso").

322 Sylvia Maier, "Honor Killings and the Cultural Defense in Germany," en Foblets y Renteln, comp., *Multicultural Jurisprudence: Comparative Perspectives on the Cultural Defense* (2009), pp. 229, 242-244.

323 Sally Engle Merry, *Human Rights and Gender Violence: Translating International Law into Local Justice* (2006), p. 28.

324 Alison Renteln, *The Cultural Defense*, p. 62.

325 Steven Erlanger, "Burqa Furor Scrambles the Political Debate in France," *New York Times*, Sept. 1, 2009, p. A6.

326 Conseil d'Etat, 27 Juin 2008, no. 2008, citado en Liav Orgad, "'Cultural Defence' of Nations: Cultural Citizenship in France, Germany and the Netherlands," *European Law Journal* 15:719, 723 (2009).

327 En el caso Sahin v. Turquía, 44 E.H.R.R. 5 (2007), se pidió a la Corte Europea de Derechos Humanos que se pronunciara sobre la legalidad de una norma que denegaba la admisión a clases y cursos en la Facultad de Medicina de la Universidad de Estambul a estudiantes con barba y con pañuelos islámicos en la cabeza. La Gran Sala de la CEDH se negó a interferir con la regulación turca y permitió que la Universidad excluyera a mujeres como la demandante, que querían usar el velo.

328 Ver, en general, Kirsten Wiese, *Lehrerinnen mit Kopftuch* (2008). Wiese piensa que una mujer musulmana puede alegar que su motivo para llevar el velo es religioso y que, por lo tanto, puede reclamar "la protección de la libertad de religión"; Por lo tanto, prohibir el pañuelo a las mujeres en el ejercicio de una función pública menoscaba la libertad religiosa de estas maestras. Ibíd., p. 322. Se trata de una conclusión normativa y doctrinal; el derecho en la vida real es más complicado, y es evidente por el material que Wiese discute que las autoridades escolares y otros se resisten al velo, a veces con éxito.

329 Citado en Liav Orgad, " 'Cultural Defence' of Nations," p. 726.

330 James N. Rosenau, "The Drama of Human Rights in a Turbulent, Globalized World," en Alison Brysk, comp., *Globalization and Human Rights* (2002), pp. 148, 157.

331 406 U.S. 205 (1972).

332 El juez Douglas salvó su voto. Señaló que la opinión mayoritaria no prestaba atención a los derechos de los niños, que posiblemente se verían privados de una educación decente. El mismo problema surgió en Canadá, con respecto a las escuelas evangélicas en Quebec, que también se negaron a enseñar educación sexual y evolución. El ministro de Educación de Quebec les dijo que tenían que ajustarse al plan de estudios oficial; y que los niños tenían que asistir a la escuela hasta los 16 años. Janice Gross Stein, "Searching for Equality," en Janice Gross Stein et al., *Uneasy Partners: Multiculturalism and Rights in Canada* (2007), pp. 1, 10.

333 Michael Slackman, "A Saudi Gamble to See if Seeds of Change Will Grow," *New York Times*, Nov. 20, 2009, p. A8.

Capitulo 10

334 Stephen D. Krasner, en *Sovereignty: Organized Hypocrisy* (1999), pp. 3-4, distingue entre cuatro acepciones: "soberanía legal internacional, soberanía westfaliana, soberanía nacional y soberanía interdependiente". La primera se refiere al reconocimiento internacional de la soberanía; la segunda, a la "organización política basada en la exclusión de los actores externos de las estructuras de autoridad dentro de un territorio determinado"; la soberanía nacional "se refiere a la organización formal de la autoridad política dentro del Estado"; y el "control efectivo" del Estado dentro de su territorio; y la "soberanía de interdependencia" se refiere a la "capacidad de las autoridades públicas para regular el flujo de información, ideas, bienes, personas, contaminantes o capital a través de las fronteras de su Estado".

335 Como dice Michael Freeman: "El mito del derecho internacional es que el mundo está dividido en estados soberanos e independientes. No lo es, y nunca lo ha sido". Los imperialistas "negaban la soberanía a los pueblos colonizados", y el imperialismo era también un sistema de "poderosas organizaciones económicas privadas... y emprendedores culturales (por ejemplo, misioneros)". Freeman, Human Rights: An Interdisciplinary Approach (2002), p. 154.

336 Helen Stacy, *Human Rights for the 21st Century* (2009), p. 77.

337 Kurt Mills, *Human Rights in the Emerging Global Order: A New Sovereignty?* (1998), p. 194.

338 Kurt Mills, op. cit., pp. 41-42.

339 A los Estados les resulta "difícil regular eficazmente las operaciones de las empresas mundiales", debido a la "extensa red de estructuras operativas y de toma de decisiones formada por sus sedes, sucursales,

filiales y otras formas de inversión en unidades independientes en todo el mundo; y a su flexibilidad para trasladar los centros de producción, así como los beneficios". Kamal Hossain, "Globalization and Human Rights: Clash of Universal Aspirations and Special Interests," in Burns H. Weston y Stephen P. Marks, comp., *The Future of International Human Rights* (1999), pp. 187, 192-193.

340 Anthony G. McGrew, "Human Rights in a Global Age: Coming to Terms with Globalization," en Tony Evans, comp., *Human Rights Fifty Years On: A Reappraisal* (1998), pp. 188, 192, 193.

341 "Los temidos desastres que pueden causar estragos en el sustento de uno... no son de la clase que se puede evitar uniendo fuerzas, manteniendo una posición unida... Los desastres más espantosos golpean ahora al azar, eligiendo a sus víctimas con una lógica extraña o sin ninguna lógica en absoluto. No hay manera de anticipar quién será condenado y quién se salvará". Zygmunt Bauman, *The Individualized Society* (2001), p. 24.

342 Kurt Mills, *Human Rights in the Emerging Global Order*, p. 20

343 Mills, *Human Rights in the Emerging Global Order*, pp. 19-20.

344 Mills, *Human Rights in the Emerging Global Order*, p. 21.

345 John Henry Merryman, "On the Convergence (and Divergence) of the Civil Law and the Common Law," *Stanford J. International Law* 17:357, 373 (1981).

346 Johan Galtung, "The Third World and Human Rights in the Post-1989 World Order," en Tony Evans, comp., *Human Rights Fifty Years On: A Reappraisal* (1998), p. 211.

347 M. Cherif Bassiouni, "Strengthening the Norms of International Humanitarian Law to Combat Impunity," en Burns H. Weston y Stephen P. Marks, comp., *The Future of International Human Rights* (1999), pp. 245, 250-251.

348 Elizabeth Borgwardt, *A New Deal for the World: America's Vision for Human Rights* (2005), p. 75.

349 Aparentemente, ni los británicos ni los franceses estaban ansiosos por hacer de los crímenes contra la paz uno de los cargos, o por convertir en delito la realización de una guerra de agresión. Los soviéticos también se mostraron reacios. Pero los estadounidenses insistieron, y su punto de vista prevaleció. Bert V. A. Roeling, "Los juicios de Nuremberg y Tokio en retrospectiva," en Guénaë l Mettraux, comp., *Perspectives on the Nuremberg Trial* (2008), pp. 455, 458-459.

350 David Luban argumenta que "para aquellos que concibieron el juicio... Su gran logro fue la criminalización de la guerra de agresión", en lugar de dar cuerpo al concepto de crímenes de lesa humanidad. Luban,

"The Legacies of Nuremberg," en Guénaë l Mettraux, comp., *Perspectives on the Nuremberg Trial*, pp. 638, 639.

351 Borgwardt, pp. 197-198.

352 *Chicago Daily Tribune*, Oct. 2, 1946. Agradezco a Brandon Marsh por esta cita.

353 Hilary Earl, *The Nuremberg SS-Einsatzgruppen Trial, 1945-1958: Atrocity, Law, and History* (2009), p. 273. Entre estos críticos se encontraban clérigos muy prominentes, entre ellos al menos un obispo.

354 Citado en Richard H. Minear, Victor's Justice: *The Tokyo War Crimes Trial* (1971), p.3. Minear considera que el ensayo fue "muy defectuoso". Esto no quiere decir que las políticas del Japón fueran "razonables, o incluso defendibles"; Pero encuentra dudas "serias" sobre "la integridad del tribunal" y alguna base para decir que el juicio "fue un procedimiento sesgado". Ibid., pp. 177, 160. General Tojo fue ejecutado en 1948.

355 Tim Maga, *Judgment at Tokyo: The Japanese War Crimes Trials* (2001), p. 12.

356 Sobre el rol de Hirohito durante la guerra, ver Herbert Bix, *Hirohito and the Making of Modern Japan* (2000); y John W. Dower's superb study of the period, *Embracing Defeat: Japan in the Wake of World War II* (1999).

357 Por supuesto, los aliados en Alemania no tenían particularmente las manos limpias. La Guerra Fría comenzó casi de inmediato, y los Aliados consideraron conveniente hacer uso de científicos de cohetes alemanes, e incluso de ciertos agentes nazis.

358 Sobre los juicios de Guam, ver Naga, Sentencia de Tokio, págs. 93-119. Ciento cuarenta y ocho ciudadanos japoneses y residentes de las islas del Pacífico fueron juzgados. Treinta fueron condenados a muerte. Hubo diez absoluciones. Ibid., pp 118-119.

359 Thomas Alan Schwartz, *America's Germany: John J. McCloy and the Federal Republic of Germany* (1991), p. 157.

360 Philip R. Piccigallo, *The Japanese on Trial: Allied War Crimes Operations in the East, 1945-1951* (1979), pp. 128-129, 139.

361 Ver, en general, George J. Annas y Michael A. Grodin, comp., *The Nazi Doctors and the Nuremberg Code: Human Rights in Human Experimentation* (1992).

362 Un caso principal fue Salgo v. Leland Stanford Jr. University Bd. of Trustees, 317 P.2d 170 (Cal. App. 1957); ver Lawrence M. Friedman, *American Law in the Twentieth Century* (2002), pp. 366-367.

363 Thomas Alan Schwartz, *America's Germany*, pp. 158-160.

364 Sin embargo, seis organizaciones también fueron acusadas por los Aliados como organizaciones criminales, lo que significaba que la mera pertenencia era una prueba presunta de culpabilidad. Tres de las organizaciones, entre ellas la Gestapo y las SS (Schutzstaffel), fueron declaradas culpables.

365 Stanley Milgram, *Obedience to Authority: An Experiemnatl View* (1974). Muy relevante para el tema planteado por Milgram es Christopher R. Browning, *Ordinary Men: Reserve Police Battalion 101 and the Final Solution in Poland* (1992), que analiza cómo y por qué los hombres de un batallón de reserva alemán cumplieron órdenes, en 1942, de masacrar a más de mil judíos, en su mayoría mujeres, niños y ancianos, en una aldea polaca. Un punto de vista diferente fue adoptado por Daniel Goldhagen, en *Hitler's Willing Executioners: Ordinary Germans and the Holocaust* (1996).

366 Por ejemplo, según la ley canadiense de crímenes de guerra, un "comandante militar" es culpable si "no ejerce el control adecuado sobre una persona bajo...mando efectivo", y esa persona comete un crimen de lesa humanidad o similar; o si el comandante es "criminalmente negligente" al "no saber" sobre la comisión del delito o que el delito está a punto de ocurrir, y no lo impide. *Crimes Against Humanity and War Crimes Act,* S. C. 2000, ch. 24, s. 5.

367 Gary Jonathan Bass, *Stay the Hand of Vengeance: The Politics of War Crimes Tribunals* (2000), p. 22. Bass considera que la idea de "crímenes contra la humanidad", "no es sólo una invención de Núremberg"; menciona, por ejemplo, las masacres armenias de 1915, que provocaron una condena generalizada.

368 Roger O'Keefe, "Universal Jurisdiction: Clarifying the Basic Concept," *J. International Criminal Justice* 2:735 (2004).

369 Citado en Margaret McAuliffe de Guzman, "The Road from Rome: The Developing Law of Crimes Against Humanity," *Human Rights Quarterly* 22:335, 352 (2000).

370 Así, por ejemplo, el artículo 2 del "Estatuto del Tribunal Especial para Sierra Leona" (2000) lo define como delitos que son "parte de un ataque generalizado o sistemático contra cualquier población civil" e incluyen el asesinato, el exterminio, la esclavitud, la deportación, el encarcelamiento, la tortura, la violación, la esclavitud sexual, la prostitución forzada, el "embarazo forzado y cualquier otra forma de violencia sexual"; además de "Persecución por motivos políticos, raciales, étnicos o religiosos" y "Otros actos inhumanos".

371 El impacto del caso, por supuesto, es difícil de precisar. Incluso su impacto en la situación de los derechos humanos en Chile está lejos de ser evidente. Ver Rebecca Evans, "Pinochet in London—Pinochet in Chile: International and Domestic Politics in Human Rights Policy," *Human Rights Quarterly* 28: 207 (2006).

372 Sobre esta ley, y sobre el caso de la orden de detención, ver David Turns, "Arrest Warrant of 11 April 2000 (Democratic Republic of the Congo v. Belgium)," *Melbourne J. of Int'l Law* 3:383 (2002).

373 El diario francés Le Monde señaló que el episodio de Pinochet significaba que el miedo comenzaba a "cambiar de bando". El miedo "ya no estaba reservado para las víctimas". Citado en Paul Gordon Lauren, *Evolution of International Human Rights*, p. 269.

374 La cita es de "Welcome to London—Except if You're an Israeli Official", *The Economist*, 19 de diciembre de 2009, p. 81. Un juez londinense había emitido una orden de arresto contra Tzipi Livni, quien era ministra de Relaciones Exteriores durante el ataque israelí a la Franja de Gaza. La orden fue retirada cuando el juez se enteró de que, después de todo, Livni no iba a estar en Gran Bretaña. El incidente (que no fue el primero de su tipo) "provocó protestas apopléticas de Israel y muchas disculpas abyectas del gobierno británico".

375 Modificaciones a las secciones 4 y 5 del Art. 23 de la Ley Orgánica de la Función Judicial.

376 Thomas Catan, "Spain is Moving to Rein in its Crusading Judges," *Wall Street Journal*, Mayo 20, 2009, p. A6; "PP y PSOE se alían para limitar la aplicación de la justicia universal," *El País*, Mayo 19, 2009; "El Congreso limita la jurisdicción universal de la justicia Española," *El País*, Jun. 25, 2009.

377 Ver "Justice Wars," *The Economist*, Abril 15, 2010. Irónicamente, según este artículo, "se presentó un recurso ante un tribunal de Buenos Aires pidiéndole que investigara los crímenes de lesa humanidad y genocidio cometidos en la España franquista"; este escrito "refleja" los de Garzón, al mismo tiempo que el propio Garzón está en problemas en su país de origen.

378 28 U.S.C. Sección 1350; discussed in Christian Tomuschat, *Human Rights*, pp. 376- 379.

379 La ley es 106 Stat. 73 (Ley de Mar. 12, 1992). La ley también otorga un tipo de acción a los representantes de las víctimas de "ejecuciones extrajudiciales", basada en la muerte por negligencia. La ley también incluye una definición elaborada de tortura.

380 "Un acto Genocida, crímenes contra la humanidad, y crímenes de guerra." S. C. 2000, c. 24; con enmiendas de 2001, S. C. 2001, c. 32, ss. 59-61; c. 34, s. 36.

381 El castigo también se aplica si el infractor era "ciudadano de un Estado que estaba involucrado en un conflicto armado contra Canadá", o si la víctima era un "ciudadano de un Estado aliado de Canadá en un conflicto armado".

382 Ver Matt Eisenbrandt, "The Center for Justice & Accountability: Holding Human Rights Abusers Responsible in the United States and Abroad" en Alice Bullard, comp., *Human Rights in Crisis* (2008), p. 87.

383 El tribunal también tenía la facultad de enjuiciar por "violaciones graves de los convenios de Ginebra" y "violaciones de las leyes o usos de la guerra".

384 Paul G. Lauren, *The Evolution of International Human Rights*, p. 272.

385 Carolyn Dubay, "Evaluating the Khmer Rouge Tribunal," *International Judicial Monitor*, http://www.judicialmonitor.org/archive_summer2009/sectorassessment.html.

386 Citado en Paul G. Lauren, *The Evolution of International Human Rights*, p. 268.

387 Marlise Simons y Neil MacFarquhar, "Warrant Issued for Sudanese Leader over Darfur War Crimes," *New York Times*, March 5, 2009, p. A6.

388 *New York Times*, Nov. 25, 2009, p. A17.

389 Gary J. Bass, *Stay the Hand of Vengeance*, p. 310.

390 Gary J. Bass, op. cit., p. 280.

391 Sin embargo, de acuerdo con la Resolución, actuar en cumplimiento de órdenes podría ser "considerado como atenuante" si el Tribunal "determina que la justicia así lo requiere" (Art. 6.4).

392 El argumento del general Pinochet, ante la Cámara de los Lores en Inglaterra, fue "muy simple: lo que hizo, lo hizo como política del gobierno, no a título privado. Y las políticas de un gobierno eran tradicionalmente sacrosantas contra el juicio de cualquier otro... Ningún Estado debe inmiscuirse en los asuntos de otro". Frances Webber, "El caso Pinochet: la lucha por la realización de los Derechos Humanos", *Journal of Law and Society* 26:523, 533 (1999). Este argumento no prevaleció.

Capitulo 11

393 *Iceman* (1984), directed by Fred Schepisi.

394 Ulrich Beck, *Risikogesellschaft: auf dem Weg in eine andere Moderne* (1986).

395 Sally Engle Merry, *Human Rights and Gender Violence* (2005), p. 181